绿色金融
发展效应研究

朱兴婷　刘彬　唐楠 ◎ 著

RESEARCH ON
THE DEVELOPMENT EFFECTS OF
GREEN
FINANCE

中国财经出版传媒集团
中国财政经济出版社
·北 京·

图书在版编目（CIP）数据

绿色金融发展效应研究 / 朱兴婷，刘彬，唐楠著 . 北京：中国财政经济出版社，2024. 11. -- ISBN 978 - 7 - 5223 - 3516 - 2

Ⅰ. F832

中国国家版本馆 CIP 数据核字第 2024YX9278 号

责任编辑：闫　娟　　　　责任印制：史大鹏

封面设计：陈宇琰　　　　责任校对：张　凡

绿色金融发展效应研究

LÜSE JINRONG FAZHAN XIAOYING YANJIU

中国财政经济出版社 出版

URL：http：//www. cfeph. cn

E - mail：cfeph@ cfeph. cn

社址：北京市海淀区阜成路甲 28 号　邮政编码：100142

营销中心电话：010 - 88191522

天猫网店：中国财政经济出版社旗舰店

网址：https：//zgczjjcbs. tmall. com

中煤（北京）印务有限公司印刷　各地新华书店经销

成品尺寸：170mm × 240mm　16 开　16. 75 印张　236 000 字

2024 年 11 月第 1 版　2024 年 11 月北京第 1 次印刷

定价：68. 00 元

ISBN 978 - 7 - 5223 - 3516 - 2

（图书出现印装问题，本社负责调换，电话：010 - 88190548）

本社图书质量投诉电话：010 - 88190744

打击盗版举报热线：010 - 88191661　QQ：2242791300

引　言

随着全球经济快速发展，气候变化、生物多样性丧失、资源枯竭等环境问题日益严峻，不仅威胁着人类的生存与发展，也对经济可持续发展带来了严峻考验。在此背景下，绿色发展理念应运而生，旨在实现经济、社会与环境的协调发展，推动人类社会走向更加可持续的未来。金融作为现代经济发展的核心，在促进经济增长和资源配置方面发挥着至关重要的作用。绿色金融作为传统金融的创新，将环境保护、可持续发展等理念融入金融业务中，引导资金流向环保、节能、清洁能源等绿色产业，推动经济发展的绿色转型。近年来，随着全球对环境问题的关注度不断提高，绿色金融在国际范围内得到快速发展。

绿色金融，这一概念最早源于20世纪80年代，随着全球环境意识的觉醒而逐渐成形。它是指为支持环境改善和应对气候变化的项目提供融资的金融体系，包括绿色信贷、绿色债券、绿色基金、碳交易市场等多种形式。绿色金融的核心在于将金融资源引导至可持续发展的领域，促进低碳经济转型，减少温室气体排放，保护生态环境，同时兼顾经济效益和社会责任双重目标的实现。近年来，绿色金融在全球范围内迅速发展，各国政府、国际组织、金融机构和企业纷纷采取行动，通过构建绿色金融体系、制定相关政策和标准等举措，以期借由金融手段推动环境保护和可持续发展目标的实现。

我国作为世界第二大经济体，同时也是最大的碳排放国之一，在绿色金融领域的探索与实践具有重要的示范意义。自2016年中国人民银行等七部门联合发布《关于构建绿色金融体系的指导意见》以来，我国绿色金融体系建设取得了显著进展，从绿色信贷政策的不断完善到绿色债券市场的蓬勃发展，再到绿色基金的设立，一系列创新举措推动了绿色金融的深化发展，为其他国家提供了宝贵的经验借鉴。然而，我国绿色金融发展并非一帆风顺。在实践中，绿色金融发展正面临着诸多挑战，如绿色项目的识别与评估标准不一、绿色金融产品与服务创新不足、投资者对绿色金融的认知有限、相关政策法规体系尚不完善等，这些问题一定程度上制约着绿色金融的深入发展与广泛推广。在此背景下，对绿色金融及其发展效应进行深入研究，不仅有助于揭示其在实际运行中的成效与不足，还能为政府相关部门以及业界决策提供有益的参考，以进一步优化绿色金融发展环境。

绿色金融发展效应广泛涉及经济学、金融学、环境学等多学科理论。从经济学角度来看，绿色金融通过优化资源配置，不仅有助于推动绿色产业的蓬勃发展，还有助于促进传统产业转型，进而实现经济结构的优化升级和经济增长方式的绿色转型。此外，绿色金融通过降低环境破坏风险，增强了金融系统的稳定性，为经济可持续发展提供了更加坚实和稳健的金融支持。从金融学角度来看，绿色金融发展极大地推动了金融创新和金融市场的完善。随着绿色金融创新产品与服务的不断涌现，金融市场投资品种得到了极大丰富，满足了投资者日益增长的多样化投资需求。同时，绿色金融发展也加剧了金融机构之间的竞争与合作，促进了金融市场整体竞争力和创新能力的不断提升。从环境学角度来看，绿色金融发展对于缓解资源环境压力、推动生态环境改善具有重要意义。通过引导资金流向绿色发展项目与领域，绿色金融促进了资源节约和高效利用，显著减少了污染物的排放和生态环境的破坏。此外，绿色金融发展还推动了环保技术和环保产业的快速发展，为生态环境的持续改善提供了更加有力的支持和保障。

综上可知，绿色金融发展效应具有多维度特征，不仅在经济、金融和环境等领域产生了深远的影响，还为推动经济可持续发展和生态环境改善提供了重要支撑。明确绿色金融发展现状及其效应对于推动我国经济高质量发展、增强金融系统稳定性、促进生态环境保护以及提升金融国际竞争力等都具有重要意义。鉴于此，本书在厘清我国绿色金融发展现状的基础上，从宏微观层面出发，对我国绿色金融发展的经济效应与环境效应分别进行研究，旨在通过系统化理论分析和实证研究，明确绿色金融在我国经济发展和环境保护中的影响机制与成效，进而为相关政策制定和实施提供科学依据，助力经济、社会和环境协调发展。

经由研究发现，我国绿色金融发展整体呈现稳步增长态势，但存在显著的区域差异，其中，东部地区发展水平最高，中部地区次之，西部地区最低。同时，绿色金融经济与环境效应均显著为正，不过也表现出一定的区域异质性以及企业性质异质性。借鉴绿色金融发展的国际经验，进一步提升我国绿色金融发展水平，增强其经济与环境效应，需要持续完善法律法规体系与政策框架、强化财政税收激励政策、创新绿色金融产品与服务、实施区域差异化政策、积极参与国际标准制定，并着重做好绿色发展意识的社会宣传与教育等工作。

目　　录

第一章

绪　论

第一节　研究背景与研究意义

一、研究背景

自党的十八大以来，在新发展理念的指引下，我国坚定不移地走上了生态优先、绿色低碳的发展道路，着力推动经济社会发展的全面绿色转型，坚持发展与环境保护并重。党的二十大报告进一步强调了绿色发展的重要性，将其作为我国未来发展的关键战略方向，为经济社会转型提供了明确指引。报告明确指出，中国式现代化的本质特征之一是人与自然和谐共生。我们必须坚持走生产发展、生活富裕、生态良好的文明发展道路，以实现中华民族的永续发展。在当前全球环境问题日益严峻，气候变化、资源枯竭以及生态破坏等挑战愈发凸显的形势下，绿色金融作为连接金融业与环境产业的桥梁，被视为推动绿色发展的重要驱动力，正逐渐受到各国政府和金融机构的高度重视。为此，各国纷纷出台相关政策，鼓励绿色金融发展，以期通过金融手段引导社会资本流向环保、节能、清洁能源等绿色产业，以促进经济社会的可持续发展。

绿色金融，简而言之，是一种旨在促进环境保护和可持续发展的金融模式。它强调在金融活动中充分考虑环境因素，通过优化资源配置，引导资金流向绿色、低碳、环保等有利于环境保护和可持续发展的领域。绿色金融以环境保护作为首要原则，将其融入投融资决策的核心位置。这一金融发展模式不仅关注经济效益，更着重强调环境和社会责任的实现，力求在追求经济回报的同时，也能为环境和社会带来积极影响。在资源配置方面，绿色金融通过创新金融产品和服务，降低绿色项目融资成本，提高绿色投资的吸引力，从而引导社会资本从高污染、高排放行业逐步撤出，转而投向更加环保、可持续的绿色产业、绿色项目和绿色企业，为其提供充足且稳定的资金支持。绿色金融的支持有助于促进传统产业的绿色转型和新兴绿色产业的发展，推动产业结构朝向更加环保、高效、可持续的方向升级。这不仅有助于减少对自然资源的过度依赖，还有助于提高资源利用效率，降低环境污染。此外，绿色金融通过支持环保项目和绿色基础设施建设，有利于改善环境质量，减少污染物排放，保护生态环境，最终通过这些项目的实施提升人们的生活品质，促进人与自然和谐共生。

目前，发展绿色金融已然成为国际共识，众多国家和地区积极响应，将其视为应对环境挑战、推动经济绿色转型的重要策略。在欧美等发达国家，绿色金融市场体系已相对成熟，相关产品和服务不断创新与丰富。例如，美国作为全球最大的绿色债券发行国之一，自 2014 年至 2022 年第一季度，累计发行了 5531 单绿色债券，发行规模达到 3340 亿美元，且 2020—2021 年年增长率约为 62. 8%[①]。其中，房利美（Fannie Mae）通过发行绿色抵押支持债券（MBS），成为全球最大的绿色债券发行人。同时，美国金融机构推出了多种绿色金融产品，如绿色奖励 MBS 和绿色建筑认证 MBS，这些产品为建筑的低碳节能改造和绿色建筑认证提供了便利。通过这些产品，房利美为绿色建筑和节能改造项目提供了资金支持，促进了住房和建筑领域的绿色化。美国绿色信贷市场涵盖了商业银行提供的多种绿色贷款，包括绿色抵押贷款、绿色商业建筑贷款、绿色汽车贷款和绿色消费贷款等。此外，州立银行也参与了绿色项目贷款，为绿色项目提供资金支持。在欧洲，欧洲投资银行（EIB）作为发行绿色债券的先行者之一，于 2007 年推出了全球首例气候意识债券，该债券募集的资金专用于为可再生能源或能源效率项目提供贷款，实现了债券投资价值和环境友好价值相结合。挪威主权财富基金作为全球最大的主权基金之一，通过投资绿色技术和项目来推动环境友好型经济活动。此外，一些欧洲国家，如德国和荷兰，拥有专门从事绿色

① 数据来源：《美国绿色金融发展现状与中美绿色金融合作展望》，中央财经大学绿色金融国际研究院，https：//iigf. cufe. edu. cn/info/1012/6613. htm。

金融业务的银行，通过提供绿色贷款和咨询服务，助力企业和个人实现绿色可持续发展目标。在部分欧美国家，金融科技（FinTech）公司正在开发创新型绿色金融产品和服务，例如，利用区块链技术提高绿色债券发行的透明度。同时，欧美地区的金融机构和评级机构也已开发出多种绿色金融指数和评级系统，以帮助投资者评估和比较不同金融产品的绿色表现。与此同时，联合国、世界银行和国际货币基金组织等国际组织，均在大力推动绿色金融发展。联合国通过《巴黎协定》等国际协议，强调金融流动需与低碳、气候适应型发展路径保持一致，为绿色金融设定了全球性的政策框架，促进全球金融体系与气候变化目标的整合，为绿色金融提供政策指导。联合国环境规划署通过其金融倡议（UNEP FI）等项目，引导金融机构选择可持续发展路径。例如，UNEP FI 发布了《可持续金融体系路线图》等文件，为金融机构提供了明确的可持续发展目标和路径。这些文件进一步强调了金融科技在防范环境风险和支持可持续发展融资转型中的重要作用，并为金融机构提供了具备较强可操作性的发展策略和目标方向。世界银行集团通过国际金融公司（IFC）等分支机构，推出了绿色债券和气候债券等金融工具，支持低碳和应对气候变化的项目。世界银行集团还推出了多项绿色金融倡议，包括绿色债券、气候智能农业项目和城市韧性计划等，旨在动员更多资金投入绿色和气候适应性项目。国际货币基金组织（IMF）在其能力发展计划中，为成员国提供绿色金融和气候变化相关的技术援助和培训，帮助它们建立和完善绿色金融政策框架。G20 绿色金融研究小组致力于推动绿色金融的国际合作和知识共享，促进不同国家和地区在绿色金融标准制定、政策框架以及市场发展方面的协同与合作。

我国作为全球最大的发展中国家和第二大经济体，在绿色金融领域也彰显出强大的领导力。我国绿色金融发展起源于 1984 年，国务院联合多部门发布《关于环境保护工作的决定》（国发〔1984〕64 号），随后，1995 年国家环保局和央行分别发布《关于运用信贷政策促进环境保护工作的通知》《关于贯彻信贷政策与加强环境保护工作有关问题的通知》，首次提出绿色信贷概念，鼓励运用信贷政策引导开展环境保护、节能减排等工作。自2004年我国发布《关于进一步加强产业政策和信贷政策协调配合控制信贷风险有关问题的通知》以来，绿色金融政策规划开始快速发展。经过近40年探索与发展，我国绿色金融市场已经取得了显著进展。绿色信贷、绿色债券、绿色基金以及碳交易市场等一系列绿色金融产品和服务实现了快速发展，形成了较为完善的绿色金融市场体系。其中，绿色信贷作为绿色金融体系中的重要组成部分，已经在全球范围内占据了领先地位。据中国人民银行数据，截至2023年三季度末，我国绿色贷款余额达到28.58万亿元，同比增长36.8%，居全球首位。绿色债券市场同样呈现稳健增长态势，发行主体和产品种类日益多样化，市场覆盖区域持续扩大，人民币发债比重也逐步攀升。绿色基金同样发展势头良好，主要专注于可再生能源、环境保护与治理、节能减排、清洁技术、可持续农业等诸多领域，不仅有力地促进了金融结构失衡问题的改善，更为实体经济的绿色转型给予了不可或缺的资金支撑。近年来，绿色保险亦实现了跨越式发展，保险产品的种类持续丰富，涵盖了新能源保险、责任保险等多个维度，为相关企业提供了必要的风险管理和保障服务。作为绿色金融发展的新兴领域，碳交易市场随着全国统一碳市场的建设和推进，市场规模和流动性大幅提升，为碳金融业务提供了广阔的发展空间。这不仅有助于控制温室气体排放，也为碳资产的合理定价和交易创造了条件。此外，金融科技的应用为绿色金融发展注入了新动力。在绿色信贷、绿色债券、绿色保险等多个领域，金融科技的应用均有创新，例如，利用大数据、人工智能等技术提高风险管理能力，以及通过区块链技术极大地增强了业务的透明度和可信度，确保交易信息的不可篡改和可追溯性。

总而言之，绿色金融已成为全球发展的重要趋势，各国和国际组织均在积极推动其发展与创新。作为全球绿色金融发展的领导者之一，我国正处于这一领域的快速发展阶段。随着政策的不断推动和市场需求的日益增加，绿色金融产品和服务持续丰富和完善，为实现国家的绿色低碳发展目标提供了强有力的支持。尽管我国绿色金融发展已取得显著成效，但仍面临着一系列问题与挑战，如缺乏统一的绿色标准、监管体系不够完善等。在此背景下，深入研究绿色金融及其发展效应尤为重要。为此，本书在全面剖析绿色金融发展现状的基础上，明确其经济与环境效应的内在机制，并进行实证分析，以期为解决当前绿色金融面临的问题提供理论依据和实践指导。

二、研究意义

本书有关绿色金融发展的经济与环境效应研究，不仅进一步丰富了绿色金融发展相关理论，还为政策制定者提供了更具前瞻性和科学性的决策依据。通过深入剖析绿色金融在不同经济环境下的作用机制，能够帮助政府精准施策，引导资金流向更具环境效益和经济效益的领域。

（一）有助于丰富绿色金融的理论体系

作为一个新兴研究领域，绿色金融相关研究目前仍处于起步阶段，其理论框架和体系尚有待进一步的完善。本书通过对绿色金融发展效应进行深入剖析和全面探讨，旨在进一步丰富和完善绿色金融理论体系，为推动绿色金融的实践提供坚实的理论基础。本书分别从微观和宏观两个层面出发，对绿色金融发展的经济与环境效应进行了全面探究。在宏观层面，本书着重探讨了绿色金融对经济增长、产业结构调整以及绿色全要素生产率等方面的综合影响，揭示了绿色金融在宏观经济运行与环境保护中的重要作用。在微观层面，本书则深入分析了绿色金融影响企业的融资行为、技术革新以及污染物减排的作用机制。在此基础上，本书进一步实证分析绿色金融对宏观经济变量（如 GDP 增长率、产业结构、绿色全要素生产率）和微观经济变量（如企业融资约束、技术创新能力、污染物排放水平）的影响效果，进一步揭示了绿色金融在推动经济增长、优化环境保护以及实现环境与经济双赢目标中的关键路径与实践效果。这些研究成果为政府及相关机构制定促进绿色金融发展的政策提供了重要的理论依据。

（二）有助于推动经济转型与可持续发展

绿色金融作为一种创新性的金融模式，通过引导资金流向环保、清洁能源等绿色产业，有力推动了经济从传统的高污染、高能耗模式向低碳、环保、可持续模式的转变。本书对绿色金融的经济与环境效应进行了深入研究，结合理论与实证分析，全面评估了绿色金融在推动绿色产业发展、优化资源配置、提高经济环境效益等方面的实际成效，并深入探讨了其面临的问题与挑战。在此基础上，本书广泛借鉴国际经验，提出了针对性的对策建议，以进一步提升我国绿色金融的发展成效，促进其健康、有序发展。通过这一研究，本书为政府和金融机构提供了科学的决策依据，将有助于其制定和实施更加精准有效的政策、法规和投资策略，以支持绿色金融的蓬勃发展，并确保经济转型能够平稳、高效地进行。此外，本书的研究成果还将有助于识别和克服绿色金融发展中的潜在障碍，为构建一个更加健全、高效的绿色金融市场奠定基础。这不仅有助于推动经济转型发展，还有助于实现环境与经济双赢的目标，为构建经济可持续发展体系提供有力支持。

（三）有助于改善环境质量与应对气候变化

面对全球气候变化和环境污染的严峻挑战，绿色金融作为一种创新的金融手段，为解决这些问题提供了新的思路和解决方案。绿色金融不仅通过为环保项目提供资金支持，直接促进了环境质量的改善，还通过支持低碳项目和碳捕捉与储存技术的发展，有效帮助减少温室气体的排放。同时，绿色金融通过积极促进可再生能源的开发和利用，降低对石化能源的依赖，从而减缓气候变化的进程，推动经济向低碳、环保、可持续的方向转型。本书基于对绿色金融环境效应实际成效的深入评估，提出进一步增强我国绿色金融发展效应的策略和建议。这些研究成果为政府提供了制定和实施更加精准有效的环保政策和措施的理论基础，有助于引导更多的社会资本投入到绿色项目中，促进绿色金融市场的健康发展，形成良性的资金循环。同时，本书也为金融机构和企业提供了参考与借鉴，帮助他们更好地理解和利用绿色金融工具，将绿色金融理念融入其业务发展和战略规划中，在推动其自身可持续发展的同时，实现经济效益与环境保护的双赢。

（四）有助于提升国际竞争力与参与全球合作

在全球化时代背景下，绿色金融已成为国际金融合作的核心议题，其重要性与日俱增。通过系统研究我国绿色金融发展的经济与环境效应，能够更加明确地识别出我国在此领域的竞争优势和不足，为制定更具竞争力的绿色发展战略提供依据。这不仅有助于我国在激烈的国际竞争中找准定位，发挥自身优势，也为提升综合竞争力指明了方向。同时，深入研究绿色金融的经济与环境效应，也为我国参与全球环保合作提供了坚实的理论基础和实践经验。这将推动我国在绿色金融领域与其他国家和国际组织开展深入合作，为建立和发展全球绿色金融体系贡献中国力量，共同推动全球绿色金融标准的制定和完善。

作为全球第二大经济体，我国在绿色金融领域的探索和实践具有重要的示范和引领作用。通过积极参与国际合作，我国可以推动建立更加公平合理、包容共享的全球绿色金融体系，为全球环境治理和可持续发展目标的实现贡献中国智慧和中国方案。这不仅有助于提升我国在全球环境治理中的影响力和话语权，也将进一步彰显我国作为负责任大国的国际形象，为全球绿色金融事业的发展作出积极贡献。

第二节 文献综述与文献述评

一、有关绿色金融内涵的研究

绿色金融，亦称环境金融或可持续金融，是近年来全球范围内兴起的金融理念与实践。其核心在于将环境保护与经济增长相结合，通过金融工具和策略的创新，引导资金流向环保产业和项目，从而实现经济增长与环境保护的良性循环。自何塞·萨拉查（Jose Salazar，1998）首次提出绿色金融的概念以来，该领域的研究与实践逐渐受到广泛关注。

国外学者较早针对绿色金融的内涵进行探索。何塞·萨拉查（Jose Salazar，1998）指出，绿色金融通过金融工具和策略的创新，将环境保护与经济增长相结合，形成了一种新的金融模式。他认为，绿色金融发展有助于引导资金流向环保产业和项目，从而推动经济增长和环境保护的良性循环。考恩·埃里克（Cowan Eric，1999）进一步拓展了绿色金融的内涵，认为绿色金融不仅包括环保产业的投融资活动，还包括对传统产业环保改造的投融资支持。他通过实证研究发现，绿色金融发展能够促进经济增长，并且这种促进作用在长期来看更加显著。拉巴特·索尼娅和罗德尼·R. 怀特（Labatt Sonia and Rodney R. White，2002）从环境风险管理的角度出发，探讨了绿色金融发展的必要性。他们认为，金融机构在投融资活动中应该充分考虑环境风险因素，通过发展绿色金融来降低环境风险并获取可持续发展带来的商业机会。同时，他们还指出，绿色金融发展有助于提升金融机构的社会形象和声誉。格瑞·罗伯（Gray Rob，2002）认为绿色金融是一种考虑到环境因素与社会因素的金融体系，需要从自然资源的保护、排污量的降低和环境意识的提高这三个方面综合考量。

马塞尔·尤肯（Marcel Jeucken，2011）在其著作《绿色金融与可持续发展》中，系统阐述了绿色金融的理论框架和实践经验。他认为绿色金融发展有助于优化资源配置，提高经济效率，并降低经济增长对环境的负面影响。此外，他还强调了政府在推动绿色金融发展中的重要作用。索安达拉詹·帕尔瓦达瓦迪尼和纳加拉詹·维韦克（Soundarrajan Parvadavardini and Nagarajan Vivek，2016）强调绿色金融是指在进行风险评估时将环境因素纳入考量的市场贷款活动，其业务决策主要受到环境因素的影响，是推动低碳经济发展的重要途径。吉尔伯特·肖恩和周丽欢（Gilbert Sean and Lihuan Zhou，2017）从需求角度出发，指出绿色金融是对可持续性项目投融资提供的金融服务。阿尔·谢里亚尼·克莱塞姆和海瑟姆·诺巴尼（Al – Sheryani Klaithem and Haitham Nobanee，2020）研究表明，绿色金融是指在货物和服务供应链中，由各参与方的行为所共同界定的概念，是一种对环境问题具有高度敏感性的金融业务。迪考·西蒙和乌尔里希·沃尔兹（Dikau Simon and Ulrich Volz，2018）认为绿色金融是指考虑环境影响并且能够实现可持续发展的所有形式的投资或贷款。

与国外绿色金融研究相比，国内相关研究起步较晚，对概念的界定也各有侧重。高建良（1998）认为绿色金融是一项特殊的金融活动或发展战略，它将环境保护和可持续发展作为金融行业开展具体业务的基本原则，旨在协调经济社会的可持续发展。潘岳（2007）则认为绿色金融是一种以保护环境和推动绿色经济为目标的新型金融工具，具体表现形式包括绿色信贷、绿色股票、绿色债券、绿色保险、绿色基金等。安伟（2008）指出绿色金融作为一项以基本金融工具为手段的宏观调控政策，其核心目标在于实现节能减排与经济持续发展的双重并进。王遥等（2016）认为，绿色金融作为一种金融活动，它通过信贷、基金、债券等工具引导资金流向环保和可持续项目，从而协调推进资源、经济和环境三者之间共同发展（李晓西等，2015）。安同信等（2017）认为绿色金融是有效推动我国经济转型的重要抓手，具有去行业杠杆等作用。

杜莉和郑立纯（2019）、何德旭和程贵（2022）等学者提出，绿色金融是指金融机构将环境保护、节能减排等可持续发展理念融入金融活动中，以金融机构或金融市场为载体，通过优化金融资源配置，调节资金流向绿色低碳领域，促进资源高效利用、改善生态环境质量，实现社会和生态的可持续发展。谢东江和胡士华（2023）提出，绿色金融的本质是为绿色项目提供投融资金融服务，其目的在于促使经济、资源和环境三者之间的协调、可持续发展。郑丽和朱小能（2024）等学者认为，绿色金融是指金融机构在投融资决策过程中，将环境保护和资源的有效利用作为重要的考量因素。它以支持环境改善、应对气候变化和资源节约高效利用为目标，并同时注重金融业自身可持续发展。

二、绿色金融发展的经济影响研究

（一）对经济增长的影响研究

伯特·斯科尔滕斯和拉默特扬·达姆（Scholtens Bert and Lammert-jan Dam，2007）通过对绿色金融与传统金融的对比研究，发现绿色金融在促进经济增长方面具有积极作用。他们指出，绿色金融不仅有助于环境保护，还能通过创新金融工具和策略，为经济增长提供新的动力。尚塔努·萨罗吉·普拉萨德和萨尔法拉兹·安萨里（Prasad S. S. and Ansari S.，2015）进一步强调，作为一种创新性金融工具，绿色金融发展能够促进并改善一国或地区经济增长与生态环境保护之间的平衡关系。索安达拉詹·帕尔瓦达瓦迪尼和纳加拉詹·维韦克（Soundarrajan Parvadavardini and Nagarajan Vivek，2016）通过对印度绿色金融市场的实证研究，揭示了绿色金融在促进经济增长和可持续发展方面的显著潜力，并指出绿色金融发展需要政府、金融机构和社会各界的共同努力和配合。

乌尔里希·沃尔兹（Ulrich Volz，2018）则选择以亚洲为样本，研究了绿色金融发展的必要性。他认为要推动经济的可持续发展，就必须调整绿色投资的方向，转变当前高耗能高污染的生产模式，建立可持续发展的能源体系。为此，沃尔兹强调，经由金融部门引导资金流向绿色领域，是推动经济绿色转型的关键所在。阿西夫·穆罕默德·汗等（Asif Muhammad Khan et al.，2021）则从全球视角出发，探讨了绿色金融在推动经济可持续发展中的作用。他们认为，绿色金融发展有助于降低环境污染、减少温室气体排放，并推动清洁能源等绿色产业的发展。同时，他们还强调了绿色金融在促进全球经济增长和应对气候变化等全球性挑战中的重要作用。阿尼尔·马尼坎迪亚等（Anil Markandya，et al.，2015）经由研究也发现，发展绿色金融对发展中国家和发达国家的经济增长以及污染减少均具有显著正向推动作用。

在国内，王遥等（2016）认为绿色金融发展不仅有助于推动中国经济向绿色转型，还能提升经济增长的质量和效率。张晓燕、张宗益和康继军（2016）通过构建空间计量模型，实证分析了绿色金融发展对产业结构升级和经济增长的影响，研究发现绿色金融与产业结构优化之间存在正向空间相关关系，绿色金融发展有助于推动产业结构升级。马留赟、白钦先和李文（2017）运用中国省级面板数据进行研究，发现绿色金融发展对经济增长具有显著的正面影响，且这种影响在东部地区更为显著。王文启、郭文伟和曹思佳（2018）构建了绿色金融发展指数，并对中国各省域绿色金融发展水平进行了测度与评价，研究结果亦表明绿色金融发展水平对地区经济增长具有积极推动作用。陈琪和张广宇（2019）实证检验了绿色金融对经济增长的影响，结果表明绿色金融对经济增长具有显著的促进作用，且这种促进作用在不同地区间存在差异。高建良（2019）指出，绿色金融是金融可持续发展的重要组成部分，对经济增长具有积极的促进作用。它通过引导资金流向环保、节能、清洁能源等领域，有助于实现金融与实体经济的良性循环，推动经济可持续发展。刘锡良和文书洋（2019）则进一步强调，金融机构的信贷决策对经济增长具有显著影响，积极发展绿色金融是推动经济增长质量提升的重要策略，也是中国金融机构未来发展的主要方向。

史代敏和施晓燕（2022）研究了绿色金融对经济增长质量的影响机理，认为绿色金融体系的构建是推动经济朝向高质量发展迈进的基础。戚逸康（2023）的研究表明，技术进步在绿色金融和经济增长的关系中存在部分中介效应，且绿色金融规模与经济增长之间存在倒“U”型关系。位华和李依禾（2023）的研究则显示，绿色金融对经济增长有显著的拉动作用，同时有利于生态环境改善。在绿色金融的作用下，经济增长与环境质量的恶化程度整体上呈倒“N”型关系，即经济增长对环境质量的恶化程度起着先促进后抑制的作用；而环境质量的恶化程度对绿色金融起着倒逼作用。

（二）对企业发展的影响研究

阿娜·帕维奇奇－卡塞尔（Pavičić－Kaselj Ana，2007）、张宇锡和张宇镇等人（Woo－Seok Jang and Woojin Chang，2008）的研究发现，绿色金融体系的多元化程度越高，绿色技术创新能力就越强。约翰·安德森（John Anderson，2016）指出，发展绿色金融能够引导资金流向环保企业，进而提升企业的治理水平和创新水平。严锋等人（Feng Y，et al.，2014）的研究则揭示了强制型的绿色保险可能会对企业的绿色创新产生不利影响。马克·珀登（Mark Purdon，2015）的研究发现，在碳金融制度下，高能耗和高排放企业需要将原本用于技术研发的资金转而用于购买碳排放权，这在一定程度上影响了其绿色创新能力。苏冬蔚等人（2018）以2012年《绿色信贷指引》的正式实施为契机，构建了准自然实验，研究发现绿色金融政策的实施能够增强对重污染企业的融资约束，并有效抑制其投融资行为。连莉莉（2015）从债务融资成本的角度出发，对比分析了绿色企业和污染企业，发现绿色信贷政策通过降低融资成本对绿色企业产生促进作用，但对“两高”企业则产生抑制作用。王遥等人（2019）引入DSGE模型进行分析，发现实施一定程度的绿色信贷激励政策会增加绿色信贷总量。刘强等学者（2020）研究发现，绿色信贷政策能够促进重污染企业，特别是国有企业和金融欠发达地区企业的创新产出，并提高其创新效率。

王骏飞（2020）的研究发现，绿色信贷对创业板企业的债务融资能力存在显著正向影响，环境规制则能进一步强化这种影响。王馨和王营（2021）的研究指出，信贷政策有助于降低企业的绿色代理成本，并提升绿色投资的效率，从而激发那些面临较高环境风险的企业绿色创新积极性。王贞洁等（2022）将“分析师关注”作为中介变量，研究发现分析师群体的关注在缓解新能源企业融资约束方面发挥着的非常重要的作用。吴若溪（2022）研究发现，在传统金融模式难以有效满足新能源企业转型发展的融资需求的背景下，绿色金融的发展为新能源企业提供了破解融资困境的新途径，有助于解决其融资难题。王玉林和周亚虹等学者（2023）的研究则表明，发展绿色金融能够有效缓解绿色发展企业所面临的融资约束，进而推动企业进行绿色技术创新。王迎晖（2023）的研究指出，绿色金融发展对新能源企业的融资约束具有显著缓解作用，并且这种影响存在一定的区域异质性。

三、绿色金融对环境的影响研究

（一）对绿色全要素生产率影响

早期学者们主要从金融的角度出发，探究金融对绿色全要素生产率（GTFP）的影响。张帆（2017）的研究发现，金融发展对全要素生产率（TFP）和绿色全要素生产率的促进效果并无显著差异，且随着金融水平的提升，两者都呈现递减趋势。徐璋勇等人（2020）的研究则发现，金融的规模、效率和结构三个维度均对 GTFP 的增长具有促进作用。朱亚男（2019）指出，高水平金融发展会增强金融集聚和资金配置功能，从而提高市场流动性和调节性，进而对绿色全要素生产率产生积极影响。

通过文献梳理发现，有关绿色金融对 GTFP 影响的文献相对较少。方春（2019）建立了内生增长模型，从绿色金融的角度对 TFP 和 GTFP 进行了比较分析，认为由于 GTFP 考虑了环境污染因素，因此比 TFP 更接近于真实值。王璐璐（2018）指出，绿色金融的推广有助于企业内部化其生产活动对环境造成的负面影响，从而提高环境成本，这将推动生产率低、环境污染严重的企业退出市场，进而促进区域绿色全要素生产率的增长。谢婷婷等人（2019）认为绿色信贷主要通过影响技术进步和产业结构来影响 GTFP。李凯风和陈奇（2020）的研究显示，绿色信贷发展对于推动工业绿色全要素生产率提升，具有显著的正向作用。其中，绿色技术进步发挥着关键的中介作用。此外，尹子擘等人（2021）的研究发现，绿色金融发展对绿色全要素生产率的影响并非简单的线性关系，而是呈现出“U”型变化趋势。这表明绿色金融在助力绿色全要素生产率提升方面所发挥的作用，可能随着其发展程度不同而有所不同。

（二）对能源消耗影响

国外学者查瓦·苏迪尔（Chava Sudheer，2014）指出，尽管绿色信贷政策有助于减少高污染企业的排放量，但它也可能限制企业的全要素生产效率。拉胡埃尔·贝希尔·本（Lahouel Béchir Ben，2016）认为，综合运用政策工具和金融工具，有助于提高能源使用效率，改善能源消费的高污染排放状况。扬·克里斯托夫·施特克尔和迈克尔·雅各布（Jan Christoph Steckel and Michael Jakob，2017）等学者提出，全球能源系统脱碳的关键在于充分的资金投入，而气候融资在资金引入中扮演着至关重要的角色，因此，促进气候融资朝向可持续发展领域转变尤为关键。阿西·法西等（Assi Fathi et al.，2021）通过构建自回归分布滞后（ARDL）模型，实证分析了金融发展对能源消费的具体影响程度。然而，研究结果显示，目前金融发展对可再生能源消费的影响并不显著。雷盖扎·阿莱西奥等（Reghezza Alessio，2022）经由研究发现，在2015年《巴黎协定》签订之后，银行对高排放的行业贷款减少且利率提升。

国内学者杨华（2008）指出，为进一步促进节能减排和清洁能源产业的发展，金融机构应增强绿色信贷产品的创新力度。高晓燕和王治国（2017）认为，绿色金融能够为新能源产业提供更为高效、便捷的融资渠道，从而推动能源消费结构转型进程。张思遥和姜克隽（2018）针对目前绿色金融发展在我国能源行业所存在的问题，建议拓展绿色金融产品种类，并储备具备该领域专业知识的人才。穆献中、孔丽和余漱石（2019）认为，绿色信贷在促进清洁能源应用方面发挥着重要作用，有助于降低能源消耗强度。因此，建议通过优化绿色信贷机制来为清洁能源相关企业提供资金支持。刘钊（2020）认为，绿色信贷初期有助于减缓能源消费的增长速度，随着绿色信贷体系的不断完善和发展，能源消费的增长速度将会不断降低，并处在较低的水平。胡宗义、刘佳琦和何冰洋（2020）等学者实证分析了金融发展对绿色能源消费的影响，研究发现，金融发展通过消费效应、产业效应和财富效应促进了绿色能源消费的增长。

另外，刘传哲和任懿（2019）等学者运用灰色关联度分析、面板数据回归分析等方法实证分析发现，绿色信贷发展对促进能源消费结构向低碳化转变具有显著影响。申韬和曹梦真等（2020）利用双重差分模型，实证分析了绿色金融试点政策对我国能源消耗强度的影响，研究发现绿色金融试点政策对于降低能源消耗强度具有显著促进效果。张建鹏和陈诗一（2021）、谢乔昕（2021）等学者认为，绿色金融发展与环境规制的协同作用能够显著促进能源结构的转型升级。在绿色金融发展程度较高的地区，环境规制的创新补偿效应有助于推动企业进行绿色技术转型，进而推动能源消费结构的转型与升级。马丽梅等（2022）与张宇等（2022）认为，绿色金融主要通过提升可再生能源技术的创新水平，以及缓解间接融资限制来促进可再生能源有序发展。与此同时，研究发现，只有当清洁技术研发部门的比重或其补贴利率达到或超过特定临界值时，才能有效促进清洁技术的创新提升。

（三）对碳排放的影响

国外学者阿尔图尔·塔马齐安（Tamazian Artur et al.，2010）认为，金融发展能够通过引入外部技术和创新金融供给来缩减碳排放。沙赫巴兹·穆罕默德（Shahbaz Muhammad et al.，2013）通过构建金融发展与二氧化碳排放之间的长期关联，并运用边界分析、因果检验等多种研究方法，研究结果表明金融发展对二氧化碳排放具有一定的抑制效应。同样，阿尔图尔·塔马齐安（Tamazian Artur et al.，2009）在对多个国家的发展现状进行深入研究后发现，金融发展有助于减少碳排放量，进而对相关地区的生态环境保护产生积极的改善效果。

贾利尔·阿卜杜勒和梅特·费里敦（Jalil Abdul and Mete Feridun，2011）通过构建自回归分布滞后模型，对金融市场发展与生态环境之间的长期均衡关系进行了深入研究。研究结果显示，中国的金融发展并未对生态环境造成破坏，反而在一定程度上有助于降低碳排放量。绿色金融通过减少对高污染和高能耗产业的资金支持，同时促进资金流向节能环保领域，不仅促进了节能环保技术的创新，还对污染严重的企业产生了抑制效应。绿色金融通过资金流向作用引导产业结构朝向绿色发展方向转型，进而促进能源消费结构的低碳化，并实现二氧化碳减排的目的（Aizawa & Yang，2010；Anderson，2016）。穆罕默德·萨伊德·梅奥和穆罕默德·扎伊尼·阿卜德·卡里姆（Muhammad Saeed Meo and Mohd Zaini Abd Karim，2021）选取了加拿大、丹麦等 10 个支持绿色金融的发达国家和地区，采用分位数对分位数回归法（QQR）检验了不同分位数的绿色金融与二氧化碳排放之间的依赖结构，结果支持绿色金融对碳排放存在正面影响。

在国内研究中，陈碧琼和张梁梁（2014）基于 STIRPAT 模型和空间 GMM 模型，研究表明金融效率与碳排放之间存在空间相关性，通过提高金融效率可以达到节能减排的目标。刘婧宇等学者（2015）研究发现，绿色信贷政策在短期及中期均能够显著降低能源密集型产业的污染物排放量。胡金焱和王梦晴（2018）的研究结果表明，金融发展与碳强度之间的关系呈现“U”型，即在初期阶段金融发展对碳强度具有促进作用，而随后则转为抑制效应，这一研究结论与环境库兹涅茨曲线的理论相吻合。何吾洁等（2019）通过构建向量自回归（VAR）模型，研究发现，绿色金融发展有助于降低二氧化碳排放量，对于推动经济的绿色可持续发展具有积极作用。邵学峰和方天舒（2020）通过实证分析发现，我国绿色金融发展水平有待提高。与此同时，随着绿色金融的持续发展，其对碳排放的抑制效应将日益增强。

郭希宇（2022）通过构建空间联立方程模型，针对绿色金融与低碳经济间的关系及空间溢出效应进行研究。研究结果表明，绿色金融发展能够显著促进本地区低碳经济转型发展，同时低碳经济发展亦对绿色金融的发展存在正面影响。然而，毛彦军等学者（2022）的研究发现，目前，绿色金融发展对邻近地区绿色金融发展存在一定的挤出效应，不利于邻近地区绿色金融发展水平的提升。与此同时，本地区低碳经济转型也对邻近地区存在负向冲击作用。此外，受到地理位置、经济发展程度等因素的影响，不同区域的绿色金融发展程度也有所差异，使得不同区域的绿色金融对碳排放量产生影响的效果也有所不同（杨林京和廖志高，2021；尤志婷等，2022）。刘锋、黄苹与唐丹（2022 年）依据 282 个城市的统计数据，对绿色金融与碳排放之间的关系进行了深入分析。研究结果表明，绿色金融对碳排放量具有显著的抑制效应，并且，抑制程度在中部地区较为显著，在东部地区相对不显著。

四、研究述评

通过文献综述发现，学者们针对绿色金融内涵以及绿色金融对经济发展、企业发展及能源环境的影响进行了较为广泛且丰富的研究。虽然学者们从多个角度对绿色金融进行了界定，但目前尚未形成一个统一、明确的定义与测度体系，这可能导致在实践操作中出现理解上的偏差，影响绿色金融政策的制定和执行效果。此外，虽然已有研究证实绿色金融对经济增长、环境保护具有积极作用，但其具体影响机制仍不完全清晰，实际影响程度并不统一。

有鉴于此，本书在对绿色金融内涵与主要内容进行阐述的基础上，构建绿色金融发展水平指标体系并对绿色金融发展水平予以测度。基于此，本书进一步明确了绿色金融对经济以及环境影响的作用机制，进而针对绿色金融的经济与环境效应予以实证分析，结合实证研究结论提出相关对策与建议。

第三节 研究思路与研究内容

一、研究思路

本书沿循“理论基础—现状分析—机制分析—实证分析—对策建

议”的研究思路开展研究，主要体现在以下几个方面：

首先，本书从绿色金融的内涵、特征与主要内容出发，明确其基本概念和主要内容，进而探讨绿色金融发展的基本原则、理念与实践要求，奠定了研究的理论基础。在此基础上，深入分析绿色金融发展的相关基础理论，如波特假说、外部性理论、可持续发展理论等，为后续研究提供了坚实的理论支撑。

其次，本书进行绿色金融发展现状分析，回顾和梳理绿色国际金融及我国绿色金融的演进历程，全面介绍当前我国绿色金融发展概况。包括政策环境、市场规模、产品创新等，以准确把握绿色金融发展的现实状况。

再次，本书深入探究绿色金融发展的经济效应和环境效应，从理论上分析绿色金融如何通过影响宏观经济和微观经济主体，以及改善环境质量，发挥其独特的经济和环境双重效益。

随后，本书构建绿色金融发展指标体系，对我国绿色金融发展水平进行测算，并分析其时空分布特征。同时，通过模型设定和实证分析，进一步探讨绿色金融对经济和环境的具体影响，包括宏微观经济效应以及宏微观环境效应，并进行异质性分析和稳健性检验，以确保研究结果的准确性和可靠性。

最后，本书依据发达国家或地区在绿色金融发展方面的经验教训，总结归纳出国际经验对我国绿色金融发展的启示和借鉴意义。在此基础上，结合我国绿色金融发展效应的现状，提出了进一步提升我国绿色金融发展经济环境效应，实现经济与环境效益双赢的相关对策与建议。

二、研究内容

本书主要包括五部分内容，每一部分的具体内容如下：

第一部分：理论基础分析。作为全书的理论基石，本部分为读者提供了绿色金融的基本概念、理论框架和发展背景。第一章主要阐述了绿色金融的定义、特征、主要内容，以及支撑其发展的关键理论，如波特假说、金融创新理论、可持续发展理论等。第二章则进一步探讨绿色金融的基本原则、核心理念、实践要求，以及相关的经济学、金融学理论，为后续的分析奠定坚实的理论基础。

第二部分：发展现状分析。这部分聚焦于绿色金融的国际及国内的发展历程和现状。第三章通过梳理绿色金融在国际和我国的演进历程，全面展现了其从概念形成到制度建立、市场发展的全过程。第四章则通过构建指标体系，对我国绿色金融发展水平进行测度，并深入分析其时空演进特征，为后续的经济和环境效应分析提供有力的数据支撑。

第三部分：作用机制分析。这一部分深入探讨了绿色金融发展经济与环境效应的作用机制，解释绿色金融对经济与环境产生影响的作用机制。第五章和第六章分别从宏观经济和微观层面，全面分析了绿色金融如何影响经济增长、产业结构、企业行为以及环境质量。通过理论分析，这部分内容揭示了绿色金融在促进绿色增长、环境保护等方面的内在逻辑和作用路径。

第四部分：效应实证分析。本部分通过采用基准回归分析、异质性分析等方法，实证分析了绿色金融的经济和环境效应。第五章和第六章中的实证分析部分，通过构建计量经济学模型，对绿色金融的经济效应和环境效应进行实证检验。通过对数据的深入统计分析和模型估计，这部分内容提供了关于绿色金融作用效果的实证证据，大大增强了研究的科学性和说服力。

第五部分：相关对策建议。基于前述理论分析和实证研究结论，并结合国际经验启示，本部分提出了推动绿色金融发展的政策建议和未来方向。第七章和第八章中通过分析绿色金融的国际经验和发展趋势，总结归纳出对我国绿色金融发展的宝贵启示，并提出了包括完善相关法律法规、强化财政税收激励、创新金融产品与服务、增进国际交流合作等方面的具体建议，旨在为政府、金融机构和业界提供决策参考，推动绿色金融发展体系的健全和完善。

第四节　研究创新与研究不足

一、研究创新

相较于已有研究，本书的创新之处主要体现在三部分：

创新之一：本研究从绿色金融视角出发，深入探讨了绿色金融发展的经济与环境双重效应。本研究突破了传统金融研究比较注重经济效益的局限性，将环境保护纳入研究范畴，实现了经济效益与环境效益的有机统一。这一研究视角使得研究内容更加全面，更加符合当前全球可持续发展的趋势。

创新之二：本研究分别从宏观和微观层面，对绿色金融发展的经济效应进行了理论与实证分析。在宏观层面，综合考量了绿色金融对经济增长的直接与间接影响，全面揭示了绿色金融在宏观经济运行中的作用机制。在微观层面，实证分析了绿色金融发展对新能源企业融资约束的影响，以及绿色金融发展对企业绿色技术创新活动的推动作用。这种综合考量和多维分析有助于更准确地把握绿色金融的经济效益作用机制，为政策制定者提供重要的参考和启示，有助于推动绿色金融政策的科学制定和有效实施。

创新之三：有别于已有研究主要从绿色金融对碳排放影响等单一维度评估绿色金融发展的环境效应，本书将绿色金融的环境影响扩展到更为广阔的领域，既包括对绿色全要素生产率宏观层面的影响探讨，又包括对污染物排放影响的微观层面研究。通过宏观与微观层面的多维度分析，本书较为全面地反映了绿色金融在推动经济绿色转型中的多重环境效应。这种综合考量方法有助于更准确地把握绿色金融对环境的影响机制，为政策制定者提供更加全面和科学的决策依据，以推动绿色金融体系的进一步完善和绿色发展政策的科学制定。

二、研究不足

在研究绿色金融发展效应时，除了需要深入探讨绿色金融对本地经济与环境的宏微观影响之外，其对邻近地区的空间溢出效应也应当纳入考虑范畴。然而，在经过反复的模型优化与指标微调后，我们的研究结果均表明，目前绿色金融空间溢出效应在统计意义上并未达到显著水平。

究其原因可能取决于以下两个方面：一方面，绿色金融作为一个新兴领域，目前尚处于起步阶段，其发展和实践过程中充满了多样性和复杂性。各地区在制定与执行绿色金融政策时，由于政策框架、市场成熟度等方面的差异，导致绿色金融对经济与环境影响在地理空间上呈现出了非线性的分布特征。这种非线性分布或许是导致绿色金融空间溢出效应不显著的关键因素之一。另一方面，不同区域的经济发展水平、产业结构、技术创新能力以及民众对可持续发展理念的认知程度各不相同。经济发达的地区或许更容易吸引绿色金融投资，不过产业结构的差异也会对绿色金融在这些地区的渗透程度和影响力产生影响。与此同时，技术创新能力强劲的地区可能更善于借助绿色金融来推动经济与环境的协调发展，而民众对于可持续发展理念的认知水平则直接左右着绿色金融的社会接受程度和实施成效。这些因素相互交织，共同导致绿色金融在不同地区的经济与环境效应存在显著差异，从而使绿色金融空间溢出效应的分析变得复杂且不显著。

有鉴于此，我们将会持续关注绿色金融发展的空间溢出效应，后续将会尝试从更多维度和更深层次进行剖析和研究，以期能更全面地揭示绿色金融发展规律以及发展效应。

第二章

绿色金融发展的理论基础

第一节 绿色金融内涵、特征与主要内容

一、绿色金融内涵界定

绿色金融是一个多维度的综合性概念，涵盖了金融、环保、可持续发展等多个领域，体现了环境保护与金融活动的深度融合。这一概念在全球范围内得到了广泛关注和实践，但不同国家和机构对其的理解和应用呈现出一定差异性。

从广义上来讲，绿色金融的核心理念在于，金融行业在经营活动中需要高度重视生态环境的保护与改善，将资金有效引导至环境保护、节能减排以及清洁能源等关键领域，以支持那些有利于可持续发展的经济活动。同时，绿色金融也要求金融行业在风险管理和自身发展方面采取可持续发展策略，以实现经济效益与环境效益的双赢。随着全球气候变化带来的挑战日益严峻，以及低碳经济转型孕育的巨大机遇，绿色金融的涵盖范围和具体含义正在持续扩展与深化。G20 绿色金融研究小组对绿色金融的诠释进一步凸显了其系统性、整体性与协同性特征，认为绿色金融是一个能够创造积极环境影响、助力可持续发展，并能有效引导社会资本进入绿色发展领域的综合性金融生态系统。具体而言，绿色金融不仅关注减少土壤、水和空气污染，降低温室气体排放，还涉及提升资源使用效率，以及应对和减缓气候变化等多个层面。这一概念为全球绿色金融的国际合作与共同发展提供了重要参考框架，促进了全球范围内对绿色金融的理解和实践的深化，推动了全球经济向更加绿色、可持续的方向发展。

在我国，绿色金融也得到政府的高度重视和大力推动。我国七部委在联合发布的《关于构建绿色金融体系的指导意见》中，明确提出了绿色金融的官方定义，即“绿色金融是指为支持环境改善、应对气候变

化和资源节约高效利用的经济活动，即对环保、节能、清洁能源、绿色交通、绿色建筑等领域的项目投融资、项目运营、风险管理等所提供的金融服务。”这一定义精准界定了绿色金融的目标和范畴，不仅体现了我国政府对环保和可持续发展的承诺，同时也为构建和发展具有中国特色的绿色金融体系提供了明确的指导原则和方向。具体而言，绿色金融作为一种创新的金融模式，其核心目标是将环境保护与经济发展相结合，通过一系列金融工具和服务来促进经济的绿色转型和可持续发展。绿色金融涵盖绿色信贷、绿色债券、绿色股票指数、绿色发展基金、绿色保险等多种金融产品，这些产品不仅为环保和节能项目提供了资金支持，还通过降低环境风险，帮助企业实现可持续融资。这些金融工具的推广和应用，不仅有助于将资金引导至环保和节能领域，而且通过支持绿色技术的创新和应用，为企业提供了新的增长点。绿色金融还要求金融机构在风险管理方面充分考虑环境因素，以规避环境问题可能引发的金融风险，确保金融系统的稳定性。此外，绿色金融还注重与环保、节能等产业的深度合作。通过与这些产业的紧密联系，绿色金融能够更准确地把握行业需求和发展趋势，从而提供更为精准和有效的金融服务。这种合作模式不仅有助于推动绿色技术的研发和应用，还能促进绿色产业的创新和发展，形成良性的产业循环。随着绿色金融理念的广泛传播，金融机构和企业间的合作也在不断深化，共同推动经济朝向绿色、环保方向发展。这种合作不仅能够带来经济效益，还能为社会和环境带来长远的积极影响，实现经济、社会和环境的和谐发展。

总体而言，绿色金融是一种创新的金融模式，它将环保理念与金融活动紧密结合，旨在利用金融手段推动经济可持续发展和环境保护。这种模式强调经济、社会和环境三者之间的协调发展，以实现长远的经济增长和生态环境的可持续性。绿色金融通过引导资金流向环保项目、支持清洁能源的开发和利用、促进节能减排技术创新，为应对环境问题提供了切实可行的解决方案。此外，绿色金融还有助于增强金融机构的风险管理能力，通过评估及降低环境风险，确保金融体系的稳定性。同时，绿色金融亦鼓励企业和个人采取更加环保的行为，促进社会整体的绿色转型。在全球气候变化和可持续发展挑战日益加剧的背景下，绿色金融发展的重要性和紧迫性持续上升，它不仅是未来金融发展的重要趋势，更是推动全球可持续发展的核心力量。

二、绿色金融主要特征

绿色金融是为支持环境改善、应对气候变化和实现资源节约高效利用的经济活动提供的金融服务，包括对环保、节能、清洁能源、绿色交通、绿色建筑等领域的项目投融资、项目运营与风险管理等内容。绿色金融的特征主要体现在以下五个方面：

一是明确的环境保护导向。绿色金融作为一种新兴的金融模式，其核心在于将环境保护理念深度嵌入金融决策和产品设计的每一个环节，确保资金的流动能够积极促进环境保护和可持续项目发展。这一金融模式明确以环境保护为导向，将追求环境效益作为主要目标，致力于推动环境保护及其治理工作的有效进行。在实践中，绿色金融涵盖了对环保、节能、清洁能源等绿色领域项目的投融资支持、项目运营的全过程服务以及针对环境风险的专业化管理，通过创新金融工具和服务，为绿色项目提供量身定制的金融解决方案，助力这些项目克服资金瓶颈，实现快速发展。同时，绿色金融也注重提升自身的环境风险管理能力，确保在追求绿色发展的同时，有效防范和控制潜在的环境风险。

二是坚持可持续发展目标。与传统金融追求短期经济利润最大化不同，绿色金融更加注重长期社会、环境和经济效益平衡，致力于支持和推动可持续发展目标的实现。绿色金融注重实现经济效益与环境效益双赢，其关注点不仅局限于短期的金融回报，更注重获取长期绿色利润。这意味着在维护环境、推动可持续发展的同时，也要确保经济的稳健增长。秉持这一理念，绿色金融在进行投资决策时，必须全面且深入地考量项目对环境的影响，包括评估其对生态系统的潜在风险以及可能带来的环境质量改善。此外，绿色金融亦注重项目对社会和经济的长期贡献，以确保所投项目不仅在经济层面具备可行性，而且在社会发展与环境保护层面亦能实现可持续性。

三是坚持全链条环境风险管理。绿色金融需面对传统金融风险与环境风险的双重挑战，尤其在新兴绿色产业存在不确定性且投资周期较长的背景下，这无疑加大了金融机构的运营难度。因此，为实现金融活动的绿色化与低碳化目标，绿色金融需要采取全链条风险管理策略，以降低项目对环境的负面影响。全链条环境风险管理涵盖了在投资决策前对环境风险进行充分评估，确保资金投向符合可持续发展目标的项目；在投资过程中，持续监控项目的环境表现，及时发现并应对潜在的环境风险；在投资后，对项目的环境效益进行评估，以确保金融活动真正实现了绿色化与低碳化。通过实施全链条环境风险管理，绿色金融不仅能有效应对传统金融风险与环境风险的叠加挑战，还能推动金融业的可持续发展，为实现经济、社会和环境的和谐共生贡献力量。

四是具备较强的社会性。绿色金融具有显著的社会属性。它不仅是简单的商业活动，更是一种肩负着促进社会可持续发展重大使命的关键力量。实现环境保护的目标是绿色金融发展的根本出发点和落脚点。通过绿色金融的推广和应用，可以有效推动资源节约和环境保护，减少环境污染与生态损害，助力经济结构向绿色转型，从而实现经济发展与环境保护的双赢。同时，绿色金融发展也是一项系统性工程，需要社会各界的广泛参与和积极支持。政府应出台更多激励政策，为绿色金融发展提供良好的法律环境和政策导向；金融机构应创新金融产品和服务，以满足绿色产业多样化的融资需求；企业应积极践行绿色发展理念，增加环保投入，提升绿色竞争力；公众亦应增强环保意识，选择绿色消费，共同推动社会形成绿色发展的良好氛围。

五是具备一定的外部性。绿色金融的外部性特征尤为显著，其主要表现在对环境和社会产生的深远影响上。在环境层面，绿色金融通过引导资本投向环保、节能以及清洁能源等产业，推动了这些领域的迅速发展。此举不仅直接降低了污染排放，维护了生态环境，还为应对气候变化和全球环境问题提供了有力支持。这种对环境产生的积极效应，是绿色金融外部性的重要体现，也是其与传统金融模式的主要差异之一。从社会层面来看，绿色金融的推广和实施有助于推动经济结构的绿色转型，促进经济的可持续发展。它鼓励企业采用环保技术和生产方式，进而推动绿色产业兴起，为社会创造更多的绿色就业机会和经济增长机遇。同时，绿色金融还有助于提高公众对环保和可持续发展的认识，引导社会形成绿色消费和绿色生活的良好风尚。正是由于绿色金融具有较强的外部性特征，其推广和执行对于实现经济、社会和环境的全面协调发展具有至关重要的意义。

三、绿色金融主要范畴

绿色金融的范畴主要涵盖绿色投融资、绿色保险和碳金融等多个方面，其目的在于引导资金流向环境友好型和可持续发展的项目与领域，推动经济发展模式的绿色转型。

（一）绿色投融资

绿色投融资是指将资金投向具有环境效益、资源节约、可持续发展特征的项目或企业的一系列金融活动。通过引导金融资源的合理配置，推动经济向绿色、低碳、可持续发展的方向转型。绿色投融资包括绿色信贷、绿色债券、绿色基金、绿色股权融资等多种形式。

1. 绿色信贷

绿色信贷是绿色融资的主要形式之一，是指银行等金融机构在发放信贷时，依据国家的环境经济政策和产业政策，对从事循环经济生产、绿色制造和生态农业的企业或机构提供优惠性的低利率贷款扶持，同时限制对污染生产和污染企业的信贷支持，并实施惩罚性的高利率的一种金融政策。简而言之，绿色信贷就是对环保和可持续发展项目提供贷款支持，并限制对高污染、高耗能项目的贷款。这是一种通过金融手段来达到保护环境、实现可持续发展目的的政策。通过提供绿色信贷，金融机构可以在促进环保和可持续发展、降低环境风险、提升社会形象和竞争力以及实现三方共赢等方面发挥积极作用。

2. 绿色债券

绿色债券是指为了支持具有环境效益或促进环境可持续发展的项目而发行的债券。这些债券的募集资金专项用于符合规定条件的绿色项目，如可再生能源、节能减排、生态保护和适应气候变化等领域。绿色债券的发行通常遵循国际或国内的相关标准和指南，以确保所募集的资金真正用于推动绿色和可持续发展。通过发行绿色债券，企业和政府机构可以获得资金支持来推动绿色项目的实施，从而促进经济的可持续发展。同时，投资者也能够通过购买绿色债券来参与和支持可持续发展的目标，实现投资回报和社会环境效益的双重目标。

3. 绿色基金

绿色基金是指专门投资于能够促进环境保护、生态平衡和可持续发展的项目或企业的基金，旨在通过投资符合环保和社会责任标准的公司或项目，推动绿色经济和生态文明的建设，提高资源利用效率，减少对环境的负面影响。绿色基金涵盖多种类型，其中包括政府为了引导市场而设立的引导基金，这类基金通常带有一定的政策导向，以鼓励更多的社会资金进入绿色投资领域。此外，还有社会资本参与的绿色投资基金，这些基金更多地依赖于市场机制，追求投资回报与社会责任的双重目标。同时，还有各种致力于绿色发展的公益基金，它们更多地关注于环境保护和公益事业，投资回报并非其首要考虑因素。这些基金通过投资绿色项目，不仅有助于应对气候变化和环境问题，还能为投资者带来长期稳定的回报。

4. 绿色股票

绿色股票是指那些在环境保护、社会责任和公司治理（ESG）方面表现较为突出的企业所发行的股票。这些企业通过实施环境友好型商业模式，积极履行社会责任，以减少生产经营活动对环境的负面影响，推动企业的可持续发展。投资绿色股票意味着投资者不仅关注企业的财务表现，还重视企业在可持续发展方面的努力和成果。这种投资理念有助于引导资金流向具有社会责任感和环境友好型的企业，推动经济的可持续发展。同时，也为投资者提供了一种长期稳定的投资选择，实现经济效益和社会效益的双赢。随着全球对可持续发展的关注度不断提高，绿色股票市场有望迎来更为广阔的发展前景。

（二）绿色保险

绿色保险是指保险业为绿色项目和活动提供风险管理和保障的金融服务，包括绿色责任险、绿色财产险、绿色信用险等。绿色保险的核心是为绿色项目提供全面的风险管理服务，通过对项目的环境风险进行评估、分析和控制，以降低潜在的环境事故或损害所带来的损失。通过为绿色项目提供保障，绿色保险有助于降低投资者的风险，提高项目融资的可能性。

1. 绿色责任险

随着环境问题的日益突出，企业和个人因污染环境或破坏生态而引发的赔偿责任风险也随之增加。为了应对这一挑战，绿色责任险应运而生，为投保人提供相应的保障。绿色责任险主要涵盖因环境污染、生态破坏等原因导致的赔偿责任，包括对受害者的赔偿、治理环境污染的费用等。目前，绿色责任险在市场上仍处于起步阶段，但其发展前景广阔。面临的挑战主要包括如何准确评估和定价环境风险、如何制定合理的保险条款和条件等。

2. 绿色财产险

随着绿色建筑和绿色技术的推广，越来越多的企业和个人开始关注如何为绿色建筑、设施或设备提供有效的风险保障。绿色财产险正是为满足这一市场需求而产生。绿色财产险主要涵盖投保人的绿色建筑、设施或设备因自然灾害、意外事故等造成的物质损失，如房屋倒塌、设备损坏等。目前，绿色财产险在市场上已经取得了一定的进展，但仍然面临一些挑战，如如何准确评估绿色建筑和设备的价值、如何制定合理的保险费率等。

3. 绿色信用险

随着社会对环保意识的提高，企业因环保表现良好而获得信用评级提升的机会也越来越重要。绿色信用险正是为企业提供这一保障的金融服务。绿色信用险主要涵盖因企业环保表现良好而获得信用评级提升的保障，帮助企业获得更低利率的融资，降低融资成本。目前，绿色信用险在市场上仍处于探索阶段，但其发展潜力巨大。面临的挑战主要包括如何准确评估企业的环保表现、如何制定合理的保险条款和条件等。

此外，绿色保险不仅适用于企业，也适用于个人。例如，绿色汽车保险为电动汽车和混合动力汽车提供特殊保障；而生态旅游保险则为旅游者提供在自然环境中的意外伤害和突发事件保障。绿色保险作为一种新型金融服务，在促进环境保护和可持续发展方面具有重要作用。通过不断创新和完善，绿色保险有望在未来发挥更大的经济和社会效益。

（三）碳金融

碳金融概念兴起于国际气候政策的变化，特别是《联合国气候变化框架公约》和《京都议定书》的实施。碳金融是指以碳排放权为核心，与减少温室气体排放相关的各种金融制度安排和金融交易活动，包括碳排放权交易、碳金融产品、碳金融服务等。碳金融的目的是通过市场机制实现碳排放的减量和控制，并促进碳市场的健康发展。

1. 碳排放权交易

碳排放权交易是全球应对气候变化、推动绿色低碳发展的重要手段之一。碳排放权交易是指碳排放交易主体在指定交易机构，对依据碳排放权取得的碳排放配额进行的公开买卖活动。它是在满足碳排放总量控制的前提下，通过市场化的手段，使企业能够完全履行自己的碳排放义务。具体来说，碳排放权是指在碳市场上进行交易和转移的权益，代表单位时间内产生的二氧化碳（CO_2）排放量。不同行业的碳排放权数量是根据不同行业的配额分配方案计算得来，再由主管部门通过全国碳排放权注册登记结算系统分配给纳入的控排企业。在碳排放权交易过程中，当纳入的控排企业实际排放量超出发放的配额量时，就需要在交易市场购买额外的配额以完成履约工作；而当企业的实际排放量低于所得配额量时，结余的配额则可以在交易市场进行结转使用或者对外售出。这种交易机制不仅有助于激励企业减少碳排放，还能通过市场价格的波动来引导资源的优化配置。自1997年《京都议定书》签署以来，碳排放权交易作为一种市场机制，被越来越多的国家和地区所采用。在我国，碳排放权交易也已经从试点阶段进入了全国统一市场建设阶段，为推动经济高质量发展、实现碳达峰碳中和目标发挥了积极作用。

2. 碳金融产品

碳金融产品是碳市场的重要组成部分，通过市场机制实现碳排放的减量和控制，同时促进碳市场的健康发展。碳金融产品是指建立在碳排放权交易的基础上，服务于减少温室气体排放或者增加碳汇能力的商业活动，以碳配额和碳信用等碳排放权益为媒介或标的的资金融通活动载体。具体来说，碳金融产品主要包括碳市场交易工具、碳市场融资工具以及碳市场支持工具。其中，碳市场交易工具主要围绕碳排放权的直接交易进行，包括碳远期、碳期货、碳期权、碳掉期等金融衍生品，以及碳借贷等创新交易方式。这些工具不仅丰富了碳市场的交易品种，还提高了市场的流动性和活跃度，为投资者提供了更多的对冲和风险管理手段。碳市场融资工具则主要帮助企业通过碳排放权进行融资，以支持其低碳转型和可持续发展。这类工具包括碳质押、碳回购、碳托管等，允许企业将其碳排放权作为抵押物或融资标的，从金融机构获得资金支持。此外，碳资产证券化也是一种重要的融资方式，通过将碳排放权打包成证券产品，在资本市场上进行融资。此外，碳市场支持工具主要包括碳指数和碳保险等，主要为碳市场提供信息支持和风险管理服务。碳指数可以反映碳市场的整体运行情况和发展趋势，为投资者提供决策参考。而碳保险则可以帮助企业和投资者应对碳市场风险，降低因价格波动等因素带来的损失。

3. 碳金融服务

碳金融服务是指一系列与减少温室气体排放、促进低碳经济发展相关的金融服务活动。这些服务通过金融手段支持低碳技术的研发与应用，推动碳排放权交易市场的发展，以及为低碳项目和企业提供融资支持等。碳金融服务主要包括碳交易中介服务、碳金融投融资服务、碳资产管理服务、碳保险与担保服务以及碳市场咨询与培训服务等。碳交易中介服务是指金融机构担任企业碳交易的中介机构，为碳交易双方提供信息匹配、交易撮合、风险管理等服务，促进碳排放权的顺畅交易。碳金融投融资服务是指金融机构向低碳技术项目、清洁能源项目等提供贷款、债券发行、股权融资等投融资服务，支持这些项目的建设和运营，推动低碳经济的发展。同时，金融机构可以设计并交易与碳排放权相关的金融衍生品，如碳期货、碳期权、碳掉期等，为投资者提供多样化的投资渠道和风险管理工具。碳资产管理服务是指金融机构帮助企业和机构管理其碳资产，包括碳排放权的购买、持有、出售等，以优化企业的碳资产结构，降低碳排放成本。为了降低企业在低碳转型和碳交易过程中的风险，金融机构还提供碳保险和担保服务，为企业提供保障和支持。此外，金融机构还可以提供碳市场相关的咨询和培训服务，帮助企业了解碳市场规则、交易机制、风险管理等方面的知识，提升其参与碳市场的能力。碳金融服务不仅推动了全球绿色低碳发展，还为投资者和企业创造了新的价值和机遇，引领着全球向更加绿色、低碳的未来迈进。

第二节　绿色金融原则、理念与实践要求

一、绿色金融基本原则

绿色金融的基本原则涵盖了市场化、法治化、国际性、包容性、可持续性和社会责任原则等多个方面。这些原则共同构成了绿色金融的核心理念和行动指南，旨在推动金融机构在环保、可持续发展方面发挥更大的作用。

（一）市场化原则

绿色金融的市场化原则主要是指在绿色金融产品的设计、定价、交

易以及激励机制等方面，遵循市场规律，发挥市场在资源配置中的决定性作用，以实现绿色金融的可持续发展和高效运作。绿色金融的市场化原则，其核心理念在于通过市场机制的自动调节，利用价格信号作为“指挥棒”引导金融资本的流向。这一原则强调了市场力量在资源配置中的基础性作用，使得金融资源能够更为高效地流向那些环境友好、可持续的产业和项目。在实践中，绿色金融的市场化原则通过一系列市场化的激励与约束机制得以实现，主要体现在以下几个方面：

首先，市场化定价。绿色金融产品的价格应基于市场供求关系、风险收益匹配原则来确定，而非简单的行政化定价。这意味着绿色贷款、绿色债券等金融产品的收益率需要反映其潜在的环境效益、风险水平以及市场需求。实现市场化定价是绿色金融未来发展的关键方向之一，有助于提升绿色金融产品的吸引力和市场竞争力。

其次，市场化交易。绿色金融产品的交易应遵循公开、公平、公正的市场原则，确保所有市场参与者都能在平等的基础上参与交易。因此，有必要建立和完善绿色金融产品的交易市场和交易平台，提供便捷、高效的交易服务，降低交易成本，提高交易效率。

再次，市场化激励。需要通过市场化手段激励金融机构和企业参与绿色金融活动，如提供税收优惠、财政补贴、绿色金融债券发行便利等政策措施。引入绿色评级和绿色认证机制，为绿色金融产品提供市场认可和公信力，引导社会资金流向绿色产业和环保项目。

随后，市场化风险管理。在绿色金融活动中，应注重风险管理的市场化运作，通过市场手段识别、评估和控制潜在的环境风险、信用风险等。建立和完善绿色金融的风险分担和补偿机制，降低金融机构和企业参与绿色金融活动的风险成本和不确定性。

最后，国际市场接轨。在绿色金融的标准制定、产品设计和交易规则等方面，应积极与国际市场接轨，参与国际绿色金融合作与交流。借鉴国际先进经验和技术手段，提升我国绿色金融的市场化水平和国际竞争力。

（二）法治化原则

法治化原则在绿色金融发展中起着不可或缺的作用。绿色金融的法治化原则是指通过法律手段来规范和推动绿色金融的发展，确保绿色金融活动在法律框架内有序进行，以保障相关主体的权益。在具体实践中，绿色金融的法治化原则主要体现在以下几方面：

首先，建立健全的法律法规体系。一方面，通过立法明确绿色金融的定义、范围、目标和基本原则，为绿色金融的发展提供法律保障。将绿色金融纳入国家法律体系，确保绿色金融政策、措施和监管活动的合法性和权威性。另一方面，制定和完善绿色金融相关的法律法规，如绿色信贷、绿色债券、绿色保险、绿色基金等方面的法律制度和监管规则。明确绿色金融产品的发行、交易、监管等环节的法律要求和操作流程，规范市场行为，防范金融风险。

其次，对绿色金融市场进行有效监管。强有力的监管不仅保护了投资者的合法权益，也为绿色金融市场的稳定和繁荣提供了有力支撑。强化绿色金融监管，需要建立和完善绿色金融监管体系，明确监管主体、监管职责和监管手段，确保绿色金融活动的合规性和稳健性，同时也需要加强对绿色金融产品和服务的市场准入管理，防范不合规的绿色金融产品进入市场，以及加强对绿色金融活动的日常监管和风险监测，及时发现和处置潜在风险。

再次，推动绿色金融标准体系建设。制定和完善绿色金融标准体系，包括绿色金融产品标准、绿色项目评估标准、绿色企业评价标准等。通过标准体系的建设，明确绿色金融活动的技术要求和操作规范，有助于提高绿色金融产品的透明度和可比性。此外，推动绿色金融标准的国际化进程，有助于提升我国绿色金融的国际竞争力和影响力。

最后，保障绿色金融相关主体的权益。既要保护投资者在绿色金融活动中的合法权益，以确保他们能够获得真实、准确、完整的信息，增强投资者的信心。同时也要加强对绿色金融项目受益人的权益保护，确保他们能够获得应有的环境效益和社会效益。此外，还要明确金融机构在绿色金融活动中的责任和义务，以防范道德风险和利益冲突。

（三）国际化原则

绿色金融的国际化原则是指在推动绿色金融发展的过程中，加强国际交流合作，促进绿色金融标准、政策、产品和市场的国际化。这不仅有助于提升我国绿色金融的国际影响力和竞争力，还有助于促进全球经济的绿色转型和可持续发展。绿色金融的国际化原则包括以下几个方面：

首先，推动绿色金融标准的国际化。加强与国际组织、其他国家和地区的合作，共同制定和推广绿色金融标准，提高绿色金融产品的可比性和透明度。推动绿色金融分类标准趋同，促进绿色金融市场互联互通，降低跨境绿色融资的成本和障碍。

其次，促进绿色金融政策的国际协调。加强与其他国家在绿色金融政策方面的沟通和协调，形成政策合力，共同推动全球绿色金融的发展。参与国际绿色金融规则的制定和讨论，推动构建公开、公平、公正的国际绿色金融标准体系。

再次，推动绿色金融产品的国际化。支持国内金融机构和企业发行国际绿色债券、参与国际绿色基金等，拓宽绿色金融产品的国际市场。加强与国际投资者的合作，吸引更多国际资本参与我国绿色金融市场的建设和发展。

随后，加强绿色金融市场的国际合作。推动建立绿色金融国际合作平台，加强信息共享和经验交流，促进绿色金融市场的共同繁荣。支持国内金融机构和企业参与国际绿色项目投融资，推动绿色“一带一路”等国际合作项目的实施。

最后，注重绿色金融专业人才的国际交流。加强与国际绿色金融领域专家的合作与交流，引进国际先进经验和技术，提升国内绿色金融专业人才的素养和能力。支持国内绿色金融从业人员参与国际培训和交流项目，拓宽国际视野，提高国际竞争力。

（四）包容性原则

绿色金融的包容性原则指的是在绿色金融的发展过程中，注重公平、公正和普惠，通过广泛覆盖、降低门槛、促进共享和加强监管与风险防控等措施，确保所有社会成员、地区和行业都能从绿色金融中受益，推动经济社会的全面绿色转型和可持续发展。绿色金融的包容性原则主要体现在以下几个方面：

一是广泛覆盖。绿色金融应面向所有社会成员，无论其经济地位、收入水平或地域差异，都应有机会获得绿色金融产品和服务。这有助于缩小社会贫富差距，促进社会公平。绿色金融应覆盖广泛的行业领域，不仅限于传统的高污染行业，还应包括清洁能源、节能环保、绿色建筑等新兴绿色产业，以及农业、制造业等传统产业的绿色改造升级。

二是降低门槛。绿色金融产品设计应考虑不同社会成员的需求和承受能力，提供多样化的产品选择，降低参与门槛。例如，通过设计小额绿色信贷、绿色保险等普惠型绿色金融产品，让更多低收入群体也能参与到绿色金融中来。此外，政府应出台相关政策措施，如提供财政补贴、税收优惠等，降低绿色金融产品和服务的成本，提高其可负担性。

三是促进共享。推动绿色金融资源在不同地区、行业和社会成员之间的共享。通过建设绿色金融信息共享平台，并强化跨区域、跨行业间的合作，实现绿色金融资源的优化配置和高效利用。绿色金融的发展成果应惠及所有社会成员。通过推动绿色产业发展和生态环境改善，提高人民群众的生活质量和幸福感，实现经济社会的全面绿色转型和可持续发展。

四是加强监管与风险防控。建立健全绿色金融监管体系，加强对绿色金融产品和服务的监管力度，防范金融风险的发生。此外，金融机构应提升风险防控能力，加强对绿色金融项目的风险评估和管理，确保绿色金融资金的安全有效使用。

（五）可持续性原则

绿色金融的可持续性原则主要是指在绿色金融活动中，应确保金融活动符合社会、经济和环境的可持续发展要求，注重长期效益和整体利益。绿色金融的可持续性原则强调在生态、经济和制度三个层面上的可持续性。通过支持生态可持续的绿色项目、确保经济可持续发展的融资模式以及构建制度可持续的政策环境，以推动经济社会全面绿色转型和可持续发展。这一原则主要体现在以下三个方面：

一是生态可持续性。绿色金融主要对接绿色项目和绿色产业，如节能环保、清洁能源、绿色交通、绿色建筑等领域，这些项目有助于推动生态环境的改善和资源的高效利用。在实践中，需要防范部分项目通过“漂绿”（即表面声称绿色但实际不符合绿色标准）来骗取融资便利的行为，确保绿色金融真正支持生态可持续的项目。形成相对完善的绿色金融市场项目准入标准、信息披露、项目评定、风险监测的体系，确保绿色金融资金投入到真正符合可持续发展要求的项目中。

二是经济可持续性。金融本质上是一种市场行为，绿色金融也不例外。因此，绿色金融项目必须具备经济可持续性，才能在市场中获得长期稳定的发展。在考核绿色金融项目时，需要关注项目本身的可持续性，包括企业发展是否符合市场规律、经营状况是否良好、企业资金面是否稳健等。同时，融资模式也需要具备可持续性，以确保资金的有效回收和利用。

三是制度可持续性。绿色金融政策需要保持方向、内容和执行尺度上的稳定性，避免因政策的不稳定而导致项目变形、走样甚至流产。推动绿色金融产品标准的统一、绿色金融统计标准和考核评价机制的建立、环境权益交易市场的完善等，为绿色金融的可持续发展提供制度保障。

（六）社会责任原则

绿色金融的社会责任原则主要是指金融机构在开展绿色金融活动

时，需要承担对社会、经济、环境等方面的责任，以推动绿色、可持续发展。绿色金融的社会责任原则强调金融机构在追求经济效益的同时，也要承担起对社会、环境等方面的责任。通过推动绿色、可持续的发展模式，实现经济、社会、环境的协调共生和共赢发展。这一原则主要涵盖以下四个方面：

一是环境责任。绿色金融的首要目标是支持环境保护和可持续发展。金融机构在开展绿色金融业务时，必须承担保护生态环境的责任，确保所支持的项目和企业符合环保标准，减少对环境的负面影响。金融机构在审批绿色金融业务时，应开展环境评估，评估项目对环境的影响和风险，并采取相应的风险管理措施，防止环境破坏等负面事件的发生。

二是社会责任。绿色金融不仅关注经济效益，还注重社会效益。金融机构应支持那些能够提升社会福祉、改善民生、促进就业的绿色项目，如清洁能源、绿色建筑、绿色交通等。绿色金融的投资和融资活动需要关注社会公众的态度和信任度。金融机构应积极宣传绿色金融理念，提高公众对绿色金融的认知度和参与度，共同推动绿色经济的发展。

三是经济责任。绿色金融通过支持绿色产业的发展，带动经济增长和转型升级。金融机构应优先选择环保领域内的企业和项目进行融资，促进科技创新、环保技术和新能源产业的发展。在开展绿色金融活动时，金融机构需要加强贷款风险管理，以应对可能出现的环境风险和市场风险，确保资金安全。同时，通过合理的资产配置和风险管理策略，实现绿色金融业务的可持续盈利。

四是合规与透明度。金融机构在开展绿色金融活动时，必须严格遵守国家法律法规和监管要求，确保其业务活动的合法性与合规性。同时，积极关注并采纳绿色金融领域的国际标准和最佳实践，以提升业务能力和市场竞争力。金融机构应加强对绿色金融项目和企业的信息披露工作，以增强透明度和提升公信力。通过建立公开、透明的信息披露机制，使投资者和公众能够更加清晰地了解绿色金融项目的执行状况及其带来的社会和经济利益。

二、绿色金融核心理念

绿色金融的核心理念在于实现环境外部性的内部化、防范和化解环境风险以及推动经济社会的绿色转型。这些理念不仅体现了金融机构对环境保护的责任和担当，也为实现经济社会的可持续发展提供了重要的金融支持和保障。

第一，实现环境外部性的内部化是绿色金融的核心理念之一。在传统金融模式下，企业往往只关注直接的经济利益，而忽略了其经济活动对环境所造成的影响，这种环境外部性通常不被计入企业成本。这种情况导致了环境资源的过度开发和生态系统的破坏。然而，绿色金融的兴起正是为了纠正这一偏差。它强调将环境因素全面纳入金融决策过程中，确保在评估投资项目或金融服务时，环境成本和收益能够得到充分的考量。这不仅包括企业直接产生的环境污染和资源消耗，还包括其业务活动对生物多样性、气候变化等更广泛环境议题的影响。

为了促进环境外部性的内部化，绿色金融采用了一系列创新金融工具和策略。例如，通过设立绿色基金、发行绿色债券等途径，为环保项目开辟了专门的融资渠道。绿色金融还推动了环境信息披露的透明化，使得投资者能够更明确地掌握企业在环境方面的表现及潜在风险。将环境成本内部化到金融产品的定价和投资决策中，意味着金融机构在提供资金时，会倾向于支持那些环境表现优秀的企业或项目。这种市场机制的引导作用，能够鼓励更多的企业实施环保措施，进而推动整个社会的绿色转型。

总的来说，绿色金融通过实现环境外部性的内部化，不仅促进了金融市场的健康发展，还为应对全球环境问题提供了有力的金融工具。它有助于引导资金流向可持续发展的领域，推动经济增长与环境保护的和谐共生。

第二，防范和化解环境风险是绿色金融的重要任务。随着全球气候变化和环境恶化的日益严重，环境风险已经上升为一个不可忽视的问题，它不仅对人类的生存环境产生影响，同时也对金融系统的稳定性构成了潜在的威胁。绿色金融在应对这一挑战中发挥着至关重要的作用，它强调对环境风险的全面监测和管理，从金融活动的源头开始，就将环境风险纳入考量，以构建起一个能够抵御和应对各种环境风险的金融系统。

为了达成这一目标，首先，金融机构需要提升其环境风险评估的能力。包括对投资项目和金融服务的潜在环境风险进行深入分析，并评估这些风险对生态系统、气候变化等领域的潜在影响。只有全面掌握这些风险，金融机构才能做出更为明智和负责任的投资决策。其次，构建和完善环境风险管理体系必不可少。金融机构需要制定一套科学且完备的管理流程和标准，以确保在业务推进过程中能够有效识别、评估、监控和报告环境风险。这不仅有助于金融机构自身规避风险，也能为其客户提供更为稳健和可持续的金融服务。再次，除了自身风险管理，金融机构还应积极参与环境风险的治理工作。包括与其他利益相关者合作，共同推动环境保护和可持续发展项目的实施。通过推出绿色金融产品和服务，金融机构能够引导企业和个人更加关注环境保护，减少其业务活动对环境的潜在负面影响。

综上可知，防范和化解环境风险是绿色金融的重要职责。通过加强环境风险评估、建立和完善环境风险管理体系以及积极参与环境风险治理，金融机构可以在推动经济社会可持续发展的同时，也确保自身的稳健运营。

第三，推动经济社会的绿色转型是绿色金融的终极目标。这一目标的实现不仅关乎环境保护，更涉及经济发展模式的根本性转变。绿色金融作为连接环境保护与经济发展的重要桥梁，肩负着促进这一转型的关键职责。在此过程中，金融机构发挥着至关重要的作用，不仅要通过创新绿色金融产品和服务来引导资金流向，还必须确保这些资金能够精准地投入到绿色产业和项目中，以有效支持绿色技术的研发和推广，进而推动经济社会的绿色转型。

绿色金融产品创新是推动经济社会绿色转型的关键环节。首先，绿色金融产品创新为绿色产业和项目提供了多元化的融资渠道。通过开发绿色债券、绿色基金、绿色信贷等新型金融产品，金融机构能够满足不同绿色产业和项目的融资需求，进而促进经济结构的优化和升级。其次，绿色金融产品创新有助于降低绿色融资的成本和风险。通过引入风险分担机制、建立绿色信用评级体系等措施，金融机构能够更有效地评估和管理绿色融资的风险，降低绿色项目的融资成本，提高绿色投资的吸引力。再次，绿色金融产品创新还能够引导社会资本流向绿色领域。通过设计具有市场吸引力的绿色金融产品，如绿色理财产品、绿色保险等，金融机构能够吸引更多的社会资本投入到绿色产业和项目中去，形成绿色发展的良性循环。最后，绿色金融产品创新也是金融机构履行社会责任、实现自身可持续发展的重要途径。通过开发和推广绿色金融产品，金融机构不仅能够促进经济社会的绿色转型，还能够提升自身的品牌形象和社会影响力，实现经济效益和社会效益的双赢。

除了产品创新，推动经济社会绿色转型金融机构还需要加强与政府、企业和社会各界的合作。通过这一合作机制，金融机构可以更好地发挥其在绿色金融领域的专业优势和创新能力，为经济社会的全面绿色转型提供有力的金融支持。首先，金融机构与政府的合作至关重要。政府作为政策制定者和监管者，在推动绿色转型中扮演着关键角色。金融机构应积极响应政府的绿色政策，与政府共同探索绿色金融的发展路径。其次，金融机构与企业的合作也是推动绿色转型的重要环节。企业是绿色转型的主体，也是绿色金融产品的最终使用者。金融机构应深入了解企业的绿色转型需求，为企业提供定制化的绿色金融产品和服务。最后，金融机构还需要加强与社会各界的合作。包括与非政府组织、学术机构、媒体等社会各界的沟通与协作。通过与这些机构合作，金融机构可以更好地了解社会公众对绿色转型的期望和需求，从而可以更好地调整和优化自身的业务策略，以满足公众的期望与需求，进而提升绿色金融的社会认知度和影响力。

综上所述，绿色金融是推动经济社会绿色转型的重要力量。通过创新金融产品和服务，金融机构不仅为绿色产业和项目提供了多元化的融资渠道，降低了融资成本和风险，还成功引导了社会资本流向绿色领域，促进经济社会的转型发展。同时，要实现经济社会的全面绿色转型，金融机构不能仅仅依靠自身的力量，还需要加强与政府、业界等的合作。

三、绿色金融发展的实践要求

绿色金融发展的实践要求主要体现在政策制定、市场机制、产品创新、风险控制、监管框架以及国际合作等多个维度，以下是一些关键的实践要求。

一是建立健全绿色金融政策体系。推动绿色金融发展需要制定和完善相关法律法规，为绿色金融提供坚实的法律保障，确保其有法可依、有序发展。此外，还需加强政策引导，出台支持绿色金融发展的财税、金融、投资等政策措施，形成政策合力，共同推动绿色金融发展。为此，政府需要制定清晰的绿色金融政策框架，包括绿色信贷指引、绿色债券标准、绿色基金指引等，为金融机构提供明确的指导和支持。同时，设立绿色金融专项政策，鼓励金融机构和银行业积极开展绿色金融业务，如设立绿色金融事业部或绿色支行。另外，通过财政补贴、税收减免、绿色信贷贴息等激励措施，引导和吸引社会资本进入绿色产业，降低绿色项目融资成本。鼓励民间资本设立绿色银行、绿色保险公司、绿色基金等，拓宽绿色产业的融资渠道，并通过 PPP 模式、绿色私募股权和创业投资基金等多种方式，吸引多元化资本参与绿色项目，共同推动绿色金融的繁荣发展。

二是加强绿色金融基础设施建设。加强绿色金融基础设施建设是推动绿色金融发展、促进经济社会绿色转型和可持续发展的重要基石。绿色金融基础设施建设不仅包括建立和完善绿色金融体系的信息披露机制，提高绿色金融项目的透明度和可追溯性，为投资者和金融机构提供准确、全面的绿色金融信息，还包括建设绿色金融标准体系，制定统一的绿色项目评估标准和认证体系，以确保绿色金融资金的有效配置和使用。此外，加强绿色金融基础设施建设还需注重推动绿色金融技术与创新，利用大数据、人工智能等先进技术提升绿色金融服务的效率和精准度，为绿色产业提供更加便捷、高效的金融支持。同时，培养绿色金融专业人才，提升绿色金融业务的管理和运营水平，也是加强绿色金融基础设施建设的重要一环。通过采取这些综合措施，可以进一步夯实绿色金融的基础设施，为绿色金融的长期稳健发展奠定坚实基础。

三是创新绿色金融产品和服务。创新绿色金融产品和服务是绿色金融持续进步与繁荣的关键驱动力。随着绿色经济的快速发展，各类绿色项目和企业的融资需求日益多样化，创新绿色金融产品和服务，提供定制化融资解决方案，能够更精准地匹配这些多元化融资需求。创新绿色金融产品和服务，应鼓励金融机构研发绿色信贷、绿色债券、绿色基金等新型金融产品，为绿色项目提供更为灵活和多样化的融资方式。同时，还需要推动绿色金融服务创新，如开展环境风险评估、绿色项目认证等服务，以提升绿色金融的专业性和实效性。此外，还应关注绿色金融产品的市场需求和投资者偏好，设计出更具吸引力和竞争力的绿色金融产品，从而吸引更多社会资本投向绿色产业。通过这些创新举措，可以不断拓宽绿色金融的应用领域，提升绿色金融的市场影响力，为经济社会绿色发展提供更为坚实的金融支撑。

四是强化绿色金融风险管理。强化风险管理对于推动绿色金融市场的稳健运行具有至关重要的作用。有效的风险管理不仅能够保障绿色金融项目的稳健实施，还能够增强投资者对绿色金融市场的信心。绿色金融涉及众多环境和社会因素，其风险管理相较于传统金融更为复杂。因此，需要建立一套全面、科学的风险管理体系，对绿色金融项目进行严格的风险评估和监控。包括对绿色项目的环境效益、社会影响以及长期经济效益进行全面分析，以确保投资决策的科学性和合理性。同时，还需要加强金融机构的内部风险管理，提升风险识别、量化和控制能力，确保绿色金融业务在风险可控的前提下稳健发展。此外，政府和相关监管机构也应加强对绿色金融市场的监管，制定和完善相关法规，规范市场秩序，防范系统性风险。通过这些措施，可以有效保障绿色金融市场的稳健运行，为绿色经济的可持续发展提供有力支持。

五是推动国际交流与合作。推动国际交流合作对于推动绿色金融发展具有极其重要的意义。在全球气候变化和环境保护的大背景下，绿色金融已成为国际社会的共同议题。通过加强与国际金融机构、环保组织以及其他国家的交流与合作，可以共享绿色金融的发展经验，共同探索绿色金融的创新路径。这不仅有助于借鉴国际先进经验，完善国内的绿色金融体系和政策框架，还能提升我国在全球绿色金融领域的影响力和话语权。同时，推动国际交流与合作还能促进跨境绿色金融项目的开展，为我国绿色产业和可持续发展引入更多的国际资本和技术支持。因此，我们应该积极拓展绿色金融的国际视野，加强与国际伙伴的对话与合作，共同推动全球绿色金融的繁荣与发展。

六是提高公众与业界绿色发展意识。提高公众与业界绿色发展意识，对于推动绿色金融全面发展具有至关重要的作用。绿色金融不仅是金融领域的一个新兴概念，它更关乎全社会的可持续发展和生态环境保护。因此，增强公众和业界对绿色发展重要性的认知，是推动绿色金融发展的重要基础。公众作为绿色金融的参与者和最终受益者，其绿色发展意识的提高将直接促进绿色金融产品的需求和市场的扩大。当公众更加关注环境保护和可持续发展时，他们会更倾向于选择那些符合绿色发展理念的金融产品和服务，从而推动绿色金融市场的繁荣。而对于业界来说，提高绿色发展意识则意味着在运营管理中将会充分考虑环境因素和社会责任，这将促使企业更加积极地寻求绿色金融支持，以推动自身的绿色转型和可持续发展。因此，有必要通过宣传教育、政策引导等多种渠道，积极提高公众和业界的绿色发展意识，以推动经济社会向更加绿色、可持续的方向发展。

综上可知，推动绿色金融发展需要全面而系统地推进多个方面的工作，包括建立健全绿色金融政策体系、加强绿色金融基础设施建设、创新绿色金融产品和服务、强化绿色金融风险管理、推动国际交流合作以及提升公众与业界的绿色发展意识，形成全社会共同推动绿色金融发展的良好氛围。通过这些综合措施的实施，可以有效地推动绿色金融的全面发展，为实现经济社会的可持续发展作出积极贡献。

第三节　绿色金融发展相关基础理论

一、波特假说

波特假说是由美国管理学家迈克尔·波特提出的。1991 年，美国经济学家迈克尔·波特提出，严格但合理的环保政策不仅能促进创新，降低成本，甚至会推动厂商发展技术，从而使竞争优势更强，这为坚持环保政策提供了理论支持。1995 年，迈克尔·波特和范德林结合案例研究进一步丰富了“波特假说”的内涵，他们从全新视角出发对环境规制的传统范式提出了质疑，并主张合理且适度的环境规制能够发挥积极作用，例如结合市场特点设计的环境政策（如税收、污染排放许可证等），非但不会阻碍企业进步，反而能够帮助企业抵消因环境规制产生的部分甚至全部成本，能够实现社会发展和企业进步的双赢局面。

波特假说强调，环境规制能够促使企业进行更多的创新活动，包括生产工艺的改进、新产品的开发以及清洁生产技术的采用等。这些创新活动将提高企业的生产力，从而抵消由环境保护带来的成本增加，甚至可能产生净收益，这就是所谓的“创新补偿效应”。创新补偿效应不仅体现在生产成本的降低上，还可能通过提高产品质量、增加产品附加值、开拓新市场等方式提升企业的整体绩效。这种效应使企业能够在满足环境规制要求的同时，保持甚至提升其市场竞争力。

波特假说的核心在于提出“适当的环境规制将刺激技术革新”。这一观点打破了传统经济学中对环境规制与企业竞争力之间关系的认知，即环境规制通常被视为增加企业成本、降低生产率的负面因素。波特认为，通过合理设计的环境规制政策，可以激励企业进行技术创新，从而提升企业的生产效率和市场竞争力。波特假说的最终目标是实现环境保护与企业竞争力的双赢。通过环境规制激发的创新活动，企业能够在减少环境污染和资源消耗的同时，提高自身的生产效率和产品质量，从而在市场上获得更大的竞争优势。这种双赢局面不仅有助于企业的可持续发展，也有助于整个社会的环境保护和经济发展。

随着研究的不断深入，波特假说进一步被细化为不同层次的概念。狭义的波特假说强调，以经济手段为核心的灵活环境规制政策对企业技术创新的刺激作用，要优于传统的命令控制型规制手段。弱波特假说认为设计合理的环境规制可以引发企业创新，但这些创新对企业绩效的具体影响（即是否能够实现创新补偿效应）尚不确定。强波特假说则进一步指出，合理恰当的环境规制不仅能够促使企业进行创新活动，还能够确保这些创新活动带来足够的收益以补偿环境规制带来的成本增加，进而提升企业的市场竞争力。

波特假说的提出为环境规制政策的制定提供了新的视角和思路。它表明环境规制不仅是企业成本增加的负担，更是推动企业技术创新和产业升级的重要动力。因此，在制定环境规制政策时，应充分考虑其对企业技术创新的影响，通过合理设计政策工具（如排污权交易、绿色税收、环境补贴等），实现环境保护与企业发展的双赢。同时，政府还应加强环境规制政策的执行和监督力度，确保政策的有效实施和企业的合规行为。

二、外部性理论

外部性理论在经济学中占据着举足轻重的地位，它揭示了一个核心现象：经济主体的行为如何对其他经济主体产生非市场的、间接的影响，且这种影响并未通过市场价格机制得到应有的体现和补偿。这种影响可以是正面的，即正外部性，如教育投资提高了整个社会的知识水平，技术创新推动了产业进步和经济增长。然而，外部性也可以是负面的，即负外部性，如工业污染对环境造成的破坏，噪声对居民生活质量的降低等。这些影响都没有通过市场价格机制得到应有的补偿或惩罚。

外部性理论的研究源远流长，可以追溯到19世纪末马歇尔提出的“外部经济”概念。马歇尔敏锐地观察到，某些产业的发展会对整个国民经济产生积极的影响，这种影响就是正外部性的体现。然而，他也意识到，某些经济活动可能会对环境和社会产生负面影响，这种影响就是负外部性的体现。为了纠正负外部性造成的市场失灵，庇古在20世纪20年代提出了一个具有里程碑意义的解决方案：通过征税来使外部成本内部化。这种税后来被称为“庇古税”，它的基本思想是对造成负外部性的经济活动征税，使得私人成本与社会成本相等，从而达到资源的最优配置。而科斯则在20世纪60年代提出了另一种解决外部性问题的思路，即科斯定理。科斯定理强调，在交易成本为零的条件下，通过产权的明确和交易，可以实现资源的有效配置，从而消除外部性的影响。这一思路为后来的产权理论和制度经济学的发展奠定了坚实的基础。

在绿色金融领域，外部性理论的应用尤为突出。绿色金融是一种旨在推动经济可持续发展、减少环境污染、保护自然资源的金融活动。传统的经济活动中，企业往往只关注自身的经济利益，而忽视了其行为对环境和社会造成的负面影响。这种负面影响就是典型的负外部性。为了纠正这种负外部性，绿色金融通过一系列创新性的金融产品和服务，如绿色债券、绿色信贷等，将企业的环境污染成本内部化。这意味着，企业在追求经济利益的同时，也必须承担其行为对环境和社会造成的成本。这种成本内部化的机制激励企业采取更加环保的生产方式，从而减少污染排放和资源浪费。同时，绿色金融还通过降低绿色项目的融资难度和提高污染行为的成本，促进企业向绿色转型。这种转型不仅有利于企业自身的长远发展，更对社会和环境产生了显著的正外部性效应。例如，绿色项目的实施可以减少温室气体排放、改善空气质量、保护生物多样性等，这些都是对全社会有益的正面影响。

因此，绿色金融发展不仅依赖于政府和金融机构的推动，更需要广泛的社会参与和资金支持来实现低碳经济的目标。通过外部性理论的指导和实践应用，绿色金融有望成为推动经济可持续发展的重要力量。

三、金融创新理论

金融创新理论，其根源可追溯至熊彼特的创新理论，主要探究金融创新背后的动因及其发生过程。与制度创新理论和技术创新理论相比，金融创新理论更为分散，侧重于分析创新的驱动因素，而对创新产生的长远影响则研究较少。金融创新不仅涉及金融产品的更新，还涵盖金融市场的拓展和金融制度的变革。

金融创新理论的发展呈现出多元化的视角和流派，这些理论相互补充、共同构成了金融创新理论的丰富内涵。随着金融市场的不断发展和技术的不断进步，金融创新理论将继续深化和拓展，为金融实践提供更为全面的指导。熊彼特的创新理论为现代金融创新理论奠定了基石。他强调创新是生产要素的全新组合，旨在适应不断变化的经济环境并捕捉新的市场机遇。这一观点在金融创新领域得到延伸，认为金融创新是金融主体为应对经济金融环境的变化，通过多种手段在制度、组织、业务等方面进行变革的过程。西尔柏则从供给角度出发，提出约束诱导型金融创新理论。他认为，金融创新是企业为抵御外部制约因素、实现利润最大化的一种自卫行为。这些制约因素可能来自政府管制、税收政策变化或市场环境变动等。凯恩的规避型金融创新理论则强调金融机构通过创新来规避金融控制和管理的行为。他认为，当市场力量与机构内在需求相结合时，便会产生规避创新的行为。希克斯和尼汉斯的交易成本创新理论指出，降低交易成本是金融创新的主要驱动力。他们认为，科技进步导致交易成本降低，进而推动金融创新。此外，金融深化理论从发展经济学的角度出发，主张放松金融管制、实行金融自由化，为金融创新提供了重要的理论依据。制度学派的金融创新理论则认为金融创新与经济制度是相互影响、互为因果的关系。他们认为金融创新是一种制度改革，与经济制度紧密相关。

金融创新理论强调金融机构在面对经济金融环境变化时，需要通过创新来适应新的市场需求和风险。这为绿色金融发展提供了创新动力和方向，引导金融机构开发符合可持续发展理念的绿色金融产品和服务。金融创新理论为绿色金融发展提供了重要的理论支撑。它不仅为绿色金融提供了创新动力和方向，还有助于突破传统金融约束、降低交易成本、规避风险与寻找新机会以及推动金融制度变革。在金融创新理论的指导下，绿色金融有望在未来实现更加快速和深入的发展。

四、可持续发展理论

可持续发展理论的思想起源于20世纪六七十年代，当时人们开始关注经济增长、城市化、人口和资源等环境压力问题。1972年，联合国在斯德哥尔摩召开的人类环境研讨会首次触及了“可持续发展”的初步概念。然而，直到1987年，世界环境与发展委员会在《我们共同的未来》报告中才正式并明确地定义了“可持续发展”——即“既满足当代人的需要，又不对后代人满足其需要的能力构成危害的发展”。这一阐述迅速被广泛接受，并奠定了可持续发展理论的核心基础。随着1992年联合国在里约热内卢的“环境与发展大会”的召开，以及《里约环境与发展宣言》《21世纪议程》等文件的通过，可持续发展理念得到了国际社会的广泛认同和支持。自那时起，可持续发展理论不断地得到完善和深化，从单一的环境保护角度逐渐扩展到经济、社会、文化等多个层面。

可持续发展理论的主要内容包括三大支柱：经济可持续、生态可持续和社会可持续。这三者必须协调统一，才能实现真正的可持续发展。经济可持续强调经济增长的质量和效益，而非仅仅追求数量上的扩张。它要求经济发展应考虑到资源的有限性和环境的承载能力，从传统的粗放型增长方式转变为集约型增长方式，实现低消耗、低排放、高效率。生态可持续发展着重于生态环境的保护和改善。人类活动应尊重自然、顺应自然、保护自然，实现人与自然的和谐共生。同时，需要采取有效措施修复受损的生态系统，提高其稳定性和可持续性。社会可持续发展注重社会公平和公正，强调经济发展应提供充足的就业机会和公平的收入分配，减少社会贫富差距。此外，还需关注弱势群体的权益保障，推动教育、卫生、文化等社会事业的全面发展，提升整个社会的文明程度和福祉水平。

在过去的几十年里，可持续发展理念已逐渐深入人心，并成为全球共同的追求。它不仅仅是一个经济或环境问题，更是一个关乎全人类未来福祉和发展的综合性议题。可持续发展要求我们在发展经济的同时，注重环境保护和社会公正，确保当代和后代都能享有健康、繁荣和和谐的生活。在这样的背景下，绿色金融作为实现可持续发展的重要工具之一，受到了越来越多的关注和重视。通过引导资金流向环保、节能等领域，绿色金融有助于推动经济的绿色转型和可持续发展，实现资源节约和环境生态保护的目标。同时，它也为金融机构提供了新的业务机会和发展空间，促进了金融行业的创新和发展。

五、环境库兹涅茨曲线

环境库兹涅茨曲线（EKC）是描述经济增长与环境质量之间复杂关系的理论模型。其核心在于揭示了一个现象：在经济发展的初期，随着人均收入的增加，环境污染程度呈现上升趋势；但当经济达到某一临界点或“拐点”后，尽管人均收入持续增长，环境污染却开始逐渐减轻，环境质量得到显著改善。这一变化过程在图形上呈现为倒“U”型曲线。这一理论最早由美国经济学家 Grossman 和 Krueger 于 1991 年提出，他们在研究北美自由贸易区对环境潜在影响时，发现了这种收入与环境质量间的非线性关系。随后，这一观点在 1992 年世界银行《世界发展报告》中得到进一步推广，引发了学术界和政策制定者的广泛关注。1993 年，Panayotou 正式将这一关系命名为“环境库兹涅茨曲线”，以纪念经济学家库兹涅茨在收入不均等领域的研究。

EKC 曲线表明，经济增长对环境的影响并非一成不变。在经济发展的初期阶段，由于工业化、城市化等进程的加速，资源消耗和污染物排放迅速增加，导致环境质量恶化。然而，随着经济的进一步发展和技术水平的提升，社会开始更加注重环境保护和可持续发展，通过采用清洁能源、提高资源利用效率、加强环境监管等措施，逐步减少了对环境的负面影响。值得注意的是，EKC 曲线并不是一个绝对的规律，不同国家和地区由于经济结构、技术水平、政策环境等因素的差异，可能会呈现出不同的曲线形态。此外，即使在经济达到"拐点"后，环境质量的改善也不是自动发生的，而是需要政府、企业和公众共同努力才能实现。

近年来，随着绿色金融的兴起和发展，人们开始探讨其在减少环境污染、推动经济低碳化转型中的作用。绿色金融通过提供环保项目和清洁能源的融资支持，引导资金流向更加环保、可持续的领域，从而有助于降低污染物排放、改善环境质量。然而，绿色金融与 EKC 曲线之间的关系仍是一个复杂而值得深入研究的问题，需要进一步探讨绿色金融如何具体作用于经济增长和环境污染，以及在不同国家和地区背景下这种作用的有效性和差异性。

六、企业社会责任理论

绿色金融发展与经济主体的支持密不可分。所有经济主体都肩负着保护环境的社会责任，只有它们积极拥护绿色政策，绿色金融才能发挥其应有的作用。企业社会责任理论不仅为政府落实绿色政策提供了有力支撑，同时也引领着企业走向绿色发展之路。这一理论强调，企业应对各层级的利益相关者负责，不应以牺牲环境为代价来追求短期经济利益，而应寻求经济利益与社会责任之间的平衡。

在 18 世纪中叶英国完成第一次工业革命之后，现代企业便得到了充分的发展，然而，彼时企业社会责任理念尚未确立，企业实践中所承担的社会责任主要局限于道德行为的范畴。企业社会责任思想的起点是亚当·斯密（Adam Smith）的"看不见的手"。根据古典经济学理论，市场机制是反映社会总需求的主要途径。企业若能生产满足社会需求的产品和服务，并以消费者愿意接受的价格进行销售，即视为履行了其社会责任。行至 18 世纪末期，西方企业的社会责任观念主要体现在企业所有者对学校、教堂及低收入群体进行捐助。自 19 世纪起，在经历了两次工业革命之后，社会生产力得到显著的提升，企业数量和规模均实现了显著增长。在这一时期，受社会达尔文主义思潮的影响，企业家对社会责任的认知较为消极被动。众多企业并未积极履行社会责任，反而对供应商、员工等与企业紧密相关的群体进行压榨与盘剥，以期迅速成为社会竞争中的强者。这种做法随着工业化的推进，造成诸多负面后果。与此同时，在19世纪中后期，企业制度逐步变得趋于完善，劳动阶层对于维护自身权益的需求也在不断高涨，加之在这个时期美国相继颁布了《反托拉斯法》和《消费者保护法》以抑制企业不当行为，对企业履行社会责任提出了新要求，企业不得不开始重新调整社会责任策略。

企业社会责任的概念最早由西方学者奥利弗·谢尔顿（Oliver Sheldon）提出，其核心观点在于企业社会责任的履行有助于增进消费者福祉。在该理论的早期发展阶段，部分学者，如米尔顿·弗里德曼（Milton Friedman），主张企业的唯一责任是追求经济利益最大化。目前，学者们比较多采纳的理论源自卡罗尔（Carroll）的观点，他主张企业社会责任包括基础的经济与法律责任，同时，当企业具备额外资源时，应基于自愿原则，履行更高层次的伦理和慈善责任。尽管我国对企业责任的研究起步较晚，但在扩大社会责任的内涵上提出了深刻见解。闫海洲和陈百助（2017）表明企业作为市场的微观主体，面对气候环境变化，应积极披露碳排放信息，承担节能减排重任。李维安等（2019）指出，企业在自然资源消耗和污染物排放中占据主导地位，理应主动承担社会责任，履行相应的义务，以期实现绿色治理这一企业自发行为。李井林等（2021）也认为企业积极承担环境责任，既有助于提高企业绩效，也能有助于实现经济社会高质量发展。

综上所述，企业社会责任的主要思想可以概括为：企业在追求经济效益的同时，应全面履行对股东、员工、消费者、社区和环境等利益相关方的责任，超越单纯追求利润的目标，更多关注人的价值、环境保护和社会福祉，积极推动可持续发展，为社会的长期繁荣作出贡献。这要求企业将自愿性与义务性相结合，关注社会整体利益，承担更高层次的社会责任，以实现经济社会的高质量发展。

第三章

绿色金融演进历程与发展概况

第一节　绿色金融国际发展演进历程

在全球经济快速发展与工业化进程不断推进的背景下，环境问题日益凸显，并成为制约经济社会可持续发展的重大挑战。自20世纪70年代以来，随着可持续发展理念的提出，绿色金融作为应对环境挑战、促进经济绿色转型的重要工具，逐渐进入公众视野并快速发展。本节我们将系统回顾绿色金融的国际发展演进历程，分析其起源、发展动力及关键节点，为理解当前绿色金融的国际格局与未来趋势奠定基础。

一、兴起实施阶段（1970—1990年）

绿色金融发展演进历程可以追溯到20世纪70年代，其起源与全球环境问题日益凸显密切相关。在20世纪60年代，随着工业化进程的加速推进，环境污染和生态破坏问题逐渐显现，各国政府开始意识到环境保护和可持续发展对于经济长期稳定发展的重要性。1972年，联合国在瑞典斯德哥尔摩举办了首届人类环境大会，这一历史性事件标志着环境问题首次正式被纳入国际议程。这次会议汇集了来自世界各地的政府代表、科学家和环保人士，共同商讨如何应对全球范围内的环境问题。会议的重要成果之一就是通过了《人类环境宣言》，该宣言明确提出了“为了这一代和将来的世世代代保护和改善人类环境”的基本原则，这标志着环境保护正式成为全球政治议程的重要组成部分。随后，绿色经济和绿色发展理念逐渐在全球范围内形成并得到了广泛的认可。

在这一时期，绿色金融的早期实践主要集中在为环境保护项目提供资助上。例如，通过绿色信贷和绿色债券等金融工具来支持可再生能源和污染防治等环保项目的发展。1974年，联邦德国成立世界第一家专注于社会和生态业务的“道德银行”（GLS Bank），这家银行专门为环境保护以及社会和生态业务提供融资项目支持，为国际上早期的绿色金融探索开创了先河。此外，在1980年，美国出台了“超级基金法案”，该法案要求企业负责处理潜在的或已发生的环境损害问题。这一法案的出台不仅为美国国内的环境保护提供了有力的法律保障，同时也为世界各国通过立法手段解决环境相关问题提供了重要的借鉴和参考。

除了GLS Bank等政策性金融机构外，一些国际金融机构也开始关注环境问题，并在贷款和投资决策中考虑环境因素。例如，世界银行和国际货币基金组织等国际金融机构在发放贷款时，开始将环保标准和可持续发展原则纳入考量范围，要求借款国必须遵守一定的环保法规和政策，以确保贷款项目不会对环境造成破坏。这一举措标志着绿色金融理念开始逐渐渗透到国际金融体系中，并为绿色金融发展奠定了基础。

二、初步发展阶段（1990—2015年）

20世纪90年代，全球环境问题日趋严峻，气候变化、资源枯竭、生物多样性丧失等议题频繁进入公众视野。这些问题的加剧，促使国际社会开始更加深刻地认识到环境保护的紧迫性与重要性。在此背景下，绿色金融逐渐受到广泛关注，并迈入初步发展阶段。

1992年，联合国环境规划署（UNEP）发布了《银行界关于环境可持续的声明》，并在同年举行的里约峰会上成立了金融行动机构（UNEP - FI），以督促金融系统为环境污染、气候治理等可持续发展议题提供支持，为绿色金融发展提供了重要的契机。1994年，全球环境基金与世界银行分离，成为独立的常设机构。1997年，参与联合国气候变化框架公约的国家在第三次会议上制定了《京都议定书》，该议定书成为全球首个具有法律约束力的气候相关文件，标志着绿色金融开始受到发达国家的重视。进入21世纪之后，绿色金融的发展速度显著提升。2003年，巴克莱银行、荷兰银行、花旗银行等多家国际性银行联合发起，共同确立了一套自愿性的绿色信贷准则，即赤道原则，该原则成为全球首个用于评估社会与环境风险的非强制性标准。2007 年，欧洲投资银行向欧盟 27 个成员国的投资者发行了全球首只绿色类债券——“气候意识债券”，此举显著推动了绿色债券的国际化发展进程。在此阶段，绿色金融已被西方发达国家广泛接纳并纷纷效仿，这不仅促进了绿色金融产品的研发，还推动了绿色金融制度的构建与完善。

在这一阶段，绿色金融的实践开始从国际层面扩展到国内层面。部分国家开始实施绿色信贷政策，要求银行在发放贷款时考虑借款项目的环保效益和可持续性。例如，早在 20 世纪 90 年代初期，德国就开始实施绿色信贷政策，鼓励银行为环保项目提供优惠贷款。德国复兴信贷银行（KFW）作为德国最大的绿色金融提供者，自 1990 年以来已经为环保项目提供了数百亿欧元的资金。美国环保署（EPA）于 1992 年推出了“绿色银行”计划，通过公共资金吸引私人资本投资于环保基础设施项目。2012 年，英国政府成立了绿色投资银行（Green Investment Bank），这是世界上首个专注于绿色投资的政府银行，意在通过公共资金带动私人投资进入可再生能源和能效提升领域。此外，部分国家还设立了专门的绿色投资基金，用于支持环保和可持续发展项目的融资。

此外，在此阶段，国际组织也在绿色金融领域发挥了重要作用。国际资本市场协会（ICMA）发布了“绿色债券原则”（Green Bond Principles，GBP），这是一套自愿遵守的行业标准，为绿色债券的定义、发行流程、资金管理和报告提供了指导。据《观察者网》报道，截至 2021 年 10 月，全球环境基金（GEF）已经资助了超过 4500 个项目，涉及生物多样性保护、气候变化缓解与适应、国际水域保护等多个领域，累计提供了超过 181 亿美元的资金，在 150 多个国家中支持了 1300 多个项目。

三、普及实施阶段（2015 年至今）

自 2015 年起，绿色金融开始进入了一个全新的普惠发展阶段。在这一年，全球 178 个缔约方齐聚第 21 届联合国气候变化大会，共同签署了具有里程碑意义的《巴黎协定》，该协定是继《京都议定书》之后第二份具备法律约束力的全球气候变化协议。《巴黎协定》的签署，设定了将全球平均气温升幅控制在工业革命前水平以上低于2℃，并努力限制在1.5℃的目标。这一协定要求各国提交国家自主贡献（NDCs），明确了减少温室气体排放的目标，为绿色金融提供了明确的政策背景和需求。2016年，在我国的大力推动下，G20杭州峰会首次将绿色金融纳入议程，这不仅彰显了我国对环境保护和可持续发展的高度重视，也标志着绿色金融开始在国际层面获得更广泛的关注和认可。G20绿色金融研究小组的成立以及随后发布的《G20绿色金融综合报告》为绿色金融发展提供了重要的理论支撑和实践指导，进一步推动了绿色金融在国际舞台上的普及和深化。

随着全球对绿色金融理念的认同不断加深，更多国际合作平台应运而生。2017年，中国人民银行携手多家中央银行和监管机构，共同创建了绿色金融网络（NGFS），以加强绿色金融领域的国际交流合作，共享绿色金融发展的经验和最佳实践。2019年，中国作为第一批成员加入了可持续金融国际平台（IPSF），与欧盟等国际合作伙伴携手推动绿色金融统一标准的建立。这一举措无疑为绿色金融的规范化、标准化发展奠定了坚实基础，有助于提升绿色金融的全球影响力和实施效果。2021年，在G20峰会上，中美两国牵头的可持续金融工作组向全球发布了《2021年G20可持续金融路线图》。该文件鼓励各国加强政策协调，共同推动绿色金融发展，以应对全球气候变化和环境挑战。文件不仅为各国在可持续金融领域的发展指明了方向，也体现了国际社会在绿色金融和可持续发展方面的共识与决心。在这一阶段，除了国际层面的合作与推动，绿色金融国际组织也在不断创立和发展。例如，全球金融中心城市绿色金融联盟（FC4S）、可持续银行网络（SBN）、国际绿色经济协会（IGEA）等机构的成立，为绿色金融的推广和实践提供了重要的平台和支撑。

随着绿色金融概念的普及，越来越多的发展中国家开始接纳并实践这一理念。例如，巴西的国家经济和社会发展银行（BNDES）在2015

年后大幅增加了对可再生能源和能效项目的贷款支持；印度的国家银行（SBI）于2017年发行了绿色债券，用于资助清洁能源项目的发展；肯尼亚的肯尼亚商业银行（KCB）也推出了绿色贷款产品，积极支持绿色建筑和可再生能源项目的建设。

综上可知，目前在全球范围内，以保护环境、应对气候变化为主题的金融活动日益频繁和活跃。绿色金融已经从一个边缘化的概念转变为全球金融体系中不可或缺的一部分。它不仅推动了全球向低碳经济的转型和发展，也促进了全球环境保护和可持续发展目标的实现。

第二节　我国绿色金融发展演进历程

一、萌芽阶段（1995—2008年）

在1995年至2008年期间，我国绿色金融发展经历了从无到有、逐步萌芽并逐渐壮大的过程。这一时期，随着环境保护意识的增强和国家政策的积极推动，绿色金融开始在我国金融体系内生根发芽，并逐渐展现出其巨大的潜力和价值。

1995年，环保总局发布了《关于运用绿色信贷促进环保工作的通知》，同时央行也下发了《关于贯彻信贷政策与环保工作通知》。这两份文件的发布，标志着绿色金融理念开始在我国金融领域萌芽，并将银行信贷业务与环境保护紧密结合，要求金融机构在信贷工作中重视自然资源和环境的保护，促进经济建设和环境保护事业的协调发展。随后，在“十五”规划期间（2000—2005年），环境保护被正式纳入国家发展规划，并提出了主要污染物排放总量比2000年减少10%的目标。尽管该目标最终未完成，但它为绿色金融的后续发展奠定了重要的政策基础，并推动了绿色金融理念的进一步传播和实践。2006年，国务院发布了《关于继续深入贯彻落实国家宏观调控措施切实加强信贷管理的通知》，进一步明确了对高污染类和高耗能类企业采取差异化的贷款政策，通过金融手段有效控制企业的污染行为。同年，“十一五”规划提出了更为严格的节能减排目标，即单位 GDP 能耗需下降 20%，主要污染物排放总量减少 10%。这些目标的确立进一步推动了绿色金融发展，并促使金融机构更加积极地探索和实践绿色金融业务。

与此同时，多个政府部门联合发布了《关于落实环境保护政策法规防范信贷风险的意见》《节能减排授信工作指导意见》和《关于防范和控制高耗能高污染行业贷款风险的通知》等文件，进一步细化了绿色金融政策的制定和实施。这些政策不仅提高了污染企业的融资门槛，还创新性运用金融工具支持绿色企业的发展，有效推动了绿色金融与实体经济的深度融合。此外，环保部门协同中央政府与人民银行，联合出台了《关于进一步规范重点污染行业生产经营公司申请上市或再融资环境保护核查工作的通知》。该通知要求对污染企业上市的融资准入条件进行严格环保核查，通过严格界定证券市场融资的初始准入条件，促进绿色金融与证券市场的有机融合。

在这一阶段，绿色金融产品的创新也取得了重要突破。2006 年，国际金融公司（IFC）与兴业银行合作，推出了我国市场上第一个绿色信贷能效融资产品。随后，IFC 又与浦发银行和北京银行展开合作，支持气候变化领域的相关项目，包括能效项目和新能源可再生能源项目。这些绿色信贷产品的推出，不仅为环保和可持续发展提供了有力的金融支持，也丰富了我国金融市场的产品种类。2008 年，在 IFC 的协助下，兴业银行承诺采纳国际绿色金融领域的黄金标准——赤道原则，成为我国首家采纳赤道原则的金融机构。这一举措不仅提升了兴业银行在绿色金融领域的国际影响力，也为其在环境与社会风险管理方面提供了更加科学、规范的方法、框架和工具。

总体而言，在绿色金融发展萌芽阶段，尽管相关政策和产品还处于初步探索阶段，但已经取得了显著成效。一方面，通过差异化的信贷政策和环保核查等手段，有效遏制了高污染、高耗能企业的无序扩张；另一方面，绿色金融产品的推出和赤道原则的采纳为我国绿色金融体系的建立奠定了坚实基础。此外，这一时期的政策和实践也为后续绿色金融的快速发展积累了宝贵经验，并为我国在全球绿色金融领域的话语权和影响力提升奠定了坚实基础。

二、发展阶段（2009—2014 年）

在全球对气候变化日益重视的背景下，2009 年 11 月，我国政府在联合国哥本哈根气候大会前夕，首次正式承诺了温室气体排放控制目标，即 2020 年单位 GDP 的二氧化碳排放量相比 2005 年降低 40%—45%。这一承诺不仅体现了我国对全球气候治理的积极态度和责任感，也为国内绿色金融发展提供了强大的政策动力和指引。

在这一阶段，节能减排政策持续推出并不断完善。2011 年“十二五”规划明确了“单位 GDP 能耗下降 16%，主要污染物排放减少 8%—10%”的具体目标，并随后出台了《“十二五”节能减排综合性工作方案》和《节能减排“十二五”规划》等配套政策。这些政策的制定和实施为绿色金融发展提供了明确的方向和具体的目标，推动了绿色金融市场的快速发展。

2012 年，党的十八大将生态文明建设纳入建设中国特色社会主义“五位一体”的总体布局，明确提出大力推进生态文明建设，努力建设美丽中国。这一战略决策为我国绿色金融发展奠定了基础，指明了发展方向。同年，原中国银监会在深入调研和广泛征求意见的基础上，颁布了《绿色信贷指引》。作为国内首个专门针对金融机构开展绿色信贷业务的规范性文件，该指引鼓励银行业金融机构积极发展绿色信贷，加强对环境和社会风险的管理，并要求银行建立绿色信贷机制。此文件的发布，标志着中国银行业开始由传统以经济利益为主导的信贷模式，向更加注重环境和社会影响的绿色信贷模式转型，具有里程碑意义。

随后几年，绿色金融政策不断加码，政策体系逐步完善。2013 年，原环境保护部与原保监会印发了《关于开展环境污染强制责任保险试点工作的指导意见》，推动环境污染强制责任保险的试点工作。同年，原中国银监会也下发了《关于绿色信贷工作的意见》，要求各银监局和银行业金融机构将绿色信贷理念融入银行经营活动和监管工作中，切实落实绿色信贷政策。此外，原银监会还制定了《绿色信贷统计制度》，要求各家银行对所涉及的环境、安全重大风险企业贷款、节能环保项目及服务贷款进行统计和监测，以加强绿色信贷的管理和监督。2014 年，新修订的《环境保护法》颁布实施，被称为“史上最严格环保法”，标志着我国环境立法修法进程加快，对环境保护的要求更加严格。同年，原银监会进一步印发了《绿色信贷实施情况关键评价指标》，作为绿色银行评级的依据和基础，推动了绿色银行评价体系的建设和完善。这一时期，绿色金融市场也取得了显著发展，衍生金融产品层出不穷，为绿色产业发展提供了多样化的融资渠道和工具。

在这一时期，部分地方政府也开始积极探索适合本地区的绿色金融发展模式。2012 年，经国家发展和改革委员会批准，广东省启动了碳排放权交易试点项目。该项目旨在通过构建碳排放权交易市场体系，运用市场机制调控温室气体排放，进而推动企业采纳更为环保和节能的生产模式。2012 年浙江银监局与经信委、发改委等部门联合搭建了绿色信贷信息平台。该平台设置了环保信息、节能信息、监管政策等 8 个模块，整合了浙江全部环境行业信用评价等级，为银行实施绿色信贷提供便捷及时、权威有效的信息支撑。2013 年江苏省政府印发《生态文明建设规划》，强调探索开展银行业金融机构绿色信贷实施情况评价工作，将绿色信贷实施成效纳入银行机构的监管评级。2014 年，上海市发布《绿色建筑三年行动计划》。该计划详细阐述了未来三年，上海市在绿色建筑方面的具体行动方案，包括提高建筑节能标准、推广绿色建筑材料、加强绿色建筑的认证和监管等多个方面，以推动上海市在建筑领域实现更加环保和可持续的发展。

综上所述，2009—2014 年我国绿色金融经历了从初步萌芽到逐步深化的关键阶段。在这一时期，随着全球对气候变化的日益重视以及国内节能减排政策的持续推出和完善，我国绿色金融得到快速发展并逐渐形成具有中国特色的绿色金融体系。

三、成熟阶段（2015 年至今）

自 2015 年起，我国绿色金融发展步入成熟阶段。在此期间，政府的坚定支持与金融机构的积极探索，共同推动了我国绿色金融体系的建立与完善，使得绿色金融在国内得到广泛推广与应用，并逐渐发展成为全球绿色金融发展的重要参与者和引导者。

在政策层面，2015 年 9 月召开的中共中央政治局会议审议通过了《生态文明体制改革总体方案》，提出了建立绿色金融体系的设想。同年 10 月，党的十八届五中全会提出“绿色发展”与“创新发展、协调发展、开放发展、共享发展”一同成为指导我国长期发展的科学发展理念和发展方式。此外，2016 年，国家将绿色金融作为今后经济发展的重大战略部署写入“十三五”规划，明文规定“建立绿色金融体系，发展绿色信贷、绿色证券，建立绿色发展基金”，将绿色金融体系制度的建设上升为国家战略。同年 8 月，中国人民银行、原银监会等七部委联合发布《关于构建绿色金融体系的指导意见》，从顶层设计的战略高度规范绿色金融制度。随后，2020 年中国人民银行发布的《绿色债券支持项目目录》，进一步明确了绿色债券的支持范畴和标准，为绿色债券市场的有序发展提供了明确的操作规范。这一具有里程碑意义的政策文件不仅为我国绿色金融发展提供了明确的指导和支持，而且为整个绿色金融生态体系的构建奠定了坚实的基础。

近年来，随着绿色发展战略的深入实施和“双碳”目标的明确提出，绿色金融在推动我国经济社会绿色、低碳、高质量发展方面发挥了更加积极的作用。2017 年，党的十九大报告进一步明确了发展绿色金融的战略高度，将其作为推进生态文明建设的重要路径。这一举措不仅为绿色金融发展指明了方向，并逐渐搭建起全方位的绿色金融生态体系。2021 年，我国政府进一步强调了绿色金融在碳达峰碳中和目标中的重要作用，并发布了《绿色债券支持项目目录（2021 年版）》，以聚焦绿色低碳发展领域并提升绿色金融发展效率。2022年，党的二十大报告对绿色发展作出了重要战略部署，再次强调了发展绿色金融的重要性，并将其作为实现“双碳”目标的重要政策工具。随着绿色发展战略的深入实施，绿色金融产品的创新步伐明显加快，为市场提供了更多的投资选择，并吸引了大量的国内外资金投入到绿色项目中。

在绿色金融发展实践方面，我国也取得了显著进展。在绿色金融产品和服务创新方面，绿色债券、绿色基金、绿色保险等多元化产品不断涌现，为市场提供了更多投资选择，并吸引了大量的国内外资金投入到绿色项目中。这些绿色金融产品不仅丰富了金融市场种类，还有效推动了绿色产业发展。在绿色金融市场建设方面，我国逐步建立了较为完善的绿色金融市场体系，包括绿色债券市场、绿色股票市场、绿色基金市场等。绿色金融市场体系的建立为绿色金融产品交易提供了更为便捷的平台，进一步推动了绿色金融发展。同时，政府还出台了一系列优惠的政策措施，以激励更多的金融机构和企业参与到绿色金融中来，共同推动绿色经济发展。此外，在国际合作方面，我国积极参与国际绿色金融合作，与多个国家和地区建立了绿色金融合作机制。通过分享经验、共同研发绿色金融产品等方式，为全球可持续发展目标的实现贡献了中国智慧和中国方案。

第三节　我国绿色金融发展概况分析

一、政策支持不断加强

我国绿色金融政策环境正在不断完善，从中央到地方，各级政府机构都在积极推动绿色金融发展，并已经制定了多项激励措施。这些政策举措不仅涵盖了绿色金融发展的各个方面（见表3－1），还逐步形成了层次分明、相互补充的政策体系。

表 3－1　　我国绿色金融相关政策文件

发布时间	政策发布机构	政策文件名称	内容概要
2012 年 2 月	中国银监会	《绿色信贷指引》	该文件为银行业金融机构发展绿色信贷提供了全面的指导和要求，旨在推动银行业金融机构积极调整信贷结构，有效防范环境与社会风险，更好地服务实体经济，促进经济发展方式转变和经济结构调整。
2013 年 2 月	中国银监会	《关于绿色信贷工作的意见》	该文件强调各银监局和银行业金融机构要深入领会将生态文明建设纳入“五位一体”现代化建设总布局的重要意义，积极承担应履行的职责和义务，全面落实《绿色信贷指引》，切实将绿色信贷理念融入银行经营活动和监管工作之中。
2014 年 12 月	中国银监会	《绿色信贷实施情况关键评价指标》	构建了一个系统性的评价体系，旨在通过一系列定性和定量指标，全面评估银行业金融机构在绿色信贷政策执行、风险管理、流程管理、能力建设等方面的实际情况和成效。
2015 年 1 月	银保监会、国家发改委	《能效信贷指引》	为银行业金融机构开展能效信贷业务提供了全面的指导和规范，旨在促进能效信贷持续健康发展，积极支持产业结构调整和企业技术改造升级，提高能源利用效率，降低能源消耗。
2018 年 3 月	中国人民银行	《绿色贷款专项统计制度》	通过明确统计范围、指标、分类以及报告要求等，为金融机构提供了绿色贷款统计和报告的具体指导。旨在规范银行及其他金融机构对绿色贷款的统计和报告，确保绿色贷款数据的准确性和透明度，促进绿色金融的可持续发展。
2019 年 3 月	国家发改委、工信部等七部委	《绿色产业指导目录》	目录明确了节能降碳产业、环境保护产业、资源循环利用产业、能源绿色低碳转型、生态保护修复和利用、基础设施绿色升级、绿色服务等绿色低碳转型重点产业的细分类别和具体内涵，为各地方、各部门制定完善相关产业支持政策提供了更加有力的依据。

续表

发布时间	政策发布机构	政策文件名称	内容概要
2020 年 1 月	中国银保监会	《中国银保监会关于推动银行业和保险业高质量发展的指导意见》	为银行业和保险业的高质量发展提供了全面的指导和规划，旨在通过一系列措施提升金融服务实体经济的能力，防范化解金融风险，推动金融业的健康可持续发展。
2020 年 12 月	财政部	《商业银行绩效评价办法》	虽然未直接针对绿色金融制定专项内容，但其评价维度和指标体系间接体现了对绿色金融的关注和引导，以推动商业银行发展绿色金融业务、支持生态文明建设和绿色产业发展。
2021 年 4 月	央行、发改委和证监会	《绿色债券支持项目目录》	通过发布新版《目录》，统一各类绿色债券的定义和分类标准，解决以往绿色债券在评估认证过程中所面临的各标准支持项目不统一的问题。进一步规范国内绿色债券市场，引导更多资金支持绿色产业和绿色项目，促进绿色金融市场的健康发展。
2021 年 5 月	中国人民银行	《银行业金融机构绿色金融评价方案》	通过明确评价范围、指标、周期和结果应用等关键要素，为银行业金融机构开展绿色金融业务提供了有力的政策支持和激励约束机制，旨在提升金融支持绿色低碳高质量发展的能力，落实《关于构建绿色金融体系的指导意见》等文件精神，优化绿色金融激励约束机制。
2021 年 6 月	中国人民银行	《关于印发〈银行业金融机构绿色金融评价方案〉的通知》	面向银行业金融机构开展绿色金融评价，评价范围涵盖银行业金融机构开展的各项符合绿色金融标准及相关规定的业务。旨在引导银行业金融机构加大对绿色经济、低碳经济、循环经济的支持力度，推动绿色金融业务的快速发展，提升金融对绿色低碳发展的服务能力。
2022 年 1 月	发展改革委、能源局	《关于完善能源绿色低碳转型体制机制和政策措施的意见》	旨在推动能源领域绿色低碳转型，加快构建清洁低碳、安全高效的能源体系，为实现碳达峰碳中和目标提供有力支撑。

续表

发布时间	政策发布机构	政策文件名称	内容概要
2022 年 3 月	发展改革委	《关于推进共建“一带一路”绿色发展的意见》	为推进共建“一带一路”绿色发展提供了全面、系统的指导和支持，旨在通过加强重点领域合作、规范境外项目绿色发展、完善支撑保障体系等措施，推动共建“一带一路”绿色发展取得显著成效。
2022 年 6 月	银保监会	《银行业保险业绿色金融指引》	提出了完善国家能源战略和规划实施机制、引导绿色能源消费、建立绿色低碳的能源开发利用新机制等重点任务和政策措施。该意见旨在推动能源领域绿色低碳转型，构建清洁低碳、安全高效的能源体系，以实现碳达峰碳中和目标。
2023 年 12 月	证监会、国务院国资委	《关于支持中央企业发行绿色债券的通知》	提出完善绿色债券融资支持机制，鼓励中央企业发行中长期绿色债券，同时，强调发挥中央企业绿色投资的引领作用，引领社会资金流向绿色发展重点领域。目的在于通过中央企业的示范和引领，推动经济社会全面绿色转型，实现可持续发展，并助力实现碳达峰碳中和目标。

自 2012 年起，我国绿色金融政策体系不断优化与完善。2012 年 2 月，原中国银监会发布《绿色信贷指引》，明确了绿色信贷的定义、原则和管理要求。这一指引为后续绿色金融政策的制定和实施奠定了基础。随后几年中，我国绿色金融政策不断深化和细化。2013 年 2 月，原银监会进一步发布了《关于绿色信贷工作的意见》，对绿色信贷的实施提出了具体指导意见，推动了绿色信贷业务的初步发展。2014 年 12 月，原银监会发布《绿色信贷实施情况关键评价指标》，为评估绿色信贷实施效果提供了量化标准。2015 年 1 月，银保监会、国家发改委联合发布《能效信贷指引》，聚焦能效领域，引导信贷资金支持节能减排项目。为了加强绿色信贷业务的统计监测，提高绿色金融的透明度。2018 年 3 月，中国人民银行推出《绿色贷款专项统计制度》。这一制度

的建立，使得绿色信贷的数据收集和分析更加规范化和系统化。2019年3月，国家发改委、工信部等七部委联合发布《绿色产业指导目录(2019年版)》，明确了绿色产业的界定标准和范围，为绿色金融提供了明确的投资方向。这一目录的发布，为金融机构在绿色领域的投资决策提供了重要参考。

随着我国经济发展进入高质量发展阶段，绿色金融的重要性进一步凸显。2020年1月，原银保监会发布《中国银保监会关于推动银行业和保险业高质量发展的指导意见》，强调绿色金融在高质量发展中的重要作用。2021年4月，中国人民银行、发改委和证监会联合发布《绿色债券支持项目目录（2021年版)》，统一了绿色债券标准，促进了绿色债券市场的发展。为了进一步完善绿色金融的激励机制，2021年5月和6月，中国人民银行先后发布和印发了《银行业金融机构绿色金融评价方案（2019年版)》及其通知，将绿色债券、绿色信贷等业务评价结果纳入金融机构评级。这一举措极大地提升了金融机构参与绿色金融的积极性。同时，2020年12月，财政部发布《商业银行绩效评价办法》，鼓励商业银行加大绿色金融投入。2022年1月，发展改革委、能源局发布《关于完善能源绿色低碳转型体制机制和政策措施的意见》，推动能源领域的绿色低碳转型。2022年3月，发展改革委发布《关于推进共建“一带一路”绿色发展的意见》，将绿色金融理念拓展到国际合作领域。2022年6月，原银保监会发布《银行业保险业绿色金融指引》，进一步明确了银行业保险业发展绿色金融的方向和要求。2023年12月，证监会、国务院国资委联合发布《关于支持中央企业发行绿色债券的通知》，充分发挥中央企业在绿色投资领域的引领作用，拓宽绿色融资渠道。

这一系列绿色金融发展相关政策的发布和实施，不仅为环保和可持续发展事业提供了坚实的制度保障，还极大地推动了绿色金融市场的快速发展。通过这些政策和措施，我国绿色金融体系正逐步走向成熟，为实现碳达峰和碳中和目标提供了坚实的金融支持。未来，随着政策的进一步落实和市场的深入发展，我国绿色金融将继续在全球范围内发挥示范和引领作用。

二、绿色金融规模不断扩张

我国绿色信贷市场起源于20世纪90年代，经历了从政策导向型环保融资到规范化、制度化的绿色金融工具融资的发展过程。近年来，随着“双碳”目标的提出和绿色金融制度的不断完善，绿色信贷市场规模迅速扩大。绿色信贷规模、增速及占总贷款的比重均持续攀升，绿色信贷市场不断发展壮大。绿色信贷余额从2013年的4.9万亿元持续攀升至2023年的30.1万亿元，已经发展成为全球规模最大的绿色信贷市场。与此同时，绿色信贷余额占总贷款余额的比重也从2013年的7.1%升至2023年的12.7%[①]。绿色信贷资金主要投向了与环保、节能减排、绿色发展等多个方向相关的行业。其中，绿色交通运输和清洁能源是资金投入的最主要方向，其次是工业节能节水、垃圾处理及污染防治、自然保护、生态修复、灾害防控等。

在绿色债券发展方面，2016年我国绿色债券市场启动，并成为全球最大的绿色债券发行国。此后，我国绿色债券市场保持稳步增长态势，绿色债券余额近2万亿元。中诚信绿金的相关统计显示，截至2023年末，国内市场累计发行绿色债券2192只，累计发行规模共计3.46万亿元。一方面，2023年CGT贴标工作提高了我国存量债券的国际社会认可度，贴标债券不断涌现。截至2023年末，共有259只CGT贴标的存量绿色债券（其中219只位于存续期）。另一方面，作为绿债最重要创新产品之一，绿色资产证券化（绿色ABS）发行规模迎来井喷式跃升。根据Wind数据库，2016—2023年，绿色ABS的发行规模从7亿元增至1899亿元，增长了近270倍，绿色ABS发行只数从2016年的4只

① 中国社会科学院金融研究所．中国的绿色信贷市场：发展状况、基本特征与政策建议[EB/OL]．https：//mp. weixin. qq. com/s？__biz = MzA3NzEzMDc1MQ = = &mid = 2650338071&idx = 1&sn = b0850d8228561fe61d2b9d98d4620f0b&chksm = 8645fb1590e93b007716cfc7f1a07a276a99026f7cc2b9bb3b6025f3284b7945833b6009faef&scene = 27.

增长到2023年的315只，增发近80倍。

在绿色股权投资方面，近年来，我国绿色股权投资发展迅速，特别是自“双碳”目标提出以来，政策支持和投资力度显著增强。从2011年7月至2021年6月，我国累计发生2823次绿色股权投资事件，涉及1868个项目，其中已在境内外上市的公司272家。其间通过上市退出的绿色股权投资共1202笔，涉及绿色相关行业上市公司148家①。与此同时，绿色基金快速发展。自2020年起，国内ESG基金的数量和规模均显著增长。截至2021年上半年，我国共成立了114只绿色股权投资基金，累计募集资金达到2232.28亿元人民币，平均每只基金的规模约为20亿元人民币②。这些募集成立的绿色股权投资基金主要集中在新能源和节能环保等关键领域。2021年下半年以来，我国的公募基金在加快绿色投资布局。根据中央财经大学绿色金融国际研究院统计，截至2023年底，全市场ESG公募基金产品共计586只，总规模为5437.86亿元。

在绿色保险方面，近年来，我国绿色保险在政策支持、市场需求和金融创新的推动下，取得了显著发展。国家金融监督管理总局发布了《关于推动绿色保险高质量发展的指导意见》，明确了绿色保险发展的总体要求和基本原则。该意见强调了系统观念、稳中求进、示范引领、重点突破、创新驱动和数字赋能等原则，并提出了到2027年和2030年的主要目标。与此同时，头部保险公司在绿色保险领域积极作为，带动了市场的整体发展。例如，据《金融时报》报道，中国人民保险公司提供的绿色保险风险保障在2023年增长了20.4%，中国平安保险公司和中国太平洋保险公司也分别提供了大量的绿色保险保额，并开发了多款行业首创产品。根据国家金融监督管理总局的数据，2023年，我国绿色保险保费收入达到2297亿元，赔款支出达到1214.6亿元，绿色保险在风险管理和保障方面的作用正在增强。此外，绿色保险产品创新也在不

① 海南省绿色金融研究院．绿色私募股权投资的投向与退出收益分析［EB/OL］. https://m.thepaper.cn/baijiahao_15218123.

② 海南省绿色金融研究院．绿色股权投资基金的LP结构与三种募资模式［EB/OL］. https://www.thepaper.cn/newsDetail_forward_14751844.

断推进。例如，碳汇保险及蓝碳交易财产安全险等创新保险产品的推出，这些产品通过引入市场机制，以维护生态价值并促进绿色经济发展。

在碳金融发展领域，随着国际低碳规则的制定与我国“双碳”目标的提出，绿色金融面临着新的挑战和机遇。碳金融应运而生，并已经成为推动绿色转型和促进可持续发展不可或缺的重要工具。自 2011 年起，我国在北京、天津、上海、重庆、湖北、广东及深圳七个省市启动了碳排放权交易试点。据生态环境部数据，截至 2020 年 8 月底，这七个试点省市的碳市场已覆盖钢铁、电力、水泥等 20 余个行业，涉及近 3000 家企业，配额累计成交量达到 4. 06 亿吨，累计成交额约为 92. 8 亿元人民币。2020 年，全国碳市场线上交易正式开启，2200 余家电力企业年排放量达到 40 亿吨，约占全球二氧化碳排放量的 1/10。2021 年 7 月 16 日，全国碳排放权交易市场正式上线交易。据生态环境部数据，截至 2023 年 10 月 25 日，全国碳排放权交易市场碳排放配额累计成交量达到 3. 65 亿吨，累计成交额达到 194. 37 亿元人民币。

三、绿色金融产品与服务不断创新

我国绿色金融产品与服务不断创新，产品类型日益多元化，服务模式不断创新。这些创新不仅有助于提升绿色金融服务的效率和效果，也有助于推动绿色低碳产业的发展和实现可持续发展目标。

（一）产品类型多元

首先，在绿色信贷方面，银行机构不断推出新的绿色信贷产品，如绿色供应链金融、碳减排支持工具等，通过精准对接绿色产业链上下游企业，提供定制化的金融服务方案。同时，绿色信贷的评估标准和审批流程也在不断优化，以更好地适应绿色项目的特点和需求，提高绿色信贷的投放效率和精准度。其次，在绿色债券方面，除了传统的绿色企业债、绿色公司债外，还创新推出了绿色地方政府专项债、绿色资产支持证券（ABS）、绿色永续债等新型绿色债券品种。这些创新不仅丰富了绿色债券市场产品结构，也满足了不同投资者的多元化需求。“蓝色债券”作为绿色债券的一种创新形式，专注于海洋保护和蓝色经济的发展，为我国海洋生态保护提供了新的融资渠道。又次，在绿色保险方面，绿色保险产品不断创新，涵盖了环境污染责任险、绿色建筑工程一切险、绿色农业保险等多个领域。这些保险产品不仅为绿色产业提供了风险保障，也促进了绿色项目的顺利实施。特别是针对气候变化和极端天气事件的绿色保险产品，如巨灾保险、气候保险等，为应对气候变化风险提供了有效的金融工具。再次，在绿色基金方面，绿色基金作为集合投资工具，在支持绿色产业发展方面发挥着重要作用。近年来，我国绿色基金不断创新，包括政府引导基金、社会资本参与的绿色产业投资基金等，通过多元化的资金来源和专业的投资管理，为绿色项目提供了长期稳定的资金支持。然后，在碳金融方面，随着碳市场的不断发展，碳金融产品日益丰富。包括碳排放权质押贷款、碳债券、碳期货等在内的一系列碳金融产品为碳交易提供了金融支持，促进了碳市场的活跃和发展。最后，还涌现出绿色租赁、绿色信托、绿色资产证券化等新型绿色金融产品，进一步丰富了绿色金融的产品体系。

（二）服务模式创新

首先，搭建绿色金融服务平台。绿色金融服务平台通过集成政府政策、企业项目、第三方评估机构、投资者等多元主体的信息，形成一个集项目筛选、风险评估、融资对接、监测管理于一体的生态系统。平台提供项目数据库和环境绩效指标，增强市场透明度，帮助投资者更好地识别绿色项目，降低信息不对称带来的风险。通过线上化、自动化流程，简化绿色项目融资申请、审批和监控流程，缩短融资周期，提高资金流转效率。其次，强化金融科技应用。利用大数据挖掘和分析技术，金融机构可以更精准地评估绿色项目的环境影响和经济效益，为绿色信贷和投资决策提供数据支持。AI 技术在绿色金融中的应用，如智能投顾、自动风险预警系统，提高了决策速度和准确性，同时减少了人为错误。区块链提供了一种去中心化的信任机制，可以用于绿色资产的登记、交易和追溯，确保绿色金融产品的透明性和防伪性。再次，推动环境权益融资。金融机构积极探索环境权益融资模式，如碳排放权质押贷款、排污权抵押贷款等。金融机构创新性地开发了碳排放权质押贷款，允许企业将碳排放配额作为抵押品，获取融资，促进了碳市场的流动性和价值发现。企业可以利用其拥有的排污许可证作为抵押物，获得资金支持，既解决了企业的融资需求，又推动了环境权益的有效利用。将绿色项目的未来现金流打包成资产支持证券，通过金融市场出售给投资者，为绿色项目提供长期稳定的资金来源，同时也分散了金融风险。这些服务模式的创新不仅促进了绿色金融市场的成熟，还激发了绿色经济的活力，为实现可持续发展目标提供了强有力的金融支撑。随着技术的进步和政策的完善，绿色金融服务模式将持续创新，为绿色项目和企业提供更加灵活、高效和多元化的融资解决方案。

四、绿色金融国际合作稳步推进

首先，近年来，我国政府部门出台了一系列重要的政策文件，如《关于推进共建“一带一路”绿色发展的意见》《关于构建绿色金融体系的指导意见》等，这些文件不仅明确提出了加强绿色金融国际合作的战略方向，还着重强调了推动绿色金融标准与国际接轨的必要性。这些政策文件的发布，无疑为绿色金融国际合作奠定了坚实的制度基础，提供了有力的政策保障。党的二十大报告以及《中共中央 国务院关于完整准确全面贯彻新发展理念做好碳达峰碳中和工作的意见》等文件，进一步凸显了绿色金融在实现碳达峰碳中和目标中的核心作用，明确了绿色金融国际合作的发展方向和实施重点。

其次，我国积极参与并主导了多个多边绿色金融合作平台，如G20可持续金融工作组（SFWG）、央行与监管机构绿色金融网络（NGFS）、可持续金融国际平台（IPSF）、可持续金融共同分类目录（CGT）等。通过这些平台，我国与其他国家就绿色金融的各类议题展开了深入的交流与合作，共同探索绿色金融发展路径。特别是在“一带一路”倡议的框架下，我国与共建国家携手推进绿色基础设施建设、清洁能源项目等，充分利用绿色金融手段支持可持续发展。同时，通过签署《“一带一路”绿色投资原则（GIP)》等关键文件，加强了绿色项目标准的对接和互认，推动了绿色金融合作的深入发展。

再次，中国在绿色金融的双边合作方面也取得了显著进展，与英国、美国和新加坡等国建立了稳固的合作关系。中英绿色金融工作组自成立以来，定期召开会议，推动绿色金融合作不断向前发展。其中，中英气候与环境信息披露试点项目在完成五年的试点工作后，成功转型为中英金融机构可持续信息披露工作组，继续深化双方在金融机构可持续信息披露方面的合作。同时，我国和新加坡在 2023 年 4 月成立了中新绿色金融工作小组，致力于在绿色金融和转型金融领域深化合作，共同探索绿色金融的新模式和新路径。此外，中美金融工作组也在 2023 年秋季正式成立，并在 10 月举行了第一次会议，将可持续金融纳入工作组的重要议题，标志着中美在绿色金融领域的合作迈出了实质性的一步。

最后，我国金融机构和证券交易所也积极参与绿色金融的国际交流与合作，特别是在联合国框架下的各类国际倡议中发挥了重要作用。目前，已有 25 家中国商业银行签署了联合国负责任银行原则（PRB)，成为签署该原则银行数量最多的国家。同时，还有 4 家保险公司签署了联合国可持续保险原则（PSI)，220 多家资产管理机构等签署了联合国支持的负责任投资原则（PRI)，以及 3 家证券交易所签署了联合国可持续证券交易所倡议（SSE)。这些金融机构不仅积极参与这些原则与倡议的实践活动，还深入参与其治理和研究工作，为推动全球绿色金融发展贡献了中国智慧和力量。

第四节　本章小结

本章系统回顾了绿色金融的国际发展演进历程，并详细分析了我国绿色金融发展历程与发展现状。

一、绿色金融国际发展演进历程

绿色金融作为应对环境挑战、促进经济绿色转型的重要工具，自20世纪70年代起逐渐进入公众视野并快速发展。其演进历程可以分为兴起实施、初步发展与普及实施三个主要阶段。

随着全球环境问题日益严峻，绿色金融逐渐兴起。1972年联合国人类环境大会的举行，标志着环境议题正式成为国际社会关注的焦点，绿色信贷和绿色债券等金融工具开始为环保项目提供支持。环境问题的加剧促使国际社会对绿色金融的关注度不断提升。1992年《京都议定书》的签署，进一步将绿色金融纳入国际政治议程。赤道原则的推出和绿色债券的国际化进程，进一步促进了绿色金融在全球范围内的普及和应用。《巴黎协定》的签订以及G20峰会将绿色金融纳入讨论议题，标志着绿色金融迈入了一个新的发展阶段。绿色金融网络（NGFS）和可持续金融国际平台（IPSF）等国际合作机制的建立，推动了绿色金融的规范化和标准化进程。越来越多的发展中国家开始采纳并实施绿色金融理念，绿色金融逐渐成为全球金融体系中一个不可分割的组成部分。

二、我国绿色金融发展演进历程

我国绿色金融的发展历程经历了从初步萌芽、逐步发展至成熟阶段的演变。随着环保意识的提升以及国家政策的积极引导，绿色金融在我国逐渐兴起。1995年，环保总局与中央银行联合发布的通知，标志着绿色金融理念开始在我国金融领域萌生。我国政府在联合国气候大会上作出的温室气体排放控制承诺，进一步促进了国内绿色金融的迅速发展。同时，节能减排政策的不断推出与完善，为绿色金融的发展提供了清晰的方向和目标。

随着“双碳”目标的提出和绿色金融政策的不断完善，我国绿色金融发展进入成熟阶段。多项绿色金融政策的颁布，如《关于积极推进绿色金融发展的指导意见》《绿色债券支持项目目录》等，为绿色金融发展提供了坚实的政策保障。绿色金融产品与服务持续创新，绿色金融市场规模不断扩大，国际合作稳步推进，我国在全球绿色金融领域的影响力得到显著提升。

三、我国绿色金融发展概况分析

目前，从中央到地方，各级政府机构正积极推动绿色金融发展，出台了一系列激励措施和政策文件，形成了层次分明、相互补充的政策体系。这些政策正逐步推动我国绿色金融体系的建立和完善。

在政府政策的大力支持下，我国绿色金融规模不断扩张。绿色信贷余额已从 2013 年的 4.9 万亿元增长至 2023 年的 30.1 万亿元，成为全球规模最大的绿色信贷市场。同时，绿色债券发行规模不断扩大，绿色股权投资和绿色基金也呈现快速增长态势。绿色金融产品和服务正经历着不断的创新，产品种类日益丰富，服务模式亦在不断创新之中。银行机构推出绿色供应链金融、碳减排支持工具等新产品，绿色债券品种不断丰富，绿色保险产品不断创新，绿色基金和碳金融产品也快速发展。绿色金融服务平台和金融科技的应用，进一步增强了绿色金融服务的效率和成效。绿色金融国际合作正稳步推进。我国积极参与并主导多个多边绿色金融合作平台，加强了与国际社会的交流与合作。在“一带一路”倡议的框架下，我国与共建国家携手推进绿色基础设施建设和清洁能源项目。同时，中英、中美等双边绿色金融合作也取得了显著进展，为国际绿色金融合作提供了有益的经验与探索。

综上所述，绿色金融自诞生以来，在全球范围内经历了从萌芽到普及的演进历程，我国绿色金融发展在政策推动、市场扩展、产品创新和国际合作等方面均取得了显著成效。未来，随着全球气候变化和环境问题的日益严峻，绿色金融预计将扮演更为关键的角色，助力全球经济实现绿色低碳转型和可持续发展。

第四章

我国绿色金融发展水平测度与时空演进

绿色金融发展是一个复杂且动态的过程，对其进行发展水平测度与时空演进特征分析，对于理解绿色金融发展规律、指导未来政策制定具有至关重要的意义。近年来，我国绿色金融发展取得了显著进展，政策体系日益完善、市场规模持续扩张、创新产品不断涌现。为全面把握我国绿色金融发展现状与未来趋势，本章将对我国绿色金融的发展水平进行系统测度，并深入探讨其时空演进特征。

第一节　绿色金融发展综合指标体系构建

一、构建原则

为确保绿色金融发展指标体系所选指标能够全面、科学、客观地反映绿色金融的实际发展情况，应遵循代表性、科学性、可量化、全面性与可行性等原则。

（一）代表性原则

代表性原则强调，在选取绿色金融发展指标时，应注重指标的代表性，确保所选指标能够全面、准确地反映绿色金融发展的现状及特征。这要求我们从绿色金融的各个关键领域中，挑选出最具代表性的指标，并确保这些指标之间保持相互独立，以避免信息的重叠和冗余。

（二）科学性原则

在构建绿色金融指标体系时，应严格遵循科学的方法和理论，确保所选取的指标能够科学、合理地反映绿色金融发展状况。这一原则要求我们要从绿色金融发展的各个维度出发，精心挑选出能够满足科学性要求的指标，以确保这些指标能够准确、合理地揭示绿色金融的真实发展状况，为科学评估和决策提供有力支持。

（三）可量化原则

为确保评价的准确性和客观性，所选取的绿色金融指标应能够进行定量分析。可量化数据能够更直观、清晰地展示绿色金融发展状况和成效，为政策制定者和市场参与者提供有力的决策依据。这一原则要求指标的数据应易于获取，并且便于进行量化处理，以支持数理分析和比较，确保评价结果的可靠性和有效性。

（四）全面性原则

鉴于绿色金融涵盖绿色信贷、绿色保险、绿色债券、绿色股票等多个领域，所构建的指标体系应全面覆盖这些领域，以充分反映绿色金融的整体发展状况。这一原则要求指标体系不仅包含广泛的子系统，而且各子系统的指标之间需相互补充，共同形成一个完整、系统的评价体系，进而能够全面、准确地评估绿色金融在各个领域的表现和发展趋势，为政策制定和决策提供有力支持。

（五）可行性原则

在构建绿色金融指标体系时，必须充分考虑数据的可获取性和实际操作的可行性。所选取的指标应基于可靠、权威的数据来源，以确保数据的准确性和可信度。同时，这些指标在实际操作中应易于实施和评估，避免过于复杂或难以操作的情况，以确保指标体系的实用性和有效性。这一原则对于构建具有实际应用价值的绿色金融指标体系至关重要。

二、绿色金融发展指标体系构建

鉴于绿色金融涵盖广泛，单一指标无法全面体现绿色金融发展的全貌，本书在充分阅读相关文献的基础上，结合我国绿色金融发展现状，从绿色信贷、绿色投资、绿色保险、绿色债券、绿色支持、绿色基金、绿色权益等7个维度构建了绿色金融发展指标评价体系（见表4-1）。

表4-1　　绿色金融发展水平指标体系

一级指标	二级指标	三级指标	指标定义
绿色金融发展水平	绿色信贷	环保项目信贷占比	环保项目信贷总额/全省信贷总额
	绿色投资	环境污染治理投资占 GDP 比重	环境污染治理投资/GDP
	绿色保险	环境污染责任保险推广程度	环境污染责任保险收入/总保费收入
	绿色债券	绿色债券发展程度	绿色债券发行总额/所有债券发行总额
	绿色支持	财政环境保护支出占比	财政环境保护支出/财政一般预算支出
	绿色基金	绿色基金占比	绿色基金总市值/所有基金总市值
	绿色权益	绿色权益发展深度	碳交易、用能权交易、排污权交易/权益市场交易总额

绿色信贷发展状况通过环保项目信贷占比这一指标得以体现。环保项目信贷占比即为环保项目信贷总额占信贷总额的比例，体现了银行在信贷资源配置上对环保项目的倾斜程度。环保项目信贷占比越高，意味着银行在信贷决策过程中越加注重环保因素，对绿色产业的资金支持力度也相应更大，从而反映出绿色金融在信贷领域的深入发展与广泛应用。

绿色投资发展状况选用环境污染治理投资占 GDP 比重进行衡量。该比例反映了社会对环境污染治理的投资力度，即在经济总量中，有多少资源被用于改善和治理环境。环境污染治理投资占 GDP 比例越高，表明在绿色投资方面的投入力度越大，意味着社会对环境保护和可持续发展的重视程度越高，也体现了经济结构向更加绿色、环保的方向转型的趋势。

绿色保险的发展状况通过环境污染责任保险的推广程度来衡量，该指标为环境污染责任保险收入占总保费收入的比例。这一比例不仅反映了环境污染责任保险在保险市场中的份额，还体现了绿色保险的普及程度和市场接受度。环境污染责任保险收入占比越高，说明绿色保险的发展态势越好，同时也表明市场对于环境保护和风险管理的意识提升更为显著。

绿色债券采用的是绿色债券发展程度指标。绿色债券发展程度即绿色债券发行总额占所有债券发行总额的比例，主要用于衡量绿色债券市场的相对规模和发展速度。绿色债券发展程度越高，说明绿色债券市场的活跃度越高，市场对绿色、可持续发展项目的投资热情和投资规模也越大。这也进一步反映了金融市场对环境保护和社会责任的关注程度在不断提升。

绿色支持的一个重要衡量指标是财政环境保护支出占比，即财政环境保护支出占财政一般预算支出的比例。这一指标直观地反映了政府在环境保护方面的财政投入力度。财政环境保护支出占比越高，说明政府在预算分配中更加注重环境保护，对绿色发展的支持力度越大，体现了政府在推动可持续发展、促进生态文明建设方面的决心和行动。

绿色基金以绿色基金占比予以衡量，即绿色基金总市值占所有基金总市值的比例。绿色基金占比能够直观地展示绿色基金在整个基金市场中的份额，是衡量绿色基金在基金市场中相对地位和发展潜力的重要指标。这一比例越高，意味着绿色基金的市场影响力越大，投资者对绿色可持续发展领域的投资兴趣和认可度也越高，进一步反映了金融市场对环境保护和社会责任的关注，以及绿色基金在未来发展中的巨大潜力。

绿色权益采用绿色权益发展深度指标予以衡量，亦即碳交易、用能权交易、排污权交易总额占权益市场交易总额的比例。绿色权益发展深度反映了绿色权益市场在整个权益市场中的份额和影响力。这一比例越高，说明绿色权益市场的发展越成熟，市场对绿色、可持续发展领域的投资兴趣和认可度也越高，进一步反映了金融市场对环境保护和社会责任的关注趋势，以及绿色权益市场在未来发展中的巨大潜力。

第二节　绿色金融发展水平测算结果分析

一、测算方法选择

通过阅读文献，我们选用时空极差熵权法进行指标赋权。这种方法的优点在于能够有效突破传统熵权法信息的局限，综合考虑评估测评对象的波动性和重要性。由于综合考虑了时空差异和权重变化，时空极差熵权法能够根据数据变化动态调整指标权重，能够更准确地反映评估对象的真实情况，减少了传统评价方法可能带来的主观性和片面性。

在构建的指标体系中，假设有 k 个评价指标，对 n 个评价对象在 m 个时间段内进行评估。用 x_i（$i=1$，2，…，k）表示单个指标，则 x_i 在第 t 期的取值表示为 x_{ijt}（$i=1$，2，…，n），具体计算步骤如下：

第一步：将 x_{ijt} 经标准化处理后的取值赋值为 y_{ijt}。

$$y_{ijt} = \frac{[x_{ijt} - \min(x_{ijt})]}{[\max(x_{ijt}) - \min(x_{ijt})]}（如果\ x_i\ 为正向指标）$$

$$y_{ijt} = \frac{[\max(x_{ijt}) - x_{ijt}]}{[\max(x_{ijt}) - \min(x_{ijt})]}（如果\ x_i\ 为逆向指标）$$

第二步：计算 p_{ijt} 值。

$$p_{ijt} = \frac{y_{ijt}}{\sum_j \sum_t y_{ijt}}$$

第三步：计算各指标的信息熵 E_i，如果 $p_{ijt}=0$，则定义 $p_{ijt}\ln(p_{ijt})=0$。

$$E_i = -\ln(mn)^{-1} \sum_j \sum_t p_{ijt} \ln(p_{ijt})$$

第四步：各指标 x_i 的权重为 W_i。

$$W_i = \frac{1 - E_i}{k - \sum_i E_i}$$

二、测算结果分析

囿于指标数据获得的局限，本书针对 2008—2021 年我国 30 个省市（港澳台三地由于统计口径不一致，未包含在内。西藏地区因部分指标缺失，也未包含在内）绿色金融发展水平进行测算。依据测算结果，我国绿色金融发展水平分析如下：

（一）全国层面

由图 4－1 可知，整体来看，我国绿色金融发展水平从 2008 年的 0. 3280 增长到 2021 年的 0. 4633，年均增长率为 2. 74%，呈现出稳步增长的态势。尽管在 2021 年相较于 2020 年出现了些微下降，但这并不改变绿色金融整体逐年提升的发展态势。这表明在政府政策的大力支持下，我国绿色金融体系在不断完善，绿色金融业务发展取得显著进展，其增长速度相对稳定。

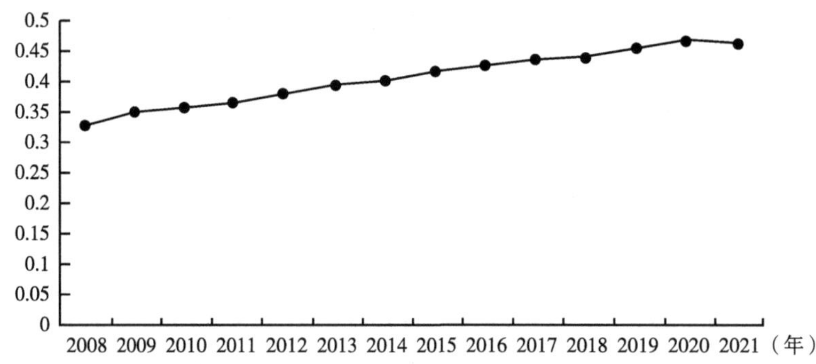

图 4－1　2008—2021 年我国绿色金融发展状况

我国绿色金融发展呈现稳步增长趋势，主要得益于以下三个方面：

首先，政府政策的大力支持是我国绿色金融发展的重要驱动力。近年来，我国政府高度重视绿色金融发展，为此出台了一系列政策文件，为绿色金融发展提供了顶层设计和明确的政策指引。例如，七部委联合发布的《关于进一步强化金融支持绿色低碳发展的指导意见》等文件，不仅明确了绿色金融的发展目标和路径，还有效推动了绿色金融体系的不断完善。此外，政府还通过实施税收优惠、提供财政补贴、建设碳交易市场等多种方式，积极激励金融机构和企业主动参与绿色金融活动。同时，政府加强对绿色金融活动的监管和评估，确保绿色金融政策能够得到有效实施。

其次，市场需求的不断增长是我国绿色金融发展的重要推动力。随着全球气候变化和环境污染问题的日益严峻，社会各界环境保护意识不断提升。企业和个人投资者愈发关注绿色项目投资，这一趋势有力推动了绿色金融市场的快速发展。清洁能源、节能环保、绿色交通等领域的绿色项目不断涌现，这些绿色项目通常需要大量的资金支持，而绿色金融恰好满足了这一迫切需求，为绿色项目融资提供了有力保障，因此，对绿色金融产品的需求也随之增加。

最后，金融机构积极参与是我国绿色金融发展的重要支撑。金融机构积极响应政府号召，不断创新绿色金融产品，如绿色贷款、绿色债券、绿色基金等，为绿色项目提供了多元化的融资渠道。例如，中国银行推出的“中银绿色 +”品牌，通过引导消费者增加低碳行为，有效推动了绿色金融的普及和发展。在此背景下，我国绿色金融产品呈现出蓬勃发展态势，其中绿色信贷和绿色债券等产品的规模持续增长，增速屡创新高，存量规模已位居世界前列，为绿色金融的发展注入了强大的市场动力。

（二）区域层面分析

分区域来看，我国绿色金融发展水平呈现出明显的地域差异，但均表现出稳步增长趋势。其中，东部地区作为经济发展的龙头，其绿色金融发展水平由 2008 年的 0.4666 提升至 2021 年的 0.6846，实现了年均 3.14% 的显著增长。中部地区紧随其后，绿色金融发展水平由 2008 年的 0.3482 提升至 2021 年的 0.4693，年均增长率为 2.53%，也表现出稳健的增长态势。西部地区虽然起点较低，但绿色金融发展水平同样实现了稳步增长，由 2008 年的 0.1747 增长至 2021 年的 0.2375，年均增长率为 2.56%（见表 4 - 2）。由此可知，尽管我国东中部地区的绿色金融发展水平存在差异，但均取得了积极进展，呈现出全面发展的良好态势，反映了我国绿色金融体系的全面发展和不断完善。

表 4-2　　2008—2021 年我国绿色金融发展的区域状况

年份	全国	东部	中部	西部
2008	0.3280	0.4666	0.3482	0.1747
2009	0.3501	0.4956	0.3683	0.1915
2010	0.3573	0.5503	0.3404	0.1766
2011	0.3654	0.5228	0.3968	0.1852
2012	0.3801	0.5380	0.4149	0.1968
2013	0.3950	0.5829	0.4171	0.1911
2014	0.4013	0.5778	0.4211	0.2103
2015	0.4166	0.6197	0.4220	0.2096
2016	0.4262	0.6218	0.4422	0.2189
2017	0.4359	0.6385	0.4542	0.2202
2018	0.4410	0.6451	0.4531	0.2281
2019	0.4546	0.6359	0.5031	0.2379
2020	0.4687	0.6913	0.4800	0.2379
2021	0.4633	0.6846	0.4693	0.2375
平均值	0.4060	0.5908	0.4236	0.2083
年均增长率	0.0274	0.0314	0.0253	0.0256

各地区绿色金融发展状况具体分析如下：

1. 东部地区

东部地区在绿色金融发展方面持续保持领先地位，这一优势的成因分析如下：

首先，作为我国经济发展的前沿阵地，东部地区拥有较为完善的金融体系，这不仅为绿色金融快速发展提供了坚实的支撑，还为东部地区汇聚金融资源和创新金融工具创设了条件，能够更有效地满足绿色金融项目对资金的需求，助力绿色产业的蓬勃发展。同时，强大的经济实力也为东部地区创造了更多的投资机会和更广阔的市场空间，吸引了众多资本涌入绿色金融领域，进一步推动了绿色金融的繁荣发展。

其次，除了经济和金融方面的发展优势之外，东部地区政府和企业环保意识的普遍提升也是推动绿色金融发展的重要因素。随着环境保护和可持续发展理念日益受到重视，东部地区政府和企业更加注重绿色发展和生态文明建设，积极践行绿色发展理念。环保意识的增强促使政府出台了一系列鼓励绿色金融发展的政策举措，同时，企业也被激励积极投资绿色项目。这些因素共同推动了绿色金融在东部地区的快速发展，为全国的绿色金融发展树立了标杆。

2. 中部地区

中部地区绿色金融发展增速略低于东部地区，但其呈现稳步上升的发展态势，取得了显著进步。这表明在承接产业转移和推动经济发展的进程中，中部地区对绿色金融的需求日益增强。特别是随着产业结构的不断优化和升级，以及企业对环保和可持续发展重视程度的提升，中部地区对绿色金融的需求也随之增强，这为绿色金融在中部地区的发展提供了广阔的空间和机遇。由此可知，随着中部地区经济结构的持续转型与升级，以及企业对绿色金融认知的不断加深，中部地区在绿色金融领域具有巨大的发展潜力。

同时，为助力实体经济绿色转型，中部地区政府出台了一系列政策举措，例如，设立绿色产业发展专项资金、实施绿色项目财政贴息政策以及对绿色企业实行税收减免等，以引导和激励金融机构加大对绿色产业的支持力度，引导社会资本更多地投向绿色领域，有效推动了绿色金融发展。此外，中部地区还在绿色金融的创新模式上进行了积极探索和实践。例如，通过发展绿色债券、绿色基金等多样化的金融产品，为绿色产业提供了更为丰富和灵活的融资渠道。建立并完善绿色金融体系，显著提高了绿色金融的服务效率和质量，降低了绿色产业的融资成本，进一步促进了绿色金融在中部地区的蓬勃发展。

展望未来，随着中部地区经济的持续发展和产业结构的进一步优化，绿色金融将在该地区发挥更加重要的作用，助力中部地区实现经济、社会和环境的协调、可持续发展。

3. 西部地区

虽然西部地区绿色金融发展水平与东部和中部地区相比存在一定的差距，但发展势头强劲。原因可能主要在于：

首先，国家高度重视西部地区的发展，出台了一系列针对性的政策举措来推动西部地区绿色金融发展。持续加大对西部地区绿色产业的财政补贴扶持力度、给予税收优惠，积极鼓励金融机构在西部地区设立分支机构，拓展业务范围，专门开展绿色金融业务。这些政策为西部地区绿色金融的发展提供了坚实的保障和强大的动力。

其次，西部地区对绿色产业的重视和投资力度不断加强。随着产业结构的调整和升级，西部地区开始注重发展具有比较优势的绿色产业，如清洁能源、生态旅游等。这些绿色产业的蓬勃发展不仅为绿色金融提供了广阔的市场空间，也进一步推动了绿色金融在西部地区的快速发展，形成了绿色产业与绿色金融相互促进的良性循环。此外，随着东部地区产业结构调整和升级，部分产业逐步向西部地区转移，其中不乏绿色产业和环保企业。这些产业的迁入不仅带来了先进的技术和管理经验，还为西部地区绿色金融的发展带来了更多的项目需求和发展机遇。

最后，西部地区拥有广袤的土地和丰富的自然资源，如大量的太阳能、风能、水能等清洁能源资源，这为发展绿色金融创造了有利条件。西部地区利用其丰富的清洁能源资源，大力发展绿色能源产业，助力西部地区实现经济绿色转型，进而为绿色金融提供更多的投资机会和发展空间。同时，国家对西部地区的生态建设投入不断增加，这也为绿色金融在生态修复、环境保护等领域的应用提供了广阔空间。

综上可知，随着国家对西部地区发展的重视和支持力度的不断加大，以及西部地区自身对可持续发展需求的增加和投资力度的加强，绿色金融在该地区的发展前景十分广阔。未来，绿色金融有望成为推动西部地区经济绿色转型和可持续发展的重要力量，为西部地区的生态文明建设和经济社会发展注入新的动力。

（三）省市层面分析

为明确我国各省市绿色金融发展状况，接下来我们开展绿色金融发展的聚类分析，结果如表 4 – 3 所示。由聚类分析结果，我们可以明确各省市在绿色金融发展的相似性和差异性，从而识别出绿色金融发展的不同模式和特点，为制定针对性的绿色金融政策和措施提供科学依据。

表 4－3 我国各省市绿色金融发展水平聚类分析结果

梯队分类	所含省市	均值水平
第一梯队	上海、江苏、北京、浙江、广东	0.6902
第二梯队	广西、重庆、湖南、福建、河北、黑龙江、海南、山东、辽宁、湖北	0.5467
第三梯队	河南、江西、安徽、吉林、山西、四川、天津	0.3478
第四梯队	宁夏、陕西、内蒙古、贵州、新疆、甘肃、青海、云南	0.1032

根据聚类分析结果可知，依据各省市绿色金融发展水平，主要可分为四个梯队。其中，第一梯队包括上海、江苏、北京、浙江、广东，这些省市的绿色金融发展均值为 0.6902，绿色金融发展水平领先于其他省市；第二梯队涵盖广西、重庆、湖南、福建、河北、黑龙江、海南、山东、辽宁、湖北，这些省市的绿色金融发展均值为 0.5467，在绿色金融发展方面也有较好的表现和发展潜力；第三梯队包括河南、江西、安徽、吉林、山西、四川、天津，这些省市的绿色金融发展均值为 0.3478，在绿色金融发展上还有一定的提升空间。第四梯队则包括宁夏、陕西、内蒙古、贵州、新疆、甘肃、青海、云南，这些省市的绿色金融发展均值为 0.1032，明显低于其他梯队，在绿色金融方面的业务水平相对较低，需要更多的政策支持和市场培育。

通过聚类分析，我们可以清晰地看到我国各省市在绿色金融发展方面的相似性和差异性，具体分析如下：

1. 第一梯队

上海（0.7027）、江苏（0.6954）、北京（0.6880）、浙江（0.6847）和广东（0.6803）是绿色金融发展均值最高的 5 个省市，均超过了 0.68，位于第一梯队。这一结果表明，这些地区的绿色金融业务水平较高，具有较强的绿色金融发展实力和潜力，有利于支持绿色低碳发展和积极应对气候变化，为全国绿色金融发展树立了标杆。上海、江苏、北京、浙江和广东之所以能够成为绿色金融发展的第一梯队省市，主要得益于其政策推动、产品创新、市场机制建设和生态环境与经济效益的双赢发展。

首先，政策积极推动。上海作为国际金融中心，在推动绿色金融发展方面发挥着积极作用。已发布《上海加快打造国际绿色金融枢纽服务碳达峰碳中和目标的实施意见》等多项政策文件，明确了绿色金融发展的目标和路径。江苏省政府同样高度重视绿色金融发展，出台了一系列政策文件，如《关于大力发展绿色金融的指导意见》，构建了完善的绿色金融政策体系。在此体系下，江苏中行等金融机构积极响应政策号召，不断创新绿色金融产品，大力推动绿色金融业务快速发展。北京市则通过人民银行北京市分行等金融机构，积极引导信贷资源向绿色领域聚集，并发布了“京绿通”“京绿融”等结构性货币政策工具，为绿色建筑等绿色项目提供强有力的金融支持。浙江省通过发布《关于金融高质量服务经济社会发展的实施意见》等文件，明确了绿色金融发展目标和重点领域，并加大对清洁能源、绿色制造等领域的金融支持，有效推动了绿色信贷的稳步增长。广东省政府积极贯彻绿色发展理念，发布了《广东省发展绿色金融支持碳达峰行动实施方案》，提出了绿色金融发展的“八大行动”，从多个方面推动绿色金融业务的创新和发展。

其次，产品与服务创新。这 5 个省市在绿色金融产品与服务创新方面取得了显著成效，绿色信贷、绿色债券等实现了快速增长。例如，北京市绿色信贷余额已达到 2.05 万亿元，同比增长 24%；上海市绿色信贷余额也超过 1.5 万亿元。此外，通过创新金融产品，如排污权抵押贷款、水权贷、绿色商务写字楼类 REITs 等，满足了市场对绿色融资的多样化需求，进一步丰富了绿色金融市场的产品体系。此外，在绿色金融市场机制与基础设施建设方面，这些省市也取得了积极进展。例如，上海绿色金融服务平台等基础设施的建设和完善，为绿色项目提供了便捷的申报、认证和管理服务，大大提高了绿色金融服务的效率和覆盖面。这不仅优化了绿色金融服务的流程，还使得更多的绿色项目能够享受到金融服务的支持。

最后，这些省市还通过高等教育和专业培训，培养了大量绿色金融专业人才，为绿色金融发展提供了坚实的智力支持。当地企业也积极参与绿色金融活动，通过发行绿色债券、参与绿色基金等方式，支持绿色项目的发展，进一步推动了绿色金融市场的繁荣。同时，作为国际金融中心，上海等地还通过国际交流合作，引入先进的绿色金融理念和技术，不断提升本地绿色金融的国际竞争力，使得绿色金融发展更加符合国际趋势和标准。

2. 第二梯队

广西（0.5680）、重庆（0.5594）、湖南（0.5507）、福建（0.5489）、河北（0.5448）、黑龙江（0.5446）、海南（0.5417）、山东（0.5404）、辽宁（0.5394）和湖北（0.5296）是绿色金融发展均值在0.5到0.6之间的10个省市，表明这些地区的绿色金融业务水平中等，还有存在一定的提升空间。广西、重庆、湖南等10省市在绿色金融发展方面处于第二梯队，既有政策引导、产品创新等方面的积极因素，也面临着市场机制、经济结构、人才储备等方面的挑战。

首先，这些省市大多已经出台了推动绿色金融发展的相关政策举措，如广西壮族自治区发布了《关于加快建立健全绿色低碳循环发展经济体系的实施意见》，提出了加大财税扶持力度和发展绿色金融的措施。重庆市出台了《重庆市建设绿色金融改革创新试验区实施细则》，通过财政税收、货币信贷政策等手段，引导金融机构为绿色低碳项目提供资金支持。福建省发布了《福建省绿色金融体系建设实施方案》，明确了绿色信贷、绿色保险、绿色金融产品和工具、绿色金融发展配套政策体系等多个方面的任务和措施。山东省印发《山东省金融助力绿色低碳转型试点方案》，提出通过1—3年时间，在政策体系、标准体系、产品服务体系等方面进行创新和先行先试，形成可推广的经验做法和发展模式。然而，政策的细化程度、执行力度以及监管措施可能因地区而异，影响了绿色金融政策的整体效果，导致政策效果未能最大化。

其次，尽管这些地区在绿色金融产品创新方面有所尝试，但相比绿色金融发展领先地区，其创新力度和产品种类仍显不足，绿色金融服务的便捷性、高效性和覆盖面仍有提升空间。例如，广西的传统产业比重较大，以农林牧渔业为主，农林牧渔业总产值连续多年位居全国前十，新兴绿色产业发展相对不足，导致绿色金融的需求和应用场景有限，覆盖面相对不足。重庆市虽然其绿色贷款余额保持较高增长态势，但在服务优化方面，如审批流程、客户服务等方面仍有可改进空间。海南省经济总量相对较小，绿色金融的市场规模有限，难以形成有效的集聚效应。黑龙江等地绿色产业发展起步较晚，绿色金融的市场需求和供给都相对不足。此外，受到经济发展基础、绿色发展意识不足等因素的影响，绿色金融市场的成熟度在这些地区相对较低，绿色金融服务平台、绿色项目库等基础设施建设可能尚不完善，碳市场建设、绿色债券发行等市场机制有待进一步健全。

再次，经济结构与产业基础。这些地区的经济结构相对复杂，传统产业占比较大，绿色转型难度较大。例如，黑龙江省在推进绿色低碳转型方面取得了一定成效，但传统产业如煤炭、石油等的影响仍然显著。河北产业结构偏重，钢铁、化工等传统产业的节能减排压力较大，绿色转型需要更多的资金和技术支持。绿色金融的发展理念和模式相对传统，需要进一步加强创新和推广。山东作为传统工业大省和制造业大省，产业的绿色改造需要较长时间和大量资金投入，绿色金融发展在地区之间存在不平衡问题，部分地区的推进速度较慢。湖南省存在服务业发展滞后、重工业和高耗能行业比重偏高等问题，绿色金融市场体系不够完善，绿色金融产品和服务的创新不足，难以满足多样化的需求。部分企业对绿色发展的认识和重视程度不够，参与绿色金融的积极性不高，对绿色金融需求不够旺盛。

最后，绿色金融专业人才相对匮乏，难以满足绿色金融快速发展的需求。绿色金融涉及环境科学、金融、法律等多个领域的专业知识，对人才的综合素质要求较高。而这些地区相关人才培养体系还不够完善，高校及职业院校在绿色金融专业设置和课程开发方面相对滞后，难以向市场输送足够的专业人才。另外，在人才引进方面，这些地区受到经济发展水平、地理位置等因素的影响，对高端绿色金融人才的吸引力不足。

3. 第三梯队

河南（0.3624）、江西（0.3575）、安徽（0.3540）、吉林（0.3458）、山西（0.3445）、四川（0.3384）、天津（0.3323）7 个省市位于第三梯队，绿色金融发展均值在0.3 到0.4 之间，表明这些地区的绿色金融业务水平较低，需要加大投入和推广力度。这些地区绿色金融发展水平较低的原因是多元的，主要体现在经济结构、政策环境、金融机构参与度等方面。

首先，经济发展水平与产业结构。这些省市的经济发展水平相对较低，且长期依赖于传统的高能耗、高污染产业，对于绿色金融产品的需求和市场接受度也相对较低，导致绿色金融发展水平受限。例如，山西作为煤炭大省，煤炭产业在经济发展中占据重要地位。虽然近年来山西也在积极推进产业转型，加大对清洁能源等绿色产业的支持力度，但传统煤炭产业的影响仍然显著。煤炭产业的高能耗、高污染特点使得山西在绿色金融发展方面面临较大挑战。一方面，煤炭企业的转型需要大量资金支持，但由于其高污染的特性，在获取绿色金融支持时可能面临一定困难；另一方面，金融机构对于煤炭产业的绿色转型也存在疑虑，从而影响了对绿色金融产品的投放。又如，河南作为全国重要的工业基地和农业大省，传统工业如煤炭、化工、钢铁等在经济中占比较大。由于产业结构的特点，企业更关注短期的经济效益，对于绿色金融产品所带来的长期环境效益和社会效益认识不足，因此缺乏主动需求的动力。同时，金融市场上的投资者和消费者对于绿色金融产品的认知也相对有限，市场接受度不高。这使得绿色金融产品的推广和应用面临困难，进一步限制了绿色金融的发展水平。

其次，政策支持与激励机制不足。这些省市在绿色金融方面的政策支持和激励机制可能不够充分，进而制约着绿色金融的快速发展。虽然部分省市如四川在绿色金融改革创新试验区建设方面取得了一定进展，但仍需进一步完善相关政策。例如，在财政补贴、税收优惠等方面可以加大力度，增强政策的可操作性和吸引力。同时，要加强对绿色金融产品和服务创新的政策支持，鼓励金融机构开发更多符合市场需求的绿色金融产品。天津在绿色金融发展方面的政策体系还不够完善。缺乏对绿色金融机构的专项扶持政策，对绿色项目的认定和评估标准不够明确。安徽在推动经济发展的过程中，对绿色金融的政策支持不够系统。缺乏有效的协调机制，导致各部门在推动绿色金融发展方面难以形成合力。吉林作为老工业基地，转型压力较大，但绿色金融政策的支持力度有限。对传统产业的绿色改造缺乏有力的政策引导和资金支持。

再次，金融机构参与度不高。在这些地区，金融机构对绿色金融的认可度与参与度相对不足，缺乏专业的绿色金融产品和服务。例如，河南作为重要的农业和工业大省，传统产业在其经济结构中占据较大比重。由于对绿色金融领域的认知不足，金融机构往往更倾向于为熟悉的传统产业提供资金支持。一方面，绿色项目通常具有较长的投资回报周期，这与金融机构追求短期效益的目标存在一定冲突。另一方面，缺乏对绿色金融的专业评估能力和风险管控手段，也使得金融机构在参与绿色金融时较为谨慎。安徽在经济快速发展的过程中，金融机构之间的竞争较为激烈，绿色金融业务因在短期内难以带来显著的经济效益，导致部分金融机构缺乏参与的积极性。此外，绿色金融项目的信息不对称问题较为突出，金融机构难以准确评估项目的风险和收益，影响了其参与的积极性。

最后，绿色金融基础设施建设。这些省市的绿色金融基础设施建设可能相对滞后，如绿色金融综合服务平台、绿色项目库等，这些平台的建设有助于提升绿色金融项目的评估、监控和管理效率。例如，尽管近年来河南省经济发展迅速，但在绿色金融基础设施方面投入相对不足。绿色金融信息共享平台建设不完善，导致金融机构难以全面、准确地获取企业的环境信息和绿色项目信息，增加了绿色金融业务的风险评估难度。同时，绿色金融标准体系尚未完全建立，对于绿色项目的认定、评估缺乏统一的标准，使得金融机构在开展绿色金融业务时缺乏明确的指导。与此同时，江西的绿色金融基础设施也存在诸多短板。缺乏专业的绿色金融评级机构，无法对企业的绿色发展水平进行客观、准确的评估。此外，绿色金融的中介服务体系不健全，如绿色金融咨询、审计等服务机构较少，难以满足市场需求。安徽在绿色金融基础设施建设方面同样面临挑战。绿色金融数据统计和监测体系不完善，难以准确掌握绿色金融业务的发展动态和风险状况。而且，绿色金融产品的交易平台建设滞后，限制了绿色金融产品的流动性和市场活跃度。此外，绿色金融发展需要专业知识和技能，这些省市可能面临绿色金融专业人才短缺的问题，这限制了绿色金融产品和服务的创新及风险管理能力的提升。

4. 第四梯队

宁夏（0.1073）、陕西（0.1056）、内蒙古（0.1049）、贵州（0.1036）、新疆（0.1027）、甘肃（0.1019）、青海（0.1006）和云南（0.0992）8个省市位于第四梯队，绿色金融发展均值低于0.2，表明这些地区的绿色金融业务水平非常低，需要加快发展和完善机制。这一现状的成因主要体现在以下几个方面：

首先，经济基础与产业结构是核心因素。这些地区普遍面临经济基础薄弱、产业结构单一等问题。以贵州省为例，尽管在大数据产业上有所突破，但整体经济结构仍显单一，第一产业占比依然较高。而绿色金融发展需要高新技术产业、清洁能源等新兴产业作为支撑，这些产业在这些地区的发展却相对滞后。例如，宁夏作为西部内陆地区，经济总量相对较小，传统农业和资源型产业占比较大。在绿色金融发展方面，由于经济基础薄弱，金融资源相对有限，难以投入足够的资金支持绿色产业发展。同时，产业结构单一使得绿色金融的应用场景相对较少，难以形成规模效应。陕西虽然拥有一定的工业基础，但传统能源产业比重较高，产业结构调整面临较大压力。在绿色金融政策落地过程中，高能耗、高污染的传统产业转型困难，对绿色金融的需求相对不足。同时，新兴绿色产业发展相对缓慢，难以吸引足够的金融资源。

其次，政策推动力度也至关重要。尽管国家层面对绿色金融给予了高度重视，但在这些地区，政策的落地执行却可能打了折扣。政策引导、激励机制、监管措施等方面的不足，无疑制约了绿色金融产品的创新和市场拓展。例如，内蒙古在政策引导上，对畜牧业的绿色发展以及能源产业的绿色转型缺乏细致的规划，使得相关企业在寻求绿色金融支持时缺乏明确的政策依据。新疆地域辽阔，绿色项目的实施成本相对较高，但缺乏相应的财政补贴和税收优惠等激励机制，使得绿色金融的发展动力不足。甘肃、青海在激励机制上，对绿色企业的扶持力度不够，难以吸引更多的企业参与绿色项目。云南虽然拥有丰富的自然资源，但在激励绿色金融创新方面的政策措施相对较少，限制了绿色金融产品和服务的创新。

再次，金融市场发育程度也是一个重要因素。与东部沿海发达地区相比，这些地区的金融市场发育程度明显较低，金融机构数量有限，金融产品和服务创新也显得不足，难以满足日益增长的绿色融资需求。以宁夏为例，金融机构的种类和数量相对较少，缺乏专业的绿色金融机构和团队。这使得在推动绿色金融发展过程中，难以形成足够的市场竞争和创新动力。陕西虽然在经济总量上有一定规模，但金融机构的分布不均衡，绿色金融业务的覆盖面较窄。内蒙古地域广阔，金融机构的密度较低，尤其是在偏远地区，金融服务的可及性较差。新疆的绿色金融产品创新受到金融市场不发达和政策限制等因素的影响，发展缓慢。甘肃、青海的金融机构在绿色金融产品创新方面缺乏动力和能力，难以推出具有市场竞争力的产品。云南虽然在旅游产业等领域有一定的绿色金融创新尝试，但整体上创新力度仍显不足。

最后，公众的环保意识和绿色消费观念也是影响绿色金融发展的重要因素。在这些地区，公众的环保意识和绿色消费观念尚未完全形成，企业和个人对绿色金融产品的接受度也不高。这无疑在一定程度上制约了绿色金融市场的培育和发展。例如，内蒙古地域辽阔，部分偏远地区的居民受传统生活方式影响，对环保理念的接受程度较低。贵州的部分农村地区，由于信息相对闭塞，公众对环保知识的了解有限。新疆在环保意识的普及方面面临着地域广阔、人口分散等挑战。甘肃、青海的部分地区，公众对环境保护的重视程度有待提高。云南虽然拥有美丽的自然风光，但部分游客和当地居民在旅游和生活中对环境的保护意识仍需加强。在这些地区，企业往往更关注短期经济效益，对绿色金融产品所带来的长期环境效益和社会效益认识不足。例如，宁夏的一些企业在融资时，更倾向于传统的金融产品，对绿色债券、绿色信贷等了解甚少。陕西的部分中小企业认为绿色金融产品的申请流程复杂、成本较高，缺乏主动参与的动力。

第三节　我国绿色金融发展水平演进态势

为深入探究我国绿色金融发展水平的动态演进态势及其区域特征，本节接下来将针对2008—2021年我国30个省市的绿色金融发展数据进行核密度估计分析，以厘清我国绿色金融发展的分布形态、明确其变化趋势及潜在增长动力，为评估绿色金融政策的实施效果及明确发展方向提供依据。

一、全国层面

从全国层面来看，2008—2021年核密度曲线随着时间的推移逐渐向右移动，表明我国绿色金融发展水平呈现稳步上升趋势。同时，峰值逐渐升高和波形集中，反映出我国各省市自治区的绿色金融发展水平逐渐趋同，差距在缩小。在初始阶段核密度曲线的宽度较大且峰值相对较低，这表明绿色金融发展较为分散，不同地区的水平差异较大。随着时间推移，核密度曲线逐渐变得尖锐且向右移动，这表明绿色金融发展不仅在整体上有所提升，而且各地区之间的差异也在逐渐减小（见图4－2）。究其成因主要在于：

首先，中央和地方各级政府逐步推行统一的绿色金融政策和标准，这一举措极大地促进了地区间的政策一致性，有效减少了因政策差异导致的发展障碍，为平衡不同区域的绿色金融发展水平奠定了坚实基础。例如，中国人民银行等七部委发布的《关于构建绿色金融体系的指导意

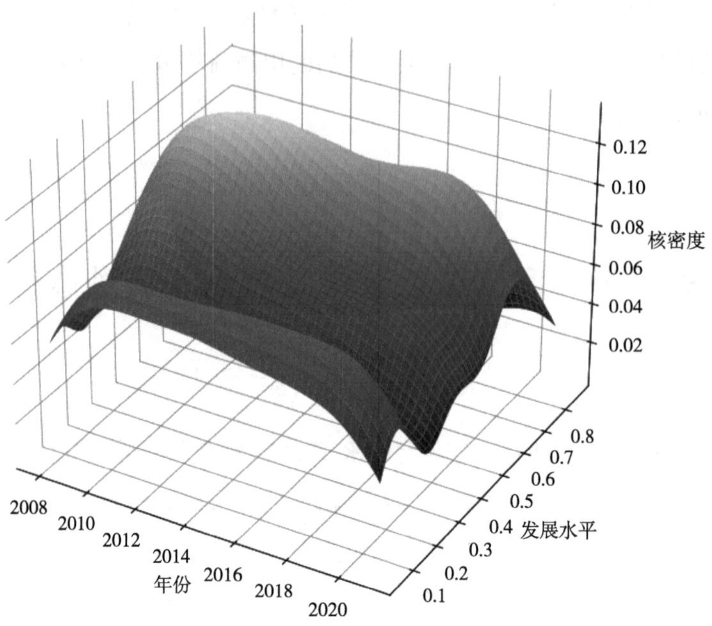

图 4－2　我国绿色金融发展的核密度变化

见》为绿色金融发展提供了顶层设计，确保了全国范围内政策的一致性和协调性。地方政府根据国家层面的政策框架，结合本地区的实际情况，出台了适配性政策，既保持了与国家政策的一致性，又具有地方特色，从而促进了绿色金融的本土化发展。

其次，伴随着市场机制的完善，绿色金融市场日益成熟，包括绿色项目的评估、定价、交易等，使得资金能够更有效地流向真正具有环境效益和社会价值的项目。这不仅促进了资源的优化配置，还带动了后进地区的绿色金融发展，形成了良性循环。此外，清洁技术和绿色解决方案的成本持续下降，为绿色金融的普及和应用提供了有力支撑。这一趋势使得更多地区和企业有能力投资绿色项目，降低了绿色金融的进入门槛，促进了其在全国范围内的广泛推广。同时，市场需求和供给的动态平衡也促使绿色金融产品和服务在不同地区之间更加公平地分配，有效减少了地区间的不平衡现象。

再次，为了进一步加强地区间的交流与合作，各地政府和金融机构采取了多种措施来促进绿色金融的共同进步和发展。除了传统的行业会议和研讨会，各地政府和金融机构还建立了专门的合作平台，包括线上论坛和数据库，用于分享绿色金融的最新动态、政策解读、案例分析等。加强政策研究机构和学术界在绿色金融领域的交流，通过学术会议、工作坊等形式，促进理论和实践的结合鼓励不同地区之间在绿色金融领域开展项目合作，如共同投资绿色基金、共建绿色项目等，以实现资源共享和优势互补。

最后，随着绿色发展理念的深入人心以及绿色金融教育和宣传的不断强化，社会公众对环境、社会和公司治理（ESG）因素的重要性认识显著提高。投资者因此更加重视企业的可持续发展能力，倾向于投资那些具有良好绿色项目的企业。同时，绿色金融产品的创新和发展，使得市场上涌现出更多类型的绿色金融产品，为投资者提供了多样化的投资渠道，满足了不同风险偏好和投资目标的需求。同时，金融科技的不断进步也为绿色金融发展带来了新机遇。利用区块链、大数据分析等先进技术，绿色金融产品的可追溯性和管理效率得到了显著提升。此外，第三方绿色评级和认证体系的建立与优化，进一步提高了绿色金融产品的透明度和可信度，增强了投资者的信心。

二、区域层面

（一）东部地区

图 4 -3 描绘了 2008—2021 年东部地区绿色金融发展水平的变化趋势。由图可知，绿色金融发展水平经历了显著的变迁。2008—2012 年，东部地区绿色金融发展水平相对较低，而且各省市之间的发展差异较大，呈现出较为分散的状态。这一现象很可能源于绿色金融在我国尚处于起步阶段，相关的政策框架和市场环境还在逐步构建和完善中，因此，各地区的探索和实践也显得相对零散，缺乏统一的标准和指导。

然而，自 2012 年起，东部地区绿色金融发展迎来了显著的转折点。

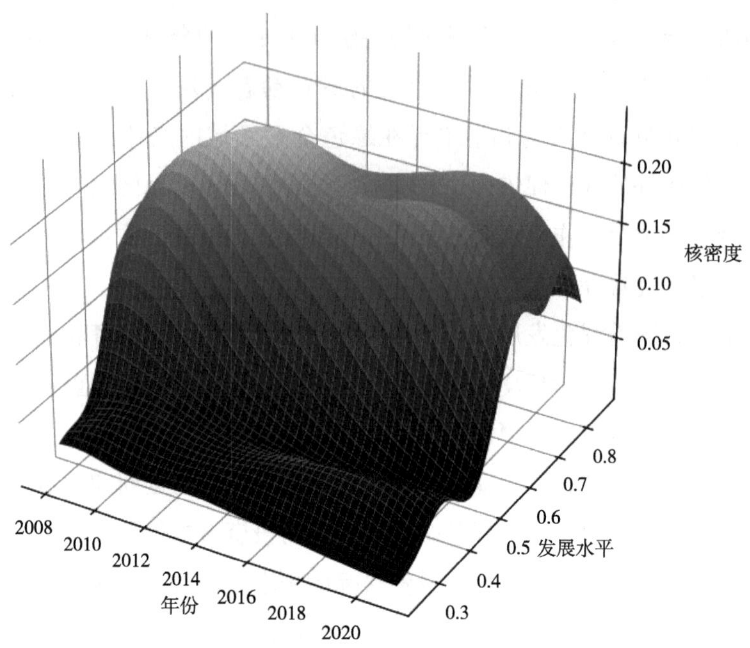

图 4－3　我国东部地区绿色金融发展的核密度变化

波峰明显向更高的发展水平移动，这直观地反映了绿色金融在该地区的发展速度明显加快，发展水平得到了显著提升。这一变化的背后，可能与多方面因素有关。一方面，随着我国对绿色发展和可持续发展的日益重视，相关政策逐渐完善，为绿色金融发展提供了有力的政策支持和市场环境。另一方面，东部地区作为我国经济发达区域，拥有较为完善的金融体系和丰富的金融资源，这为绿色金融的快速发展提供了坚实的基础。

此外，从核密度曲线的变化来看，波峰在 2012 年后变得更加集中，这表明东部地区各省市的绿色金融发展水平逐渐趋同，差距在缩小。这反映了在政策和市场的双重推动下，东部地区各省市在绿色金融领域形成了共同发展的良好态势。同时，也说明了东部地区在绿色金融发展上的先锋作用和引领作用，为全国其他地区提供了可借鉴的经验和模式。

总的来说，东部地区绿色金融发展历程充分展示了政策引导、市场环境以及地区经济实力对绿色金融发展的重要影响。未来，随着相关政策的进一步完善和市场需求的持续增长，东部地区绿色金融发展有望继续保持领先地位，为全国绿色金融发展提供更多的创新和动力。

（二）中部地区

图4－4描绘了2008—2021年中部地区绿色金融发展水平的变化趋势。从整体趋势来看，绿色金融发展水平呈现出逐年上升的态势，表明中部地区在绿色金融领域取得了持续的进步。这种上升趋势是政策推动、市场认可及技术创新等多方面因素综合作用的结果，体现了中部地区在绿色金融领域的积极努力和不断探索。

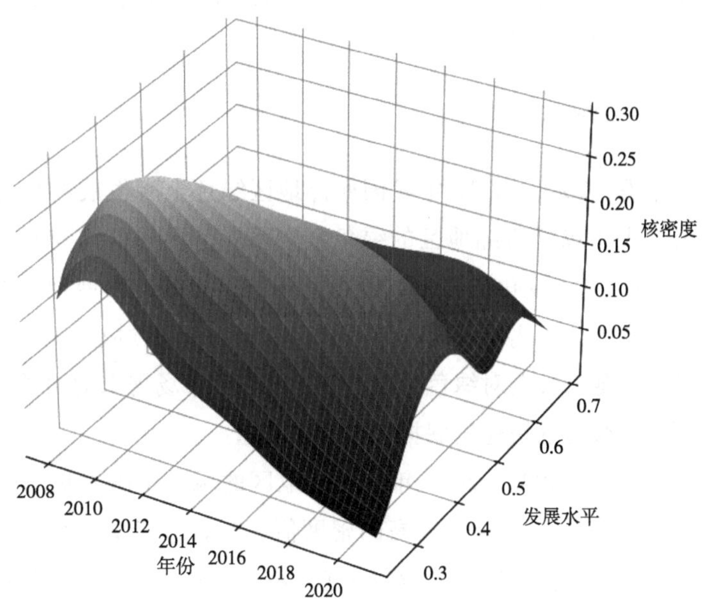

图4－4　我国中部地区绿色金融发展的核密度变化

分阶段来看，图中的变化更为明显。2010—2015年，绿色金融发展达到一个高峰，显示出该阶段绿色金融在中部地区的快速发展势头。这一时期的显著增长可能得益于政策红利的释放，为绿色金融提供了有力支持。同时，市场需求的激增也推动了绿色金融的快速发展。此外，绿色金融产品的不断创新也为市场注入了新的活力。

然而，在2015年之后，虽然绿色金融发展水平仍保持在较高水平，但波动有所增加，显示出发展速度有所放缓。这可能是由于市场环境的变化、政策调整的影响，绿色金融发展进入了一个相对稳定的阶段。在这个阶段，中部地区需要继续加大政策支持和市场培育力度，以推动绿色金融的进一步发展。

同时，核密度主要集中在0.4—0.5的区间，这意味着大部分年份的绿色金融发展水平较为接近，且处于中等偏上水平。这一数据表明中部地区的绿色金融发展已经取得了一定成就，为未来的进一步发展奠定了坚实基础。然而，也需要注意到，尽管取得了显著进步，但仍有提升空间。中部地区需要继续探索绿色金融的新路径、新模式，以进一步提高绿色金融发展水平。

（三）西部地区

整体来看，2008—2021年我国西部地区绿色金融发展的指标水平逐渐上升，表明我国西部地区的绿色金融发展呈现出整体向好的趋势（见图4－5）。这一变化的背后，既得益于国家对绿色发展理念的持续推广和政策支持，也离不开西部地区自身在绿色金融领域的积极探索和实践。此外，随着社会对绿色金融认知的加深和市场需求的增长，也为西部地区绿色金融的快速发展提供了有力支撑。

分阶段来看，2008—2012年，西部地区的绿色金融发展水平呈现出较为集中的态势，表现为较高的密度值。同时，其发展水平波动较大，这一特征充分反映出在该阶段绿色金融政策初步实施后，市场对此的积极响应以及由此带来的活跃变化。这说明在政策的初步推动下，西部地区绿色金融不仅得到了显著的关注与发展，而且市场对其的反应也十分积极，进一步显示了政策的有效性和市场的活跃性。

2012—2016年，西部地区绿色金融发展水平密度值相对较低，这表明绿色金融的发展在这一阶段相对分散，不再像之前那样集中于某些特定区域或领域。与此同时，波动减小，这说明这一时期西部地区绿色

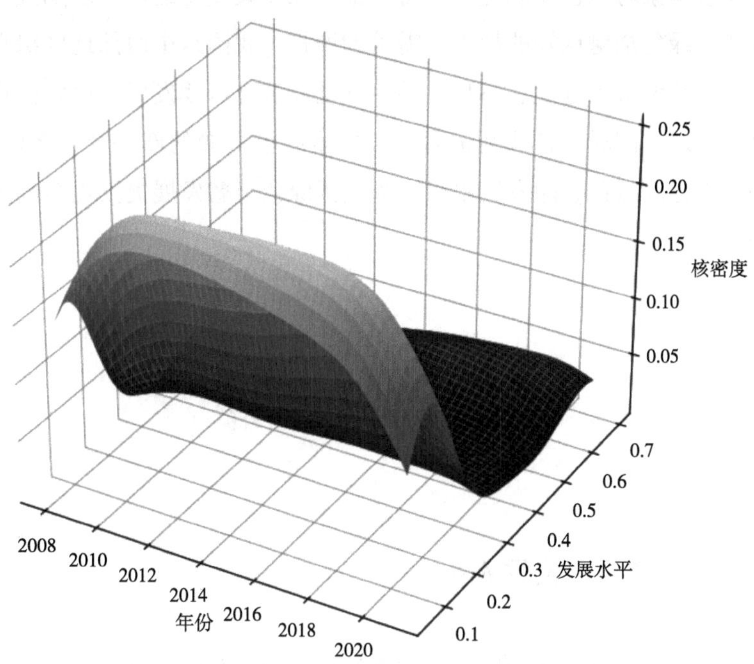

图 4－5　我国西部地区绿色金融发展的核密度变化

金融政策逐渐成熟稳定，在政策的引导与支持下，市场对其响应趋于平稳，绿色金融的发展开始更加均衡地分布在不同的地区，整体的波动幅度有所降低，表现出更加稳健的发展态势。

2016—2021 年，西部地区绿色金融发展水平密度值再次上升，这表明绿色金融的发展在这一阶段重新呈现出集中的趋势。这一变化意味着，在 2016 年之后，伴随着我国绿色金融体系的日趋成熟，西部地区积极响应国家绿色金融政策，进一步加大了对绿色金融的投入和发展力度。与此同时，这一时期波动加剧，这既反映了西部地区绿色金融在快速发展过程中面临的市场调整和政策优化，也凸显了其在应对新兴机遇时所展现出的活力与潜力。未来，随着政策支持的持续加强和市场机制的不断完善，西部地区绿色金融有望实现更加稳健和可持续的发展。

综上所述，我国东中西部地区绿色金融发展均受到政策引导、市场环境以及地区经济实力的显著影响，呈现出各具特色又相互关联的趋势。随着国家对绿色发展理念的持续推广和政策支持的进一步加强，以及市场对绿色金融认知的加深和需求的增长，我国东中西部地区绿色金融有望继续保持稳健发展态势，并在推动经济可持续发展方面发挥更加重要的作用。同时，各地区也需继续探索绿色金融的新路径、新模式，以进一步提高绿色金融发展水平，为全国绿色金融发展提供更多的创新和动力。

第四节　本章小结

一、绿色金融发展水平

依据我国绿色金融发展水平测度结果可知，我国绿色金融发展态势呈现出稳步增长的趋势，从 2008 年的 0. 3280 增长到 2021 年的 0. 4633，年均增长率为 2. 74%，这表明我国绿色金融发展速度相对稳定。但是，不同地区与省市间存在较大的发展差异。

（一）分区域来看，受到经济基础、产业结构、政策推动力度、金融市场发育程度以及专业人才和技术支持等因素的影响，我国东中西部地区绿色金融发展水平呈现出明显的地域差异

具体而言，东部地区作为经济发展的龙头，凭借其雄厚的经济基础和完善的金融市场体系，绿色金融发展水平显著提升。从 2008 年的 0. 4666 提升至 2021 年的 0. 6846，实现了年均 3. 14% 的显著增长，显示出东部地区在绿色金融领域的领先地位和持续发展的强劲动力。中部地区紧随其后，虽然经济基础和市场发育程度相对东部有所差距，但在政策推动和市场需求双重作用下，绿色金融也取得了长足发展。绿色金融发展水平由 2008 年的 0. 3482 提升至 2021 年的 0. 4693，年均增长率为

2.53%，显示出中部地区在绿色金融领域的积极探索和稳步推进。西部地区则相对落后于东部与中部地区，受限于经济基础、产业结构以及金融市场发育程度等因素，绿色金融发展水平起点较低。然而，在国家政策的大力扶持和西部大开发战略的推动下，西部地区绿色金融也实现了稳步增长。由2008年的0.1747增长至2021年的0.2375，年均增长率为2.56%，虽然增速与中部地区相近，但由于起点较低，整体发展水平仍有待进一步提升。

（二）分省市来看，各省市间的绿色金融发展水平呈现出显著的差异

这些省市主要划分为四个梯队。第一梯队包括上海、江苏、北京、浙江、广东5个省市，绿色金融发展均值高达0.6902。这些地区经济较为发达，金融市场相对完善，绿色金融发展起步较早，因此处于全国领先地位。第二梯队涵盖广西、重庆、湖南、福建、河北、黑龙江、海南、山东、辽宁、湖北10个省市。这些地区在经济基础、产业结构或政策推动等方面具有一定优势，绿色金融发展也取得了显著成效，均值达到0.5467，呈现出较好的发展态势。第三梯队包括河南、江西、安徽、吉林、山西、四川、天津7个省市。这些地区绿色金融发展均值为0.3478，虽然在绿色金融发展方面相对滞后，但也在积极探索和实践，具有较大的发展潜力和提升空间。第四梯队则包括宁夏、陕西、内蒙古、贵州、新疆、甘肃、青海和云南8个省市。这些地区受限于经济基础、产业结构、金融市场发育程度以及专业人才和技术支持等因素，绿色金融发展水平相对较低，均值为0.1032，明显低于其他梯队。然而，这也意味着这些地区在绿色金融领域具有巨大的发展潜力和空间，未来有望通过政策扶持、市场拓展和技术创新等手段实现快速发展。

二、绿色金融发展演进态势

经由我国绿色金融核密度估计结果可知，从全国层面来看，

2008—2021 年，随着时间推移，我国绿色金融发展水平整体呈现稳步上升趋势。同时，各省市间绿色金融发展水平逐渐趋同，差距在逐渐缩小。从区域层面来看，东中西部地区呈现出稳步增长态势，并且区域内各省市间的发展差距不断缩减。

（一）东部地区

2008—2021 年，东部地区各省市绿色金融发展水平经历了显著的变迁，差距在缩小。2008—2012 年，东部地区绿色金融发展水平相对较低，且各省市间的发展差异较大，呈现出分散的状态。在政策和市场的双重推动下，自 2012 年起，东部地区绿色金融发展迎来了显著的转折点。绿色金融发展速度明显加快，发展水平得到了显著提升，并且东部地区各省市的绿色金融发展水平逐渐趋同，差距在缩小，形成了共同发展的良好态势。

（二）中部地区

2008—2021 年，中部地区绿色金融发展水平呈现出逐年上升的态势。尤其是 2010—2015 年，得益于国家中部崛起战略的实施，以及中部地区在产业结构调整、金融创新以及环保政策执行等方面的积极努力，绿色金融发展势头迅猛。在 2015 年之后，由于市场环境的变化以及政策调整的影响，中部地区绿色金融发展进入了相对稳定阶段。

（三）西部地区

2008—2021 年，我国西部地区绿色金融发展水平逐渐上升，整体呈现出向好的趋势。2008—2012 年，绿色金融发展水平较为集中但波动幅度较大，反映了初期发展阶段的积极性与探索性；而在 2012—2016 年，绿色金融发展水平相对分散并进入了一个相对稳定的阶段，西部地区各省市在绿色金融发展上开始形成各自的特色和路径；2016—2020 年，绿色金融发展水平重新集中且波动加剧。这意味着在政策和市场的进一步推动下，西部地区绿色金融发展开始加速，同时也面临着新的挑战和机遇，导致发展水平出现新的波动。这一趋势显示了西部地区绿色金融发展的活力和潜力。

综上所述，我国绿色金融发展整体呈现出稳步增长的趋势，然而在不同地域和省市间存在一定差异。值得注意的是，这些差异正在不断缩减，绿色金融发展呈现出逐步趋向均衡状态。这一积极态势表明，尽管各地起点和条件有所不同，但通过政策引导、市场机制创新以及各方的共同努力，绿色金融正在全国各地得到越来越广泛的推广和应用。未来应继续秉持区域均衡发展理念，进一步推动绿色金融在各地深入发展，力求构建更加全面、协调的绿色金融发展体系。

第五章

绿色金融发展的经济效应

绿色金融发展不仅关乎环境保护和生态平衡，更深刻地影响着经济结构、增长方式以及未来发展方向。本章将从宏观与微观层面深入探讨绿色金融发展的经济效应，旨在厘清绿色金融通过引导资本流向绿色、低碳、环保等领域，进而促进产业结构优化升级，以及促进经济增长的具体作用机制。同时，本章还将从宏微观层面实证分析绿色金融对经济的具体影响程度，以期为政策制定者、金融机构及社会各界提供一个更为清晰、深入的理解框架，共同推动绿色金融与经济的协同发展，迈向更加绿色、可持续的未来。

第一节　绿色金融经济效应理论分析

一、绿色金融发展宏观经济效应

（一）直接作用

绿色金融对经济增长的影响机理是一个多维度、深层次的过程。可持续发展理论要求经济、社会和环境三个方面协调发展，而绿色金融正是这一要求的具体实践者。绿色金融通过支持环保项目、促进绿色技术创新等方式，推动经济向更加环保、高效、可持续的方向发展。这种发展方式不仅有利于当前的经济增长，还为经济的长期稳定发展奠定了坚实基础，确保了经济发展的可持续性。

首先，为推动绿色产业发展，提供新动力源。绿色金融通过提供资金支持和风险补偿，引导社会资本投向环保项目，将外部成本内部化，纠正了由于环境污染等负外部性行为导致的市场失灵。这一过程不仅促进了环境质量的改善，还带动了相关绿色产业的发展，如清洁能源、环保产业、绿色建筑等，为经济增长提供了新的动力源。外部性理论揭示了环境污染等负外部性行为导致的问题，即市场机制难以自发调节私人成本与社会成本的不一致。同时，从波特假说的角度来看，绿色金融作为环境规制的一种经济手段，通过提供绿色信贷、绿色债券等金融产品，推动了金融产品和服务的创新，丰富了金融市场的产品种类，提高了金融资源的配置效率。

其次，为推动金融产品和服务创新，注入新活力。绿色金融发展推动了金融产品和服务的创新，满足了企业和个人对环保投资的需求。这些创新不仅丰富了金融市场的产品种类，提高了金融资源的配置效率，还为经济的绿色转型和可持续发展注入了新的活力。通过绿色金融的支持，企业能够进行绿色技术创新，提升产品质量和生产效率，降低生产成本，从而增强市场竞争力，实现经济增长与环境保护的双赢。环境库兹涅茨曲线揭示了经济增长与环境污染之间的倒“U”型关系，而绿色金融通过支持环保项目和技术创新，加速了这一转折点的到来，使得环境污染在经济发展到一定水平后开始逐步下降，进一步促进了经济与环境的协调发展。

最后，促进企业的社会责任履行，实现双赢局面。从企业社会责任理论的角度来看，绿色金融发展显著促进了企业社会责任的履行。它积极鼓励企业开展环保投资和绿色技术创新活动，这些举措不仅帮助企业降低了环境污染和能耗成本，提高了资源利用效率，还为企业带来了品牌形象和社会声誉的提升。这种经济效益与社会效益并重的双赢局面，进一步推动了企业的可持续发展和经济增长。在绿色金融的引导下，企业在追求经济利益的同时，也更加关注社会和环境的影响，努力实现经济效益与社会效益的双重提升。

综上所述，绿色金融对经济增长的直接作用体现在推动绿色产业发展、促进金融产品和服务创新以及促进企业社会责任履行等多个方面。这些作用共同促进了经济的可持续发展和长期稳定增长。基于以上分析，我们提出假设 1：

H1：绿色金融发展有助于推动我国经济增长。

（二）间接作用

绿色金融对经济增长的间接作用深远且多维，其核心机制在于通过支持绿色产业和抑制高污染产业，推动产业结构的合理化与高级化进程，进而为整体经济增长注入强劲且持久的动力。

首先，绿色金融通过创新金融产品与服务，引导社会资本向绿色低碳产业流动，为这些产业提供了充足的资金支持。这种资金支持不仅降低了绿色产业的融资成本，还增强了其在市场中的竞争力，使其获得显著优势。随着绿色产业的快速发展，传统的高污染、高能耗产业逐渐感受到市场压力和资源约束，从而被迫进行转型升级或逐步退出市场。这一动态过程有效地推动了产业结构的合理化，使得经济结构更加符合可持续发展的要求，也为经济的长期稳定增长奠定了坚实基础。

其次，依据波特假说，绿色金融在支持绿色技术创新和应用方面发挥着关键作用。绿色技术创新作为经济增长的新引擎，对于提高生产效率、降低能耗、减少污染等方面具有显著效果。绿色金融通过提供资金支持和市场激励，鼓励企业进行绿色技术研发和应用，推动了绿色技术在各个产业领域的广泛渗透和深度融合。这种技术创新的推动不仅提升了产业的绿色竞争力和附加值，还促进了产业向高端化、智能化、绿色化方向的转型升级，为经济的可持续增长提供了新的动力源泉。

最后，从金融创新理论角度来看，绿色金融的风险管理服务也为企业和产业应对环境和气候风险提供了有力支持。在面对环境和气候挑战时，绿色金融通过提供风险保障和资金支持，降低了企业和产业因环境和气候因素导致的经济损失和运营风险。这种风险管理服务不仅增强了企业和产业的韧性和可持续性，还使其能够更加专注于绿色转型和低碳发展。这一过程进一步推动了产业结构的优化升级，为经济的可持续发展注入了新活力。

综上所述，绿色金融通过引导社会资本流向、支持绿色技术创新和应用以及提供风险管理服务等多方面的间接作用，推动了产业结构的合理化与高级化进程，为整体经济的增长注入了强劲而持久的动力。这一间接作用不仅彰显了绿色金融在可持续发展中的重要地位和作用，还为实现经济绿色转型和高质量发展提供了有力的保障和推动力量。因此，我们提出假设 2：

H2：绿色金融发展通过优化产业结构，进而推动经济增长。

二、绿色金融发展微观经济效应

绿色金融发展的微观经济效应，主要体现在对企业层面的积极影响方面。这些影响通过资金支持、技术创新、风险管理等多个渠道深度作用于企业，有力地促进了企业的绿色转型和可持续发展。

首先，在资金支持方面，绿色金融通过创新金融产品与服务，如通过提供绿色信贷、绿色债券等多样化金融工具，显著降低了企业在环保和可持续发展项目上的融资成本。这种资金支持不仅有效缓解了企业的融资压力，更为企业实施绿色转型提供了必要的、稳定的资金保障。同时，绿色金融发展还引导社会资本向绿色低碳领域流动，促使企业在投资决策时更加注重环保因素，从而优化了企业资金结构，减少了对传统高污染、高能耗产业的依赖，转而投资于绿色、低碳、环保产业领域。这一转变不仅有助于企业降低环境污染和能耗成本，还提高了资源利用效率，增强了企业的市场竞争力。

其次，在技术创新方面，由波特理论可知，绿色金融通过提供资金支持和市场激励，积极鼓励企业进行绿色技术的研发和应用。这些绿色技术，如节能减排技术、清洁能源技术、环保材料等，在提高生产效率、降低能耗、减少污染等方面具有显著效果。企业的绿色技术创新不仅提升了自身的竞争力，还为整个行业的绿色转型提供了重要的技术支持。同时，绿色技术的广泛应用也推动了企业的产业升级，使企业能够优化生产流程、提高产品质量、降低生产成本，从而实现向高端化、智能化、绿色化方向的转型升级。这一转型升级过程不仅提升了企业的经济效益，还实现了社会效益和环境效益的双重提升。

再次，在风险管理方面，绿色金融通过绿色保险、碳金融等创新的金融手段，为企业提供了全面的环境风险管理服务。这些服务有助于企业降低因环境问题和气候变化带来的经济损失和运营风险，使企业能够更加专注于主营业务的发展，而不必过多担心环境风险的影响。同时，通过参与绿色金融实践，企业也不断提升自身的可持续发展能力，更加注重环保和社会责任，积极采取措施减少环境污染和生态破坏。这种风险管理能力的提升不仅增强了企业的韧性和可持续性，还为企业赢得了更多的社会声誉和品牌形象。

最后，在市场竞争和份额方面，积极承担环境责任的绿色发展企业因获得绿色金融支持而在市场竞争中具备显著优势。这些企业不仅拥有先进的绿色技术和环保产品，还注重节能减排和可持续发展，逐步建立起良好的企业品牌与形象，进而能够吸引更多消费者的关注和信赖。随着消费者对环保和可持续发展问题的关注度不断提高，绿色产品和服务的需求也在不断增加。因此，积极承担环境责任的绿色发展企业能够敏锐地抓住这一市场机遇，推出更多符合消费者需求的绿色产品和服务，从而有效地扩大市场份额和提高盈利水平。这种市场竞争力的提升进一步促进了新能源等践行绿色发展理念的企业的可持续发展。

综上所述，绿色金融发展的微观经济效应，主要体现在对企业的积极影响方面。通过资金引导与支持、技术创新与升级、风险管理与可持续发展以及竞争力提升与市场份额扩大等多个方面的影响和作用，绿色金融有力地促进了企业的绿色转型和可持续发展。有鉴于此，我们提出假设 3 与假设 4：

H3：绿色金融发展利于弱化绿色发展企业融资约束。

H4：绿色金融发展正向作用于企业的绿色技术创新。

第二节 绿色金融宏观经济效应分析

一、模型设定与变量选取

（一）模型设定

考虑到本研究所用数据的面板数据特征，本书采用面板固定效应模型进行考察，模型设定如下：

$$GDP_{it} = \beta_0 + \beta_1 GreenFin_{it} + \beta_2 Control_{it} + \mu_i + \gamma_t + \varepsilon_{it}$$

其中，i、t 分别表示第 i 个企业和第 t 年；GDP_{it}代表被解释变量；$GreenFin_{it}$代表核心解释变量；$Control_{it}$表示一系列控制变量；μ_i表示个体固定效应；γ_t表示时间固定效应；ε_{it}表示残差项。

（二）变量选取

在变量选取方面，被解释变量为国内生产总值（GDP），核心解释变量为绿色金融（GreenFin），参考已有研究，我们选择传统金融发展水平、城镇化水平、外商直接投资、政府干预程度、经济发展水平、创新水平以及市场化程度 7 个变量作为控制变量，以确保研究的准确性与可靠性（见表 5－1）。

表 5－1　　变量选取说明

变量	变量名称	变量符号	变量含义
被解释变量	经济效应	GDP	国内生产总值
核心解释变量	绿色金融	GreenFin	绿色金融发展水平
控制变量	传统金融发展水平	Fin	地区存贷款之和/地区 GDP
	城镇化水平	Tol	地区城镇人口所占比率

续表

变量	变量名称	变量符号	变量含义
控制变量	外商直接投资	FDI	地区外商直接投资额/地区 GDP
	政府干预程度	Gov	地区财政支出/地区 GDP
	经济发展水平	Eco	ln（地区人均 GDP）
	创新水平	Inn	ln（地区发明专利申请受理量）
	市场化程度	Market	市场化指数平均增长幅度

传统金融发展水平（Fin）是影响经济增长的一个非常重要的指标，它反映了一个国家或地区金融机构发展成熟度和金融市场的深度。高水平的金融发展水平通常意味着更广泛的金融服务可获得性、更高效的资本配置以及更低的融资成本，这对于推动经济增长具有至关重要的作用。参考已有文献，我们选用地区存贷款之和与地区 GDP 的占比来表示。

城镇化水平（Tol）是衡量一个国家或地区城市人口占总人口比例的指标，它反映了人口向城市集中的程度。城镇化进程不仅意味着人口从农村地区向城市地区的迁移，更涵盖了经济社会结构、生产方式以及生活方式的根本性转变。在此过程中，城市基础设施不断完善，劳动力市场效率不断提升，消费和投资需求也随之增加，进而为经济增长注入强大的动力。因此，城镇化水平是衡量一个国家或地区经济社会发展水平的重要指标之一。

外商直接投资（FDI）即地区外商直接投资额占地区 GDP 的比例，是指外国企业或个人在东道国进行的以控制或管理为目的的实质性投资活动。FDI 的流入不仅可以为东道国带来资金、先进的技术和管理经验，还能通过促进产业升级、增强企业竞争力以及推动就业增长等多种方式，对东道国的经济发展产生深远而积极的影响。

政府干预程度（GOV）是衡量政府在经济运行中的角色和影响力的重要指标。它反映了政府在资源配置、市场调节以及经济活动管理等方面的参与度和作用力。政府干预可能通过实施财政政策、货币政策、产业政策和监管政策等多种手段，对经济产生影响。政府干预程度一般以地区财政支出占地区 GDP 的比率来表示。

经济发展水平（Eco）通常使用 ln（地区人均 GDP）来衡量，是一个综合性指标，用以评估一个国家或地区的经济实力和富裕程度。高水平的经济发展往往意味着该国或地区的人均国民收入更高、基础设施更加完善，同时社会资源也更加丰富。这些要素共同构成了一个国家或地区经济发展的坚实基础，并为进一步的持续增长和繁荣发展提供了有力支撑。

创新水平（Inn）是推动经济社会发展的核心动力之一。高水平创新能力不仅可以帮助企业获得竞争优势、推动产业结构升级和提高生产效率，还能引领技术进步，催生新兴产业，进而促进经济结构优化和升级。同时，创新水平也是推动金融市场发展、完善经济政策的重要力量，有助于提升整体经济活力和竞争力。

市场化程度（Market）是指市场在资源配置中的决定性作用程度。高度市场化的经济体系通常具有更高的竞争效率、更灵活的价格机制和更少的行政干预。这有助于激发企业活力、促进创新和优化资源配置。因此，我们将市场化程度作为一个关键的控制变量来探讨其对经济增长的潜在作用。

（三）变量的描述性统计分析

本书以 2012—2021 年我国 30 个省市作为研究样本（由于统计口径的差别，不包含港澳台三地；西藏地区由于部分数据缺失，也不包含在内），所用数据来源于《中国统计年鉴》《中国工业统计年鉴》《中国科技统计年鉴》《中国人口和就业统计年鉴》《中国互联网络发展状况统计报告》《中国能源统计年鉴》《中国环境统计年鉴》《中国贸易外经统计年鉴》以及各省的统计年鉴。

为全面把握各变量的基本特征，我们接下来对各变量进行描述性统计分析。由表 5－2 的结果可知，国内生产总值（GDP）的均值较高，表明整体上经济增长水平较为可观，且其标准差相对较小，表明数据分布较为集中。绿色金融发展水平（GreenFin）的均值较低，反映出绿色金融在整体上的发展水平尚待提升。同时，其标准差相对较小，说明绿色金融发展水平的数据分布较为均匀。传统金融发展水平（Fin）的均值适中，但标准差相对较大，表明传统金融发展水平在不同样本之间存在较大差异。城镇化水平（Tol）的均值较高，显示出整体上城镇化水平较为先进。其标准差较小，说明城镇化水平数据较为集中。外商直接投资（FDI）的均值非常低，且标准差也很小，表明外商直接投资在整体上的水平很低，且样本之间的差异不大。政府干预程度（Gov）的均值较低，反映出政府干预程度在整体上不是很高。其标准差相对较小，说明政府干预程度分布较为均匀。创新水平（Inn）的均值较高，显示出整体上创新水平较为突出，但标准差也相对较大，说明不同地区之间的创新水平存在较大差异。经济发展水平（Eco）的均值较高且标准差相对较小，表明整体上经济发展水平较高且数据分布较为集中。市场化程度（Market）的均值适中，但标准差相对较大，说明市场化程度在不同省市之间存在较大差异。

表 5-2　　　　变量的描述性统计结果

变量	样本量	均值	标准差	最小值	最大值
GDP	300	9.868	0.882	7.332	11.731
GreenFin	300	0.428	0.231	0.070	0.856
Fin	300	3.449	1.084	1.784	7.578
Tol	300	0.602	0.118	0.363	0.893
FDI	300	0.018	0.014	0.000	0.073
Gov	300	0.251	0.103	0.119	0.643
Inn	300	9.705	1.365	5.697	12.399
Eco	300	9.324	0.461	8.660	10.665
Market	300	8.138	1.882	3.359	12.390

（四）相关性分析

为了衡量变量之间的相关密切程度，本书进行了相关性检验，各变量之间的相关性大小如表 5-3 所示。通过相关性分析可以发现，绿色金融（GreenFin）、城镇化水平（Tol）、创新能力（Inn）和市场化程度（Market）与GDP增长呈正相关关系，表明这些因素的提升有助于促进经济增长。相比之下，传统金融发展水平（Fin）与GDP增长呈弱负相关，而政府干预程度（Gov）与GDP增长呈强负相关，表明过多的政府干预可能对经济增长不利。外商直接投资（FDI）与经济发展水平（Eco）虽然与GDP增长呈正相关，但影响相对较弱。由此可知，各变量与被解释变量间的相关系数较为显著，适合进行后续的实证分析。

表5-3　相关性分析结果

变量	GDP	GreenFin	Fin	Tol	FDI	Gov	Inn	Eco	Market
GDP	1								
GreenFin	0.615***	1							
Fin	-0.147**	0.188***	1						
Tol	0.315***	0.548***	0.663***	1					
FDI	0.253***	0.391***	0.161***	0.437***	1				
Gov	-0.807***	-0.630***	0.236***	-0.351***	-0.436***	1			
Inn	0.890***	0.670***	0.112*	0.494***	0.370***	-0.742***	1		
Eco	0.341***	0.576***	0.605***	0.857***	0.470***	-0.411***	0.493***	1	
Market	0.763***	0.736***	0.166***	0.673***	0.503***	-0.762***	0.852***	0.610***	1

注：***、**、*分别表示在1%、5%和10%下的显著性水平。

二、基准回归分析

表5-4展示了绿色金融对经济增长进行回归分析的结果，该结果明确指出，无论是否纳入控制变量和固定效应，绿色金融均展现出对经济发展水平显著提升的能力。具体而言，在五个回归模型中，绿色金融（GreenFin）的系数依次为2.603、0.572、0.172、0.524和0.111，且这些系数均在不同程度上表现出显著性，进一步证实了绿色金融对经济增长的正向影响具有稳定性，其积极效应并未受到其他因素的干扰。

表 5－4　　　　经济效应基准回归结果

变量	(1)	(2)	(3)	(4)	(5)
	GDP	GDP	GDP	GDP	GDP
GreenFin	2. 603 *** (11. 55)	0. 572 *** (5. 24)	0. 172 *** (2. 89)	0. 524 *** (5. 57)	0. 111 ** (2. 17)
Fin		－0. 057 ** (－2. 54)	－0. 079 *** (－5. 79)	－0. 018 (－0. 93)	－0. 076 *** (－6. 41)
Tol		3. 721 *** (16. 39)	0. 645 *** (3. 37)	4. 291 *** (22. 40)	0. 744 *** (4. 36)
FDI		－4. 269 *** (－6. 57)	0. 268 (0. 70)	－4. 134 *** (－7. 74)	0. 280 (0. 87)
Gov		－1. 019 *** (－3. 57)	－0. 902 *** (－5. 50)	－0. 344 (－1. 40)	－0. 655 *** (－4. 66)
Inn		0. 154 *** (8. 95)	0. 053 *** (4. 98)	0. 103 *** (7. 03)	0. 037 *** (4. 02)
Eco		0. 067 (0. 81)	0. 267 *** (5. 74)	0. 434 *** (5. 62)	0. 331 *** (8. 07)
Market		0. 029 ** (2. 49)	0. 002 (0. 36)	0. 004 (0. 43)	－0. 003 (－0. 63)
Constant	8. 753 *** (55. 23)	5. 558 *** (6. 96)	6. 542 *** (13. 86)	2. 205 *** (3. 00)	6. 039 *** (14. 35)
N	300	300	300	300	300
个体固定效应	NO	NO	NO	YES	YES
时间固定效应	NO	NO	YES	NO	YES
R－squared	0. 301	0. 923	0. 982	0. 933	0. 983

注：***、**、*分别表示在1%、5%和10%下的显著性水平，括号内为t统计量。

绿色金融对我国经济增长的正向作用主要归因于以下几点：

一是绿色金融通过为环保和可持续发展项目提供资金支持，显著促进了绿色技术与产业的创新与发展，为经济发展创设新的增长点。这些绿色技术与产业，诸如可再生能源、节能减排技术等，不仅对于解决环境问题具有重要意义，还为经济发展开辟了新的增长点。自 2021 年两会以来，绿色技术创新总量指数从 1000 迅速增长至 4575.42，增幅高达约 4.5 倍，彰显了绿色技术创新的快速升温态势。在可再生能源产业方面，我国风电、光伏发电等清洁能源设备的生产规模已跃居世界首位，多晶硅、硅片、电池和组件的产量占全球 70% 以上。随着绿色技术的不断突破与应用，新的产业链和价值链正逐步形成，为经济增长注入了新的动力与活力。

二是绿色金融有助于优化资源配置，引导资金流向更高效、更环保的领域。传统金融体系往往更倾向于支持高污染、高能耗产业，而绿色金融则通过政策引导和市场机制，鼓励资金流向绿色、低碳、环保等项目。这一转变有助于提升整体经济生产效率，进一步推动经济增长。为了积极响应绿色发展号召，引导更多资金流向绿色环保领域，我国金融机构创新推出多样化的绿色金融产品，如环境权益抵质押融资和绿色市政债券等，大大拓宽了绿色项目的融资渠道。与此同时，地方政府也在积极行动。如湖州市搭建起绿色金融综合服务平台，通过该平台，大量中小微企业获得了银行授信，支持了绿色小微企业的发展。根据中国人民银行数据，在政府与金融机构的共同努力下，截至 2021 年末，我国本外币绿色信贷余额达到 15.9 万亿元，绿色债券存量余额超过 1.1 万亿元，规模均居全球前列。

三是随着绿色金融的不断发展，其能够吸引并激活的社会资本规模逐渐扩大。随着绿色发展理念的深入人心，我国金融机构不断创新，推出了多样化的绿色金融产品。例如，南京银行推出“鑫减碳”产品，通过利率调节机制激励企业减排；上海农商银行创新的“鑫农乐贷”产品，则为绿色有机农业的发展提供了有力支持；嘉实基金等机构更是自主研发了 ESG 评分系统，以此引导金融资源向那些符合环境、社会和治理标准的优秀企业流动。在绿色金融的引导下，社会资本越来越多地被投入到绿色、可持续的项目中，进而孕育出更加稳定和可持续的经济增长动力。这一正向循环机制的构建，对于增强我国经济增长的稳定性和抗风险能力具有重要意义。

四是绿色金融发展提升了公众的环保意识，促进了绿色消费。金融机构与政府部门携手，通过教育与宣传活动，有效普及了绿色金融的相关知识，显著提升了公众对于绿色金融与绿色消费理念的理解与认同。与此同时，国家政策的积极引导，诸如提供新能源汽车购置补贴、推广绿色家电等一系列措施，亦有效激励了消费者的绿色消费行为。随着环保议题日益受到社会各界的广泛关注，越来越多的消费者开始倾向于选择那些具有绿色、环保属性的产品与服务，新能源汽车市场的蓬勃发展为此提供了有力证明。据中国汽车工业协会发布的数据，2022 年中国新能源汽车的产量与销量分别达到了 705.8 万辆和 688.7 万辆，同比增长分别为 96.9% 和 93.4%，连续八年稳居全球首位。

三、中介效应分析

（一）模型选择与变量选取

接下来，我们将针对绿色金融在经济增长中所起的中介作用进行实证分析。在本部分，我们参考江艇（2022）① 所提出的中介效应检验方法，实证检验绿色金融通过产业高级化和产业合理化对我国经济增长所产生的中介效应。所构建的模型如下：

$$GDP_{it} = \beta_0 + \beta_1 GreenFin_{it} + \beta_i Control_{it} + FEs_{it} + \varepsilon_{it}$$

$$IAU_{it} = \beta_0 + \beta_1 GreenFin_{it} + \beta_i Control_{it} + FEs_{it} + \varepsilon_{it}$$

$$RIS_{it} = \beta_0 + \beta_1 GreenFin_{it} + \beta_i Control_{it} + FEs_{it} + \varepsilon_{it}$$

其中，*IAU* 与 *RIS* 分别表示产业高级化、产业合理化。$Control_{it}$表示影响机制变量的其他因素，主要包括政府干预程度（GOV）、人力资本水平（Hcl）、外商直接投资（FDI）、创新水平（Inn）、城镇化水平

① 操作步骤如下：首先，将经济增长作为被解释变量，将绿色金融作为解释变量进行回归，关注两者的因果关系；然后，理论上论证绿色金融以产业高级化、产业合理化指数作为中介变量对经济增长的影响关系；最后，实证检验绿色金融对中介变量的影响，采用前述步骤同样的方法识别因果关系。

(Tol)、工业化水平（Iol）与对外开放程度（Open）等；FEs_{it}为μ固定效应，ε_{it}是随机误差项。

产业高级化（IAU）是指用于衡量一个国家或地区产业结构向高级化方向发展的程度和水平的量化标准，反映了一个地区或国家产业结构朝向高附加值、高效能和高可持续性方向发展的程度。参考已有文献，我们采用第三产业产值与第二产业产值之比作为产业结构高级化的度量。这一指标能够清楚地反映出经济结构的服务化倾向，明确反映了产业结构是否朝着“服务化”的方向发展。如果指标数值处于上升状态，则意味着经济在向服务化的方向推进，产业结构在升级。

产业合理化（RIS）是指通过一系列的调整和优化措施，使产业布局更加科学、产业结构更加合理，从而提高整个产业系统的效率和竞争力。产业合理化指标则主要用于衡量产业之间的协调发展程度，反映了不同产业在经济增长中的相互依赖和促进作用。为此，我们选取泰尔指数作为度量产业结构合理性的指标。泰尔指数（Theil index）由经济学家亨瑞·泰尔（Henry Theil）于 1967 年提出，借鉴了信息论中的熵（Entropy）概念，用于计算收入不平等。后续被学者们广泛应用于区域经济差异、收入分配不平等、产业结构合理性评估等多个领域。计算公式如下：

$$TL = \sum_{i=1}^{n} \frac{Y_i}{Y}\ln\left(\frac{Y_i}{L_i}\Big/\frac{Y}{L}\right)$$

其中，Y表示产值，L表示就业，i表示产业，n表示产业部门数。泰尔指数为零表示经济处于均衡状态，即各个产业之间发展相对平衡，资源得到了优化配置。而当泰尔指数不为零时，则表明产业结构偏离了这种均衡状态。特别是当泰尔指数值较大时，说明产业结构不合理，这种不合理可能表现为产业之间的比例关系失调、产业链的断裂或缺失以及产业内部的低效率等问题。

（二）实证分析结果

接下来，我们使用 stata 软件对产业高级化（IAU）、产业合理化

（RIS）的中介效应予以验证，检验结果如表 5 – 5 所示。

表 5 – 5　　基准回归分析结果

变量	(1)	(2)	(3)
	IAU	RIS	GDP
GreenFin	0.267 *** (–5.6)	0.0352 *** (–3.82)	1.13995 *** (–3.84)
GOV	0.0471 (–0.13)	0.123 (–1.29)	–4.08751 *** (–6.13)
Hcl	0.33 (–0.05)	–2.309 (–1.42)	–11.72563 (–1.04)
FDI	0.566 (–0.32)	0.244 (–0.53)	–15.95941 *** (–5.03)
Inn	–0.000000587 (–0.80)	0.000000594 *** (–3.14)	0.383 *** (–29.22)
Tol	–0.747 * (–1.82)	0.499 *** (–4.74)	0.78973 (–1.08)
Iol	–0.272 (–0.80)	–0.103 (–1.18)	3.01931 *** (–4.99)
Open	0.14 (–1.11)	–0.145 *** (–4.49)	–0.72109 *** (–3.22)

根据实证分析结果可知，绿色金融发展水平对产业高级化、产业合理化均存在积极的正向作用，验证了原始假设，具体成因解释如下：

1. 绿色金融对产业高级化具有显著的正向推动作用

首先，绿色金融借助绿色信贷、绿色债券等多样化的金融工具，为推动产业高级化发展提供了坚实的资金支持。这些资金被精准引导至高技术、高附加值的产业领域，有效缓解了高端产业发展中的资金瓶颈问题，并为其持续快速发展注入了强大动力。

其次，产业高级化的核心在于技术创新和研发能力的提升。绿色金融在此方面发挥着重要作用，通过为创新型企业提供融资支持，降低了技术创新的资金门槛，加速了新技术的研发进程和应用推广。这种支持机制有力地推动了产业向技术更先进、附加值更高的方向迈进。

再次，绿色金融所倡导的环保与可持续发展理念，与产业高级化的目标高度契合。通过积极扶持绿色产业和项目，绿色金融不仅推动了产业的绿色转型和升级，还引导产业在发展过程中更加注重环境保护和资源的高效利用，进而实现了经济效益与生态效益的双重胜利。

最后，绿色金融的投向选择具有明确的绿色导向性，它不仅有助于改善产业结构，还推动了传统产业向高端化和智能化的转变。通过对不同产业和项目提供差异化的金融支持，绿色金融引导资源向更具发展前景和战略意义的领域集聚，从而促进产业结构的优化升级，实现高质量发展。

2. 绿色金融对产业合理化具有积极的推动作用

首先，绿色金融通过创新金融工具，提供多样化的金融产品和服务，如绿色债券、绿色基金等，为企业提供了多元化的融资渠道，引导资金流向更环保、更高效的产业和项目，从而有效优化资源配置。这种优化不仅促进了环境的可持续发展，还有力推动了产业结构的合理化调整，增强了产业的竞争力和可持续发展能力，使得产业结构更加符合经济社会发展的需求。

其次，随着全球对可持续发展议题的日益重视，政府及相关机构纷纷出台相关政策以支持和推动绿色金融发展。这些政策的引导与支持，不仅为我国绿色金融营造了良好的发展环境，使其能够更好地发挥在产业合理化进程中的作用，还在一定程度上引导产业朝向更为环保、高效的方向发展，进而推动了产业结构的优化与升级。

再次，绿色金融在投资过程中注重风险评估和管理，确保资金的安全性和效益性。这种严格的风险管理机制有助于降低产业发展中的不确定性和风险水平，为产业的稳健、合理发展提供有力保障。在风险管理机制的保障下，产业能够更加稳健地发展，有效规避不必要的风险与损失。

最后，绿色金融的推广和实施，显著提升了企业和社会公众的环保意识。在环保理念的指导下，企业更加注重资源的节约和循环利用，从而推动产业向更加环保与合理的方向发展。环保意识的提升，促使企业和社会公众更加关注产业的发展对环境的影响，进而助推产业的合理化发展进程。

四、稳健性检验

为确保研究的稳健性，接下来我们通过考虑极端值的影响以及对解释变量进行滞后一期处理，来验证核心结论的可靠性。检验结果如表5－6所示。

（一）考虑极端值

极端值，也称异常值，可能会对回归分析的结果产生显著的影响。为剔除异常值对分析结果的影响，我们进行了解释变量和被解释变量前后1%分位数的缩尾处理。处理后的结果如表5－6中列（1）所示，结果显示，即使去除了极端值后，所有关键变量的系数符号和显著性水平均未发生实质性的变化，由此证实了核心结论的稳健性。

（二）解释变量滞后一期

滞后处理是一种常用的统计技术，考虑到时间延迟效应，提高了模型预测准确性。为了更准确地分析绿色金融的经济效应，我们对关键解释变量绿色金融进行了滞后一期处理，即用前一年的数据作为解释变量，来预测当年的被解释变量。这种方法可以排除即时的政策变动或市场冲击对结果的干扰，从而更准确地评估绿色金融对经济增长的长期影响。处理后的结果如表5－6中列（2）所示，表明即使考虑了绿色金融的滞后效应，模型的回归结果依然保持一致，进一步验证了核心结论的稳健性。

表 5 - 6 稳健性检验结果

变量	(1)	(2)
	GDP_w	GDP
GreenFin_w	0.104* (1.90)	
L. GreenFin		0.117** (2.29)
Constant	5.821*** (13.08)	6.513*** (15.84)
N	300	270
控制变量	YES	YES
个体固定效应	YES	YES
时间固定效应	YES	YES
R - squared	0.980	0.982

五、异质性分析

考虑到我国区域经济发展水平的差异，本书采用分组回归检验的方法，将样本按照东部、中部和西部进行划分，以深入探讨绿色金融对我国经济增长影响的区域异质性。

回归结果如表 5 - 7 所示，其中列（1）至列（3）分别代表了东部、中部和西部地区的回归结果。回归结果表明，西部地区绿色金融对经济增长具有显著的正向作用，这反映了绿色金融在推动西部地区经济发展中的积极作用。然而，对于东部和中部地区，绿色金融对经济效应的作用并不显著，这可能与这些地区的经济发展水平、产业结构以及绿色金融的渗透程度等因素有关。这一发现说明在制定绿色金融政策时，需要充分考虑不同地区的经济发展特点和实际需求，以实现绿色金融与区域经济的协同发展。

表 5－7　　　　　　　　　　异质性分析结果

变量	(1)	(2)	(3)
	东部地区	中部地区	西部地区
GreenFin	0.010 (0.15)	-0.031 (-0.39)	0.166* (1.87)
Constant	4.846*** (7.30)	3.849*** (3.15)	5.867*** (4.25)
N	110	80	110
控制变量	YES	YES	YES
个体固定效应	YES	YES	YES
时间固定效应	YES	YES	YES
R - squared	0.990	0.990	0.992

目前，西部地区绿色金融对于经济增长具有显著正向作用，但东部和中部地区绿色金融对经济增长的作用尚不显著。可能的原因解释如下：

（一）西部地区绿色金融对经济增长的作用显著

西部地区绿色金融对经济增长具有显著正向作用的原因可能主要在于政策支持、资源禀赋、经济基础潜力和绿色金融产品的创新应用。

首先，资源禀赋与环境需求。西部地区蕴藏着丰富的自然资源，如风能、太阳能以及水力资源，这些资源为绿色能源项目的开发提供了理想的条件。绿色金融通过引导资金流向这些领域，推动清洁能源的开发与应用，进而促进经济增长。西部地区如甘肃、新疆和内蒙古等地拥有丰富的风能资源，适合发展风电项目。绿色金融通过提供贷款、发行债券等方式，支持其风电场的建设和运营。青海、宁夏等地区阳光充足，是太阳能发电的理想区域。绿色金融通过提供资金支持，促进了光伏电站和光热发电项目的建设，推动了太阳能资源的规模化利用。四川、云南和贵州等省份水力资源丰富，水电站建设为当地提供了清洁的电力供应。绿色金融通过项目融资等方式，支持水电站的建设和升级改造。

其次，政策倾斜与创新试点。政府在西部地区实施了一系列政策支持和财政补贴，鼓励绿色金融产品和服务创新，为绿色项目提供了资金保障，推动了绿色经济的发展。政府颁布了《关于加快绿色金融发展的指导意见》等政策文件，明确提出支持西部地区绿色金融发展的具体措施，这些措施包括税收优惠和财政贴息等激励政策。在西部地区，政府还设立了多个绿色金融改革创新试验区，如甘肃省的兰州市和四川省的成都市。这些试验区在绿色信贷和绿色债券等领域积极尝试，努力探索创新金融产品和服务。同时，政府还支持设立了专门的绿色发展基金，如青海省绿色发展投资基金，专门用于资助绿色能源和生态保护项目。贵州省借由绿色金融支持林业发展，发行绿色债券以资助森林碳汇项目，这不仅促进了生态保护，还推动了当地经济的发展。根据中国人民银行数据，2023 年上半年，西部地区的绿色贷款余额增长速度超过了全国平均水平，充分体现出西部地区绿色金融发展成效。

再次，经济结构调整需求。经济结构调整的需求日益凸显。西部地区长期以资源开采和初级加工为主导产业，当前正面临产业结构调整和升级的重要任务。绿色金融通过资助环保和节能项目，助力这些地区实现经济转型，降低了对资源的过度依赖，进而促进了经济结构的优化与可持续发展。长期以来，资源型产业在西部地区经济总量中占据较高比重。例如，煤炭、石油、天然气等能源产业，以及有色金属、黑色金属等矿产资源开采业，曾是西部地区经济发展的支柱产业。近年来，随着国家对绿色发展的日益重视，西部地区开始着力调整产业结构，以降低对资源型产业的依赖。通过政策引导和技术创新，西部地区积极推动清洁能源、节能环保等新兴产业的发展。在此过程中，绿色金融发挥了关键性作用，通过提供贷款、发行绿色债券、设立绿色基金等多种方式，为清洁能源、节能环保等项目提供了资金支持。得益于此，西部地区在新兴产业方面取得了显著进展。例如，四川等省市在新能源、新材料、生物医药等领域实现突破，有效推动了产业结构的优化与升级。

最后，基础设施与生态建设。西部地区在交通、能源、通信等基础设施建设以及生态保护修复方面存在显著需求，这些项目通常需要巨额的资金投入。在政府相关政策的支持下，多样化的绿色金融产品，如绿色信贷、绿色债券、绿色基金、绿色保险等，被广泛应用于支持西部地区的基础设施绿色化改造和生态建设项目。绿色金融为这些项目提供了必要的资金支持，有效改善了投资环境，提升了生态效益，并间接提升了经济活动的活跃度。同时，基础设施的完善与生态环境的改善，进一步促进了西部地区旅游业、绿色农业等产业的蓬勃发展，进而带动了当地经济增长。以三江源自然保护区等重要生态功能区的保护修复项目为例，得益于绿色金融的资金支持，这些项目得以加强生态建设和环境治理工作。云南省等省市则借助绿色金融助力生态旅游项目的发展，依托当地丰富的自然资源和独特的民族文化，成功助推生态旅游业兴起，显著提升了当地居民的生活水平。

（二）东中部地区绿色金融对经济增长的作用不显著

东部和中部地区可能受到其经济基础、资金流动性、市场饱和度以及产业结构等多方面因素的影响，绿色金融在这些地区的作用相对不显著。

首先，经济基础与产业成熟度。东部和中部地区的经济基础较为雄厚，产业结构相对成熟，拥有较为完善的工业体系和发达的制造业，这为绿色金融提供了丰富的应用场景，但同时也意味着这些地区对传统产业的依赖程度较高，这可能导致绿色金融在这些地区更多地发挥着优化现有产业结构、促进产业升级的作用，相比西部地区较难成为经济增长的主要动力。由于这些地区资金来源较为多样化，绿色金融可能作为现有资金来源的补充，而非主要动力，用于支持节能减排、清洁能源等绿色项目的发展。此外，这些地区的公司和投资者可能更偏好于向成熟的产业进行投资，而不是新兴的绿色产业。然而，随着技术的不断进步和市场的持续扩大，绿色产业的发展潜力逐渐显现，预计未来在东部与中部地区，将会吸引更多的投资者关注和资金流入。

其次，资金流动性与市场饱和度。与西部地区相比，东部和中部地区的金融市场更为成熟，拥有更多的金融机构和种类繁多的金融产品，为企业提供了多样化的融资渠道。在这样的市场环境下，这两个区域的金融市场资金流动性更强，市场饱和度较高，传统金融工具和产品已经能够满足企业大部分的融资需求，这导致绿色金融产品可能面临更为激烈的市场竞争。因此，它们的创新空间和差异化优势可能不如西部地区那么显著。另外，随着环保意识的增强与绿色消费趋势的兴起，东部与中部地区对绿色产品与服务的需求持续攀升，这为绿色金融产品带来新的市场机遇。同时，这些地区在技术进步与产业升级的双重驱动下，为绿色金融提供了新的应用场景，诸如支持新能源、节能环保、绿色建筑等行业的蓬勃发展。在此背景下，东部和中部地区对绿色金融产品的需求正逐渐向专业化和定制化转变。这要求绿色金融产品和服务必须不断创新，以适应特定行业或项目在绿色、可持续发展方面的独特需求。

再次，产业结构与绿色转型难度。东部和中部地区的产业结构呈现出高度的复杂性和多样性，涵盖了从传统制造业到高新技术产业、从服务业到农业的广泛领域。这种多元化的产业结构一定程度上增加了绿色转型的复杂度。由于产业门类众多，不同产业的绿色转型路径和技术需求存在显著差异，因此需要更多的资金和技术支持来推动其绿色转型。在短期内，这种复杂性可能导致绿色金融对这些地区经济增长的直接影响相对有限，不如在西部地区那样显著。然而，从长远来看，绿色金融在东部和中部地区的潜力巨大。为适应这种复杂的产业结构，绿色金融产品和服务需要不断创新，以满足不同产业的需求。例如，可以开发针对特定产业的绿色信贷产品、绿色基金等，为不同产业提供精准的资金支持和技术指导，推动其实现绿色、可持续的发展。同时，政府和企业也应积极合作，共同探索适合本地产业特点的绿色转型路径，促进绿色金融与产业结构的深度融合，推动东部和中部地区的经济实现高质量发展。

第三节　绿色金融微观经济效应分析

一、绿色金融发展对新能源企业融资约束的影响研究

（一）模型选择与变量选取

1. 模型选择

根据指标数据特征，我们采取面板数据模型研究绿色金融对新能源企业融资约束的影响，构建以下模型对其影响进行分析：

$$KZ_{i,t} = a_0 + a_1 GreenFin_{i,t} + a_2 Control_{i,t} + v_i + u_{i,t}$$

其中，$KZ_{i,t}$是被解释变量，表示样本企业 i 在第 t 年的融资约束水平；$GreenFin_{i,t}$是解释变量，表示样本企业 i 所在的省份第 t 年的绿色金融发展指数；$Control_{i,t}$是控制变量，v_i为个体效应，$u_{i,t}$则表示随机误差项。

2. 样本选择与变量选取

考虑到数据的可得性与代表性，本书选取了 2012—2021 年我国 A 股市场上的新能源上市公司作为研究对象，旨在实证分析绿色金融发展水平对我国新能源企业融资约束的影响程度。相关数据主要来源于国泰安数据库、Wind 数据库以及企业公开发布的年报等。具体指标选取如下：

解释变量：绿色金融发展水平（GreenFin）

被解释变量：为新能源企业融资约束水平。借鉴现有学者们的做法，我们以 KZ 指数衡量样本企业的融资约束水平。综合考虑经营性净现金流量、现金股利、现金持有、资产负债率以及托宾 Q 等多个关键财务指标，构建起融资约束指标体系（见表 5 - 8），并通过有序逻辑回归构建 KZ 与各指标权重之间的关系，进而计算得到每一家样本公司的

KZ 指数。KZ 指数越高，意味着企业面临的融资约束越严重。

表 5 - 8　　融资约束指标体系

融资约束程度	衡量指标	指标定义
KZ_1	$CF_{i,t}/A_{i,t-1}$	经营性净现金流量/上期总资产
KZ_2	$DIV_{i,t}/A_{i,t-1}$	现金股利/上期总资产
KZ_3	$C_{i,t}/A_{i,t-1}$	现金持有/上期总资产
KZ_4	$LEV_{i,t}$	总资产/总负债
KZ_5	$Tobin'Q_{i,t}$	市值/总资产

控制变量指标选取如下（见表 5 - 9）：

公司规模（Size）：公司规模是影响新能源企业融资能力的重要因素。一般来讲，规模较大的企业通常拥有更多元化的业务线和更强的抗风险能力，能够更好地应对市场波动和政策变化带来的挑战。这种抗风险能力有助于增强金融机构对其的信心，从而更愿意提供融资支持。相反，中小企业由于业务单一、抗风险能力较弱，可能面临更高的融资成本和更严格的信贷条件，进而增加了融资难度。

资产负债率（Lev）：资产负债率是企业负债总额与资产总额的比值，它直接反映了企业的负债水平和权益资产的结构性关系。这一指标是衡量企业财务状况和风险承受能力的重要指标之一。一般来说，资产负债率较低的企业，其债务负担相对较轻，偿债能力较强，因此，在融资过程中可能更容易获得金融机构的信任和支持。高资产负债率可能让金融机构对企业的偿债能力产生疑虑，从而增加融资的难度。特别是在绿色金融背景下，金融机构更加关注企业的环保绩效和可持续发展能力，因此，资产负债率的高低对于新能源企业融资约束具有重要影响。

总资产净利润率（ROA）：总资产净利润率是企业净利润与平均资产总额的比率，用以衡量企业运用全部资产的总体盈利能力。该指标越高，意味着企业的投入产出效率越高，资产运营效果越有效。金融机构在评估贷款风险时，会重点考虑企业的盈利能力。那些盈利能力强的企业，由于其还款来源稳定可靠，往往能够享受到更低的融资成本，相反，盈利表现不佳的企业则可能面临更高的融资成本。因此，盈利状况良好的企业通常更容易获得投资者的青睐，从而更容易筹集到所需的资金，而盈利能力较弱的企业则可能面临融资难的问题。特别是在绿色金融发展的背景下，金融机构越来越重视企业的环保表现和可持续发展能力，而盈利能力则成了衡量企业综合竞争力的关键指标。

现金流比率（Cashflow）：现金流比率是企业经营活动产生的现金流量净额与流动负债的比率，它直接反映了企业在短期内偿还债务的能力。新能源企业在融资过程中，金融机构往往会重点考察其偿债能力。现金流比率较高的企业，意味着其经营活动产生的现金流量较为充裕，还款来源有保障，金融机构在提供融资时可能会给予更优惠的利率条件，从而降低企业的融资成本。相反，现金流紧张的企业则可能面临融资难问题，特别是在绿色金融发展背景下，金融机构更加关注企业的环保绩效和可持续发展能力，现金流状况成为评估企业综合实力的重要方面。

营业收入增长率（Growth）：营业收入增长率是企业本期营业收入增加额与上期营业收入总额的比率，用以衡量企业营业收入的变动情况。该指标反映了企业的市场拓展能力和未来增长潜力。新能源企业作为新兴产业的重要组成部分，其成长性和市场潜力是吸引投资者关注的关键因素之一。营业收入增长率高的企业，由于其市场表现良好，未来增长预期乐观，因此更容易获得外部融资。此外，金融机构在评估贷款风险时，也会综合考虑企业的成长性和市场潜力，营业收入增长率高的企业往往能够获得更多的融资机会和更低的融资门槛。因此，将营业收入增长率作为控制变量，有助于更准确地揭示绿色金融对新能源企业融资约束的作用机制。

董事规模（Board）：董事会在公司治理中扮演着监督和管理层的角色，董事会的规模直接影响其决策效率和专业性。适度的董事规模可以确保董事会成员具备多样化的背景和专业知识，有助于做出更加全面和科学的决策。然而，过大的董事规模可能导致决策过程冗长且难以达成一致意见，降低决策效率。新能源企业作为新兴产业，其技术和市场前景具有一定的不确定性。投资者在评估新能源企业的投资价值时，会关注其公司治理结构是否完善。适度的董事规模可以向投资者传递出公司治理结构健全的信号，增强投资者信心，从而降低融资难度和融资成本。

第一大股东持股比例（Top1）：第一大股东持股比例是衡量公司股权集中度的重要指标。较高的股权集中度意味着大股东对公司的控制力较强，这在一定程度上能够减少管理层与股东之间的代理问题，提高决策效率。然而，过高的股权集中度也可能导致大股东损害小股东利益的行为。第一大股东持股比例适度，表明公司治理结构相对平衡，有助于增强投资者对公司的信心，从而降低融资难度和成本。公司治理结构良好的新能源企业可能更容易获得政策支持和金融机构的青睐。因此，在绿色发展背景下，作为衡量公司治理结构的关键指标之一，第一大股东的持股比例变动可能会影响新能源企业的融资约束。

公司成立年限（Firmage）：公司成立年限是衡量企业成熟度的一个重要指标。随着成立年限的增长，企业通常会在经营管理、市场拓展、技术研发等方面积累更多的经验和资源，从而更加成熟和稳定。成立年限较长的企业往往在市场上已经建立了一定的品牌知名度和客户基础，其经营状况和财务状况也相对稳定。这种稳定性有助于增强投资者和金融机构的信心，降低融资过程中的不确定性。在绿色金融发展背景下，金融机构和投资者可能更倾向于支持成立年限较长、经营稳定的新能源企业。因为这些企业通常具有更强的技术实力和市场竞争力，能够更好地实现绿色发展目标。

表 5－9　　　　变量指标选取情况

变量类别	衡量指标	变量符号	变量定义/计算公式
被解释变量	企业融资约束水平指数	KZ	企业在融资过程中所受到的约束程度
解释变量	绿色金融	GreenFin	绿色金融发展水平
控制变量	公司规模	Size	总资产的自然对数
	资产负债率	Lev	负债合计/资产总计
	总资产净利润率	ROA	总资产净利润率
	现金流比率	Cashflow	经营活动产生的现金流量净额/资产总计

续表

变量类别	衡量指标	变量符号	变量定义/计算公式
控制变量	营业收入增长率	Growth	本年营业收入/上一年营业收入 -1
	董事规模	Board	ln（董事会人数）
	第一大股东持股比例	Top1	第一大股东持股数量/总股数量
	公司成立年限	Firmage	ln（当年年份 - 公司成立年份 +1）

3. 变量的描述性统计分析

表5-10为相关变量的描述性统计分析结果，其中新能源企业融资约束（KZ）从最小值-7.6493到最大值7.1811，表明新能源企业的融资约束在不同样本之间存在较大的差异。标准差为1.8887，相对较大，说明数据波动较大。GreenFin变量的数据相对集中，标准差为0.1693，表明数据波动不大。最大值和最小值之间的差异也相对较小，说明绿色金融在不同样本之间的变化不大，整体分布可能较为均匀。对于控制变量而言，由表5-10可知，公司规模（Size）数据分布相对集中，但大多数企业的规模可能偏大。资产负债率（Lev）数据分布也相对集中，大多数企业的资产负债率可能偏高。不同样本之间的总资产收益率（ROA）存在较大差异，部分企业可能存在亏损情况。不同样本之间的现金流比率（Cashflow）存在较大差异，部分企业可能存在现金流紧张的情况。不同样本之间的营业收入增长率（Growth）存在极大的差异，大多数企业的增长率可能偏低。不同样本之间的董事会规模（Board）存在一定的变化，但大多数企业的董事会规模可能偏大。不同样本之间的第一大股东持股比例（Top1）存在极大的差异。不同样本之间的企业成立年限（Firmage）存在一定变化，大多数企业的成立年限可能偏大。

表5-10　　描述性统计分析结果

变量	Mean	SD	Max	Min
KZ	1.3365	1.8887	7.1811	-7.6493
GreenFin	0.6358	0.1693	0.8556	0.0728
Size	22.2430	1.2291	26.4523	19.5850

续表

变量	Mean	SD	Max	Min
Lev	0.4350	0.1816	0.9079	0.0349
ROA	0.0390	0.0598	0.2473	-0.3730
Cashflow	0.0414	0.0608	0.2568	-0.1965
Growth	0.1914	0.3675	3.8082	-0.6576
Board	2.1148	0.1868	2.7081	1.6094
Top1	33.2133	14.2552	75.7786	8.0871
Firmage	2.8926	0.3196	3.6109	1.6094

4. 相关性分析

接下来，我们使用 Pearson 相关系数考察各个变量间的相关性以及是否存在多重共线性。如表 5 - 11 所示相关性分析结果，绿色金融（GreenFin）与新能源企业融资约束（KZ）的相关系数为 -0.109 且在 1%的水平上显著，这表明绿色金融与企业融资约束间存在显著的负相关关系，初步证实了绿色金融发展有助于缓解新能源企业的融资约束。另外，所选控制变量与新能源企业融资约束的相关系数均显著，这表明所选控制变量可以有效控制企业特征；且各个变量间的相关系数均不超过临界值 0.8，这表明所选变量间不存在严重的多重共线性，所选变量合理。

表 5 - 11　　相关性分析结果

变量	KZ	GreenFin	Size	Lev	ROA	Cashflow	Growth
KZ	1.000						
GreenFin	-0.109***	1.000					
Size	0.184***	-0.069***	1.000				
Lev	0.662***	-0.078***	0.529***	1.000			
ROA	-0.520***	0.059***	-0.028	-0.360***	1.000		
Cashflow	-0.568***	0.068***	0.025	-0.167***	0.337***	1.000	
Growth	-0.039**	0.022	0.048***	0.044**	0.268***	-0.061***	1.000
Board	0.051***	-0.186***	0.220***	0.114***	-0.046***	-0.012	-0.041**

续表

变量	KZ	GreenFin	Size	Lev	ROA	Cashflow	Growth
Top1	-0.098***	0.039**	0.087***	0.022	0.139***	0.097***	-0.041**
Firmage	0.124***	0.071***	0.177***	0.133***	-0.076***	-0.025	-0.046***
	Board	Top1	Firmage				
Board	1.000						
Top1	-0.080***	1.000					
Firmage	0.050***	-0.070***	1.000				

注：*、**、***分别表示10%、5%、1%的显著性水平。

（二）基准回归分析

如表5-12所示，控制行业、年份固定效应的回归结果，列（1）中绿色金融对新能源企业融资约束的回归系数为-1.2179且在1%的水平上显著；列（2）中加入控制变量后，绿色金融对新能源企业融资约束的回归系数为-0.4236且在1%的水平上显著；列（3）中控制行业、年份固定效应后，绿色金融对新能源企业融资约束的回归系数为-0.2814且在1%的水平上显著，这表明绿色金融发展可以显著缓解我国新能源企业融资约束。

表5-12　　　　基准回归结果

变量	(1)	(2)	(3)
	KZ	KZ	KZ
GreenFin	-1.2179*** (-6.6642)	-0.4236*** (-3.5921)	-0.2814*** (-2.6139)
Size		-0.2051*** (-10.8562)	-0.2099*** (-11.3546)
Lev		6.3243*** (44.0060)	6.4214*** (47.9495)
ROA		-4.5624*** (-10.8563)	-4.3709*** (-11.0688)

续表

变量	(1)	(2)	(3)
	KZ	KZ	KZ
Cashflow		-12.7519*** (-36.6019)	-13.1881*** (-40.6356)
Growth		-0.2345*** (-3.5557)	-0.1968*** (-3.1280)
Board		-0.1490 (-1.5302)	0.0551 (0.6106)
Top1		-0.0052*** (-3.9948)	-0.0032*** (-2.6605)
Firmage		0.2618*** (4.4818)	0.2008*** (3.3889)
Constant	2.1108*** (17.8762)	3.8974*** (9.0287)	3.5567*** (8.5504)
行业固定	否	否	是
年份固定	否	否	是
Observations	3313	3313	3313
R-squared	0.012	0.701	0.764

注：*、**、*** 分别表示 10%、5%、1% 的显著性水平。括号内为 t 值，下表同。

回归结果表明，在政府政策的引导与支持下，我国绿色金融发展有助于缓解新能源企业融资约束，究其原因可能在于我国绿色金融通过提升资金可得性、优化成本效益、提高市场认可度以及风险管理的创新与应用等多方面的综合作用，有效缓解新能源企业的融资约束。

首先，资金可得性显著提升。随着绿色金融体系的不断完善，新能源企业能够通过多样化的融资渠道获取资金。绿色债券、绿色基金、绿色信贷等一系列金融工具的推出，为新能源企业提供了丰富且灵活的资金来源。这些工具不仅有效拓宽了企业的融资渠道，还极大提升了资金的可获性，使得新能源企业能够更加便捷地获取到所需的资金支持。例如，江苏省设立了绿色发展基金，以支持当地新能源项目发展；上海市则通过提供绿色信贷，为城市轨道交通的绿色改造提供资金支持；中国长江三峡集团发行绿色债券，用于支持其水电项目的建设；同时，中国工商银行也推出了绿色信贷产品，专门为风能和太阳能项目提供资金支持。

其次，成本效益得到优化。绿色金融产品通常普遍具有较低的资金使用成本与较长的还款期限特性，这为新能源企业在融资过程中带来了更加优惠的利率条件和更为稳定的资金流动性。这种成本效益优化机制，不仅有助于企业减轻财务负担、提升资金使用效率，还促使企业在项目投资与运营中实现更高的经济效益，进而增强其融资能力。特别是绿色债券，其较长的发行期限，为新能源项目提供了持久且稳定的资金来源。根据中国绿色债券环境效益信息数据库发布的数据，2023 年在“投向绿”债券的发行期限结构中，3 年期债券占比最高，达到 35%，紧随其后的是 1 年期债券，占比为 21%，而 30 年期长期债券占比为 10%。至于贴标绿色债券，其发行期限则主要集中于 3 年期，占比高达 59%，相比之下，1 年期债券的发行规模占比仅为 14%。

再次，风险管理创新与应用。绿色金融不仅促进了风险管理工具的创新，如绿色保险、环境风险评估工具等，还为新能源企业提供了更为精细化的风险管理手段。这些创新性风险管理工具助力企业更有效地识别并管理项目风险，显著减少了融资过程中的不确定性，进而大幅提升了新能源企业的融资能力，使其更容易获得市场资金支持。其中，绿色保险为新能源项目提供定制化的风险保障，如可再生能源项目的自然灾害保险、技术故障保险等。中国平安保险公司推出的绿色保险产品，涵盖了清洁能源项目的风险，特别针对清洁能源项目的风险进行了优化。同时，环境风险评估工具也发挥着至关重要的作用。它们协助金融机构和企业更精确地识别与量化项目所面临的环境风险，此类评估使得金融机构能够作出更为合理且可持续的贷款决策，从而更有效地支持绿色项目。此外，一些金融机构还开发出绿色信贷评级系统，将环境因素正式纳入信贷投资决策过程。这不仅为绿色项目提供了更有利的信贷条件，也推动了整个金融行业向更加绿色、可持续的方向发展。

最后，市场认可度持续提高。随着我国对环境保护和可持续发展重视程度的不断提升，市场对新能源企业的认可度日益增强。投资者与金融机构在投资决策中，越来越注重企业的社会责任和环境保护表现，倾向于支持那些具有良好环保记录和社会责任感的企业。新能源企业作为绿色经济的先行者和推动者，凭借其在环保方面的卓越表现，更容易赢得这些投资者与金融机构的青睐，从而获得资金支持和缓解融资约束。例如，隆基股份作为全球领先的单晶硅光伏产品制造商，凭借其在可再生能源领域的突出贡献和优秀的环保记录，赢得了市场的高度认可和资金支持，进一步巩固了其在行业内的领先地位。同样，宁德时代作为全球领先的电池制造商之一，凭借持续的技术创新、生产规模的扩大以及积极承担社会责任，赢得了众多投资者的关注，并吸引了大量资本投入，为其持续发展注入了强劲动力。这些案例充分说明了市场认可度提升对新能源企业融资的积极影响。

（三）稳健性检验

1. 工具变量法

虽然使用地区绿色金融水平与企业数据进行匹配，在一定程度上规避了反向因果关系，但考虑到变量间仍可能有潜在的反向因果关系导致内生性问题，借鉴已有研究的思路，使用滞后二期的绿色金融作为工具变量，采用工具变量法解决此问题（文书洋等，2022）。由稳健性检验结果（见表5－13）可知，Kleibergen－Paap rk LM statistic 为517.505且在1%的水平上显著，工具变量通过不可识别检验；Kleibergen－Paap rk Wald F statistic 为9763.041远大于16.38，工具变量通过弱工具变量检验。列（1）中滞后二期绿色金融的回归系数显著为正，列（2）中绿色金融对新能源企业融资约束的回归系数为－0.2792且在5%的水平上显著，这表明使用工具变量法缓解内生性问题后，绿色金融仍可以缓解新能源企业融资约束，证实了前文结论的稳健性。

2. 替换被解释变量

使用融资约束指数SA指数替换被解释变量KZ指数进行稳健性检

验。如表 5－13 所示，列（3）中绿色金融对新能源企业融资约束的回归系数为－0.0180 且在 10% 的水平上显著，这表明替换被解释变量后，绿色金融仍可缓解新能源企业融资约束，加强了前文结论的稳健性。

表 5－13　　　　　　　　稳健性检验结果

变量	(1)	(2)	(3)
	GreenFin	KZ	SA
GreenFin		－0.2792** (－2.2247)	－0.0180* (－1.7064)
L2. GreenFin	0.9977*** (98.8299)		
Size	－0.0005 (－0.3122)	－0.2515*** (－12.1168)	－0.0288*** (－8.1870)
Lev	－0.0070 (－0.6717)	6.1560*** (42.1909)	0.0337*** (2.6463)
ROA	－0.0128 (－0.4144)	－3.2881*** (－8.7956)	－0.0198 (－0.6580)
Cashflow	0.0107 (0.4309)	－13.0527*** (－34.7045)	0.0034 (0.1046)
Growth	－0.0018 (－0.4305)	－0.2458*** (－3.5929)	0.0143*** (3.1345)
Board	－0.0174** (－2.4029)	0.0405 (0.4033)	0.0226* (1.8460)
Top1	0.0002** (1.9652)	－0.0024* (－1.7521)	－0.0006*** (－4.2251)
Firmage	－0.0023 (－0.4272)	0.0506 (0.6594)	0.6627*** (86.2201)
Constant	0.0835** (2.2849)	8.1581*** (13.9357)	2.5004*** (33.4707)
行业固定	是	是	是

续表

变量	(1)	(2)	(3)
	GreenFin	KZ	SA
年份固定	是	是	是
Observations	2267	2267	3313
R - squared	0. 873	0. 764	0. 836
Kleibergen - Paap rk LM statistic	517. 505 ***		
Kleibergen - Paap rk Wald F statistic	9763. 041		

（四）异质性分析

考虑到不同所有权性质的企业面临的融资约束存在差异，接下来我们根据企业所有权性质将样本划分为国有、非国有企业进行异质性分析。如表5-14所示，列（1）中绿色金融对新能源企业融资约束的回归系数为-0.6164且在1%的水平上显著；列（2）中绿色金融对新能源企业融资约束的回归系数为-0.1034但不显著。这表明目前绿色金融发展可以显著缓解我国国有新能源企业的融资约束，然而，对我国非国有新能源企业的融资约束的影响尚未显现。

表5-14　　　　企业性质异质性分析结果

变量	(1)	(2)
	国有	非国有
	KZ	KZ
GreenFin	-0. 6164 *** (-3. 4090)	-0. 1034 (-0. 7084)
Size	-0. 3269 *** (-11. 4929)	-0. 1629 *** (-6. 6024)
Lev	6. 3125 *** (23. 5997)	6. 5032 *** (39. 5346)
ROA	-2. 8578 *** (-3. 6118)	-4. 4086 *** (-9. 6877)

续表

变量	(1)	(2)
	国有	非国有
	KZ	KZ
Cashflow	-12.3082 *** (-22.5564)	-13.5035 *** (-33.9198)
Growth	-0.3094 *** (-3.2574)	-0.1725 ** (-2.1174)
Board	0.0501 (0.3347)	0.0917 (0.8001)
Top1	0.0032 (1.4858)	-0.0045 *** (-2.9133)
Firmage	-0.0567 (-0.3842)	0.2738 *** (4.0515)
Constant	6.9584 *** (9.5557)	2.1375 *** (3.7569)
行业固定	是	是
年份固定	是	是
Observations	812	2501
R-squared	0.799	0.757

在缓解我国新能源企业融资约束方面，绿色金融发展对国有企业的作用相较于非国有企业更为显著，可能主要归因于以下几个方面：

（1）政策支持与导向。由于国有企业在我国经济发展中占据重要地位，它们往往更容易获得政府的政策扶持与引导。在绿色金融领域，政府通常会制定相关政策，明确鼓励金融机构优先满足国有新能源企业的融资需求，以此降低其融资门槛和成本。此外，国有企业在执行绿色金融政策时往往扮演着示范角色，它们的实践不仅为其他企业树立了标杆，也使得金融机构更倾向于与它们合作。通过与国有企业合作，金融机构既可以有效规避风险，又可以体现出其对绿色金融政策的积极响应。这种示范效应不仅增强了国有新能源企业在市场上的融资吸引力，也为它们创造了更多的融资机会。

（2）融资渠道与规模。国有企业在规模和信用等方面相较于非国有企业具有显著优势。因此，与非国有新能源企业相比，国有新能源企业通常能够获得更广泛的融资渠道，包括但不限于银行贷款、债券发行和股权融资等多种方式。绿色金融的蓬勃发展则进一步拓展了这些企业的融资途径，使它们能够依据自身的实际需求和条件，选择最适宜的融资方式。此外，在绿色金融政策的积极引导下，金融机构更倾向于向国有新能源企业提供大额绿色信贷或绿色债券等融资工具，以满足其长期发展的资金需求。

（3）信用评级与风险控制。国有企业通常具备较高的信用评级，这有助于降低它们在融资过程中所面临的风险溢价和融资成本，加之绿色金融政策的推动，金融机构对国有新能源企业的信用评估持更加积极的态度，更倾向于为其提供融资支持。此外，国有企业通常具备一套较为完善的风险控制体系，能够更高效地管理和控制融资过程中的各种风险。这种强大的风险控制能力进一步增强了金融机构对国有新能源企业的信心，因此，金融机构更倾向于为其提供融资服务。

（4）政企合作与资源整合。国有企业与政府之间通常建立了合作关系，这种关系使其在获取政策信息和争取政府支持方面都具有一定的优势。在绿色金融领域，这种政府与企业之间的合作模式有助于国有新能源企业更迅速地适应政策变动，并且能够敏锐地把握住融资机遇。同时，国有企业通常具备较强的资源整合能力，能够充分利用自身在资金、技术、人才等方面的优势，有效推动绿色金融项目的落地实施，这种资源整合能力有助于提升国有新能源企业的融资效率和成功率。

总而言之，受益于国有企业在政策支持、融资渠道、信用评级、风险控制以及政企合作等方面所具备的优势，绿色金融发展在缓解我国国有新能源企业融资约束方面相较于非国有企业更为显著。可以预见，随着绿色金融政策不断推广和深化，相信绿色金融对我国非国有新能源企业融资约束的影响也将愈发显著。

二、绿色金融发展对绿色技术创新的影响研究

绿色金融作为一种促进环境保护和可持续发展的新型金融模式，通过为绿色项目和技术提供资金支持，正逐渐成为引导绿色技术创新的重要驱动力。接下来，本研究以2012—2021年我国的上市公司作为研究对象，实证分析了绿色金融发展对企业绿色技术创新的实际影响。

（一）模型选择与变量选取

1. 模型构建

鉴于主要变量的数据特征，我们选用双向固定效应模型作为基准模型，以探究绿色金融发展对我国企业绿色技术创新的影响程度。模型构建如下：

$$Inn_{it} = \beta_0 + \beta_1 GreenFin_{it} + \beta_2 Controls_{it} + \eta_i + \tau_t + \varepsilon_{it}$$

其中，i 表示不同的企业个体，t 表示时间年份。被解释变量 *Inn* 则用于量化评估企业的绿色创新水平，而解释变量 *GreenFin* 表示企业所在省份的绿色金融发展程度。同时，*Controls* 作为一系列控制变量，企业固定效应以 η_i 表示，年份固定效应以 τ_t 表示，而 ε_{it} 则表示随机干扰项，反映了除了已考虑因素外的其他随机变动。

2. 变量选取（见表5－15）

（1）被解释变量：绿色技术创新（Inn），我们选择上市公司的绿色专利申请数量作为企业绿色技术创新水平指标。

（2）解释变量：绿色金融发展水平（GreenFin）。

（3）控制变量：通过阅读已有文献，我们选择公司规模、资产负债率、总资产净利润率、现金流比率、营业收入增长率、前十大股东持股比例、公司成立年限以及机构投资者持股比例等作为控制变量，这几个因素对于企业绿色技术创新水平存在一定程度的影响。

公司规模（Size）：企业规模是影响企业绿色技术创新的重要因素

之一。大型企业通常拥有更为雄厚的资金实力，能够承担绿色技术创新所需的高额研发成本和市场推广费用，这使其在绿色技术研发、产品试验和市场开拓等方面更具优势。随着企业规模的扩张，其在持续经营过程中积累的技术经验和知识也将日益丰富。这些技术积累为企业进行绿色技术创新提供了坚实基础和有力支持。此外，大型企业通常拥有更为完善的内部治理结构和决策机制，这使得它们能够更高效地组织和管理绿色技术创新活动，能够制定科学的研发计划、合理地分配资源，并确保技术创新项目的顺利实施。

资产负债率（Lev）：资产负债率反映了企业的负债水平和偿债能力，进而影响其融资能力。绿色技术创新通常需要大量的前期研发投入，这些投入不仅资金数额巨大，而且回报周期往往较为漫长。对于资产负债率较高的企业来说，其债务负担较重，这导致其将会面临更高的融资成本和更严格的融资条件，进而限制了其通过外部融资获取资金的能力。这可能导致企业在绿色技术创新方面资金紧张，无法充分支持研发活动。相反，资产负债率较低的企业在融资方面则更加灵活，更容易获得外部投资或贷款，从而有更多资源可以分配给绿色技术研发项目，进而推动其绿色技术创新的发展。

总资产净利润率（ROA）：总资产净利润率又称总资产收益率，这一比率反映了企业经营获利的效率与能力，是衡量企业盈利能力的关键指标。绿色技术创新具有较高的不确定性和一定的风险性，包括技术风险、市场风险、政策风险等。总资产净利润率高的企业，其财务状况较为稳健，能够承受一定的创新风险，进而更敢于尝试新技术和新策略。同时，财务状况良好的企业在决策时更加灵活，能够迅速响应市场变化和环保要求，及时调整研发方向和资源配置，以促进绿色技术创新水平的提升。

现金流比率（Cashflow）：现金流比率反映了企业在经营活动中获取现金并用于偿还短期债务的能力。高现金流比率意味着企业拥有充足的现金流动性，这为企业进行绿色技术创新提供了坚实的资金保障。绿色技术创新往往需要大量的研发投入，包括研发设备购置、人才引进、技术试验等，这些都需要稳定的现金流支持。充裕的现金流能够降低企业对额外融资的依赖，降低融资成本，从而让企业更专注于绿色技术创新。此外，充足的现金流亦有助于加快绿色技术创新成果的转化与应用，促进新产品和新技术的市场推广，进而实现经济效益和环保效益的双赢。

营业收入增长率（Growth）：营业收入增长率是企业本年营业收入增长额与上年营业收入总额的比率，是评估企业经营状况和市场占有率的重要指标。营业收入增长率高，说明企业具有较强的市场竞争力和盈利能力，这为企业进行绿色技术创新提供了坚实的经济基础。企业因此有充足的资金和资源投入到绿色技术研发中，以推动技术创新和升级。绿色技术创新往往要求持续的资金投入和积累，其经济效益在短期内可能并不显著。然而，那些营业收入增长率较高的企业，能够维持稳定的现金流和盈利能力，从而为绿色技术创新提供持续而稳定的资金支持，确保创新项目的顺利实施和持续发展。

前十大股东持股比例（Top10）：在企业中，前十大股东所持股份比例较高，表明这些股东拥有较大的话语权和影响力。这些股东通常具备雄厚的资金实力，能够为企业的绿色技术创新提供必要的资金支持。在股权高度集中的情况下，前十大股东在企业的重大决策中往往能够迅速达成共识，从而提高决策效率。对于绿色技术创新这一长期战略投资而言，企业高层需要在战略方向上保持高度一致。前十大股东持股比例较高有助于确保企业在绿色技术创新方面的决策能够迅速落地执行，避免因股东意见分歧而导致的决策延误或取消。

公司成立年限（Firmage）：随着公司成立年限的增加，企业通常能够积累更多的资金。这些资金不仅来源于企业的日常经营活动，还包括通过资本市场融资、银行贷款等多种渠道获得的外部资金。绿色技术创新往往需要大量的研发投入，充足的资金是企业进行绿色技术创新的重要基础。随着企业成立年限的增长，公司往往能够积累更为丰富的资金资源。这些资金不仅源自企业的日常运营活动，还包括通过资本市场融资、银行贷款等多元化渠道所获取的外部资金。绿色技术创新通常需要大量的研发投入，而充足的资金是企业开展绿色技术创新的关键基础。同时，随着企业成立年限的增长，企业内部的知识储备亦会持续累积。这些知识涵盖了技术研发经验、生产工艺的改进、管理创新等多个维度。这些知识的积累为企业进行绿色技术创新提供了有力的支持，有助于企业突破技术瓶颈、改善生产工艺、提高产品质量以及降低生产成本。

机构投资者持股比例（Inst）：作为专业的投资者，机构投资者通常拥有雄厚的资金实力。当他们持有较高比例的企业股份时，更倾向于并具备能力为企业提供稳定的资金支持。机构投资者的高持股比例表明他们愿意并有能力承担相应的投入，从而为企业绿色技术创新提供坚实的资金保障。机构投资者往往拥有丰富的专业知识和行业经验，能够为企业的绿色技术创新提供有力的技术支持。他们能够通过参与企业的研发决策过程，提供专业意见和建议，帮助企业识别绿色技术创新的潜在机会和市场需求。同时，机构投资者还可以利用其广泛的社会资源，为企业引入外部技术合作和资金支持，进一步推动绿色技术创新的发展。

表 5－15　　变量指标选择

变量类别	衡量指标	变量符号	变量定义与公式
被解释变量	绿色技术创新	Inn	绿色专利申请数量
解释变量	绿色金融发展水平	GreenFin	
控制变量	公司规模	Size	总资产的自然对数
	资产负债率	Lev	负债合计/资产总计
	总资产净利润率	ROA	总资产净利润率
	现金流比率	Cashflow	经营活动产生的现金流量净额/资产总计
	营业收入增长率	Growth	本年营业收入/上一年营业收入－1
	前十大股东持股比例	Top10	前十大股东持股数量/总股数量
	公司成立年限	Firmage	ln（当年年份－公司成立年份＋1）
	机构投资者持股比例	Inst	机构投资者持股总数除以流通股本

3. 描述性统计分析

表5－16为相关变量的描述性统计结果，其中企业绿色技术创新（Inn）最大值为6.6161，最小值为0，这表明不同企业间绿色创新水平存在较大差距，均值为0.3488，这表明整体绿色创新水平不高，仍有待提升。绿色金融（GreenFin）的最大值为0.8556，最小值为0.0700，均值为0.6047，这表明我国绿色金融发展已有一定规模，但不同地区间仍存在一定差异。

表5－16 变量的描述性统计分析结果

变量	Mean	SD	Max	p50	Min
Inn	0.3488	0.7842	6.6161	0.0000	0.0000
GreenFin	0.6047	0.1963	0.8556	0.6553	0.0700
Size	22.2507	1.2918	26.4523	22.0681	19.5850
Lev	0.4255	0.2038	0.9079	0.4170	0.0349
ROA	0.0393	0.0658	0.2473	0.0379	－0.3730
Cashflow	0.0471	0.0677	0.2568	0.0462	－0.1965
Growth	0.1724	0.4232	4.0242	0.1050	－0.6576
Top10	58.4781	14.9015	90.9737	59.2334	21.9259
Firmage	2.9214	0.3185	3.6109	2.9444	1.6094
Inst	44.2630	24.8546	95.6360	45.7770	0.1013

4. 相关性分析

在进行回归估计前，我们对各个变量间的相关性以及是否存在多重共线性进行了考察。相关性分析结果如表5－17所示，绿色金融（GreenFin）与企业绿色技术创新（Inn）的相关系数为0.053，且在1%的水平上显著，这表明绿色金融与企业绿色技术创新间存在显著的正相关关系，初步证实了绿色金融发展可以推动企业绿色技术创新。另外，各个变量间的相关系数均不超过临界值0.8，这表明所选变量间不存在严重的多重共线性，所选变量合理。

表 5-17　　相关性分析结果

变量	Inn	GreenFin	Size	Lev	ROA	Cashflow	Growth
Inn	1.000						
GreenFin	0.053***	1.000					
Size	0.174***	-0.036***	1.000				
Lev	0.082***	-0.090***	0.509***	1.000			
ROA	0.039***	0.050***	0.005	-0.350***	1.000		
Cashflow	0.021***	0.027***	0.070***	-0.167***	0.398***	1.000	
Growth	-0.001	0.016***	0.037***	0.021***	0.247***	0.018***	1.000
Top10	0.026***	0.083***	0.146***	-0.085***	0.236***	0.138***	0.086***
Firmage	-0.037***	0.022***	0.173***	0.167***	-0.080***	0.005	-0.036***
Inst	0.033***	-0.100***	0.448***	0.205***	0.107***	0.118***	0.030***
	Top10	Firmage	Inst				
Top10	1.000						
Firmage	-0.174***	1.000					
Inst	0.471***	0.067***	1.000				

注：*、**、*** 分别表示 10%、5%、1% 的显著性水平。

（二）基准回归分析

接下来，我们采取行业、年份双向固定的固定效应模型检验绿色金融与企业绿色技术创新间的关系。基准回归结果如表 5-18 所示，其中，列（1）中仅考虑绿色金融对企业绿色技术创新的影响时，绿色金融对企业绿色技术创新的回归系数为 0.2125 且在 1% 的水平上显著；列（2）中加入控制变量后，绿色金融对企业绿色技术创新的回归系数为 0.2259 且在 1% 的水平上显著；列（3）中进一步控制行业、年份固定效应后，绿色金融对企业绿色技术创新的回归系数为 0.0770 且在 1% 的水平上显著。上述结果表明，绿色金融发展显著推动了企业绿色技术创新。

表 5 - 18　　基准回归分析结果

变量	(1)	(2)	(3)
	Inn	Inn	Inn
GreenFin	0. 2125 *** (9. 7451)	0. 2259 *** (10. 3573)	0. 0770 *** (3. 4360)
Size		0. 1222 *** (20. 0911)	0. 1376 *** (22. 5378)
Lev		0. 0973 *** (3. 6689)	0. 1285 *** (4. 8335)
ROA		0. 6160 *** (8. 1219)	0. 6027 *** (8. 2822)
Cashflow		-0. 0406 (-0. 5657)	0. 1193 * (1. 7419)
Growth		-0. 0424 *** (-4. 9752)	-0. 0611 *** (-7. 1083)
Top10		-0. 0001 (-0. 2223)	-0. 0008 ** (-2. 3051)
Firmage		-0. 1741 *** (-11. 8362)	-0. 0993 *** (-6. 2234)
Inst		-0. 0018 *** (-7. 8470)	0. 0003 (1. 2392)
Constant	0. 2203 *** (16. 6386)	-1. 9721 *** (-15. 0463)	-2. 5074 *** (-17. 8802)
行业固定	否	否	是
年份固定	否	否	是
Observations	27688	27688	27688
R - squared	0. 003	0. 043	0. 180

注：*、**、*** 分别表示 10%、5%、1% 的显著性水平。括号内为 t 值，下表同。

绿色金融正向作用于企业绿色技术创新，说明绿色金融在促进企业向绿色、低碳、可持续发展方向转型方面发挥了重要作用。原因可能在于：

（1）我国绿色金融通过提供低成本、高效率的融资渠道，有效助力企业加大对绿色技术的研发投入。例如，中国工商银行推出的“绿色智造贷”产品，专为绿色制造项目提供低利率贷款支持；而中国农业银行则发行了绿色债券，用于支持清洁能源和节能减排项目的发展。对于资本密集型的绿色创新项目而言，绿色金融的支持尤为重要，不仅显著降低了企业的资金成本，还延长了投资周期，使企业能够更有信心地承担起风险更高、回报期更长的绿色创新项目，进而有力地促进了企业的绿色转型和可持续发展。

（2）为推动绿色金融发展，我国政府提供了一系列优惠与支持。为绿色技术企业提供税收减免，如对研发费用加计扣除，降低企业税负，以鼓励企业增加研发投入。对采用绿色技术的企业提供财政补贴，如对新能源汽车购置补贴，促进绿色产品的市场应用。绿色项目在审批流程中享有优先权，如环评快速审批通道，加快了项目的实施进度。政府和金融机构设立绿色发展基金，如国家绿色发展基金，支持绿色技术的研发和应用。这些政策优势显著降低了企业的运营成本，为企业进行绿色创新提供了更为丰富的资金支持，从而增强了企业进行绿色技术创新的意愿和动力。

（3）企业参与绿色金融活动，不仅能够获得市场对其绿色创新努力的认可，还能有效提升品牌形象和市场地位。我国政府为鼓励金融机构发展绿色金融产品和服务，出台了《关于构建绿色金融体系的指导意见》等一系列政策，以支持企业的绿色转型。企业借由参与绿色金融活动，如获取绿色认证、发行绿色债券等举措，显著增强了市场对其绿色创新努力的认可度。同时，企业通过发布社会责任报告，公开披露其在绿色金融和可持续发展方面的进展和成效，也提升了其在可持续发展领域的影响力。随着环境、社会和治理（ESG）投资理念的普及，越来越多的投资者倾向于选择那些注重可持续发展和绿色创新的企业，进而为企业提供了更多的融资机会。这种正面的市场反馈进一步鼓励企业持续投入绿色创新，形成了一种积极的良性循环。

（三）稳健性检验

1. 工具变量法

考虑到变量间反向因果关系导致的内生性问题，我们使用滞后一期的绿色金融作为工具变量，采用工具变量法解决此问题（文书洋等，2022）。如表5-19所示稳健性检验，Kleibergen-Paap rk LM statistic为5556.058且在1%的水平上显著，工具变量通过不可识别检验；Kleibergen-Paap rk Wald F statistic为191118远大于16.38，工具变量通过弱工具变量检验。列（1）中滞后一期绿色金融的回归系数显著为正，列（2）中绿色金融对企业绿色技术创新的回归系数为0.0826且在1%的水平上显著，这表明绿色金融可以推动企业绿色技术创新，证实了前文结论的稳健性。

2. 滞后解释变量

接下来，我们使用滞后二期的绿色金融替换核心解释变量进行稳健性检验。如表5-19所示，列（3）中滞后二期的绿色金融对企业绿色技术创新的回归系数为0.0962且在1%的水平上显著，这表明滞后解释变量后，绿色金融对企业绿色技术创新仍有推动作用，进一步印证了前文结论的稳健性。

表5-19　稳健性检验

变量	(1)	(2)	(3)
	GreenFin	Inn	Inn
GreenFin		0.0826*** (3.2006)	
L. GreenFin	0.9624*** (437.1793)		
L2. GreenFin			0.0962*** (3.4346)
Size	0.0003 (0.7093)	0.1441*** (21.0952)	0.1526*** (20.2646)

续表

变量	(1)	(2)	(3)
	GreenFin	Inn	Inn
Lev	−0.0045 (−1.5876)	0.1219*** (4.1371)	0.1172*** (3.6216)
ROA	0.0163** (2.0257)	0.5741*** (7.3345)	0.5279*** (6.4816)
Cashflow	0.0199*** (2.8885)	0.1742** (2.2825)	0.2062** (2.4473)
Growth	−0.0006 (−0.6327)	−0.0657*** (−6.9263)	−0.0711*** (−7.0472)
Top10	0.0001*** (3.0087)	−0.0011*** (−2.7424)	−0.0015*** (−3.2963)
Firmage	0.0004 (0.2788)	−0.0917*** (−4.9896)	−0.0908*** (−4.2617)
Inst	−0.0001*** (−2.7389)	0.0004 (1.5738)	0.0004 (1.4231)
Constant	0.0235** (2.1886)	−2.8492*** (−17.7197)	−2.8524*** (−16.1197)
行业固定	是	是	是
年份固定	是	是	是
Observations	23287	23287	19791
R − squared	0.902	0.183	0.187
Kleibergen − Paap rk LM statistic	5556.058***		
Kleibergen − Paap rk Wald F statistic	191118		

（四）异质性分析

考虑到不同性质的企业在绿色创新水平上存在较大差异，在绿色金融资源的应用上也有不同表现，为此，我们将样本企业划分为国有、非国有企业，针对绿色金融对企业绿色技术创新能力的影响进行异质性分析。如表5－20所示，列（1）中绿色金融对国有企业绿色技术创新的回归系数为0.1232且在1%的水平上显著；列（2）中绿色金融对非国有企业绿色技术创新的回归系数为0.0791且在1%的水平上显著，这表明无论何种所有权性质，绿色金融均可推动企业绿色技术创新。由回归系数大小发现，列（1）中系数大于列（2）中系数且使用费舍尔组合检验进行的组间系数差异检验的经验P值为0.002，即在1%的水平上存在显著的系数差异，这表明相较于非国有企业，绿色金融对国有企业绿色技术创新的推动作用更强。

表5－20　　企业性质异质性

变量	(1)	(2)
	国有	非国有
	Inn	Inn
GreenFin	0.1232*** (3.2674)	0.0791*** (2.7806)
Size	0.1682*** (15.9591)	0.1187*** (15.2565)
Lev	−0.1444*** (−2.7689)	0.2297*** (7.4816)
ROA	0.2475 (1.3446)	0.6851*** (8.7878)
Cashflow	0.3802*** (3.0699)	0.0356 (0.4360)
Growth	−0.0546*** (−3.3387)	−0.0544*** (−5.3222)
Top10	−0.0067*** (−4.7544)	0.0007* (1.7179)
Firmage	−0.1109*** (−3.3754)	−0.1370*** (−7.4990)

续表

变量	(1)	(2)
	国有	非国有
	Inn	Inn
Inst	0.0031** (2.4472)	-0.0002 (-0.8894)
Constant	-2.9462*** (-12.3410)	-2.0646*** (-11.4347)
行业固定	是	是
年份固定	是	是
Observations	9726	17962
R-squared	0.257	0.169
经验P值	0.002***	

绿色金融正向作用于国有以及非国有企业绿色技术创新，并且对于国有企业的作用程度强于非国有企业，究其原因可能在于：

（1）融资成本优势。在政策的引导与鼓励下，我国银行、保险、证券等金融机构积极行动，通过提供优惠利率、贷款担保等多种方式，有效降低了企业绿色发展的融资成本。国有企业因其较高的信用等级，在获取这些优惠政策时具有明显优势，从而能够获得更多资金投入绿色技术创新中。相比之下，非国有企业在融资过程中可能面临更高的成本和更严格的审核要求，这在一定程度上制约了其在绿色技术创新方面的投入。

（2）政策倾斜与支持。政府在推动绿色金融发展的过程中，可能会更倾向于支持国有企业进行绿色技术创新。一方面，是因为国有企业在国家经济中扮演着非常重要的角色，承载着引领和推动经济发展的重任；另一方面，是因为政府希望通过国有企业来引领和示范绿色技术的发展方向，进而推动全社会朝向绿色、可持续的发展模式转型。因此，在绿色金融政策的制定和执行过程中，国有企业可能会获得更多的政策倾斜和支持，如优惠的融资条件、更多的资金扶持等，从而更容易实现绿色技术创新，推动绿色经济的发展。

（3）规模与实力优势。国有企业通常拥有较大的规模和较强的实力，这使得它们在进行绿色技术创新时能够投入更多的资源和精力。同时，国有企业往往具备更为完善的技术研发体系和丰富的人才储备，能够更好地应对绿色技术创新过程中遇到的挑战和风险。这种优势使其在绿色技术创新领域具有更强的竞争力和创新能力。相比之下，非国有企业在规模、实力和技术储备方面相对不足，这在一定程度上限制了其绿色技术创新的潜力和成效，使其在绿色转型过程中面临更多的困难和挑战。

（4）社会责任与品牌形象。国有企业作为我国经济支柱和社会责任的重要承担者，更加注重履行社会责任和塑造积极的品牌形象。它们通过积极参与绿色技术创新和环保事业，不仅能够增强企业自身的品牌形象和提升市场竞争力，还能为社会和环境的可持续发展作出显著贡献。这种强烈的社会责任感成为国有企业积极参与绿色技术创新的重要驱动力，使其在绿色转型和发展方面更加积极和主动。

第四节　本章小结

研究发现，无论是在宏观层面还是在微观层面，我国绿色金融发展目前已经形成显著的正向经济效应。

（一）宏观层面

我国绿色金融发展对经济增长具有稳定和显著的正向影响。这一影响体现在两个方面：一方面，绿色金融通过优化资金配置，为经济发展注入了新的动力和机遇，从而直接促进经济增长；另一方面，绿色金融还通过优化产业结构，推动产业的高级化与合理化进程，间接地对经济增长产生积极作用。

实证分析结果表明：虽然整体而言，我国绿色金融发展对经济增长具有正向的直接与间接作用，但分区域来看，由于东、中、西部地区在经济金融发展基础、资源禀赋以及产业结构等方面存在显著差异，绿色金融对经济增长的作用呈现出明显的区域性特点。具体而言，西部地区绿色金融对经济增长具有显著的正向作用，这可能与该地区丰富的自然资源以及政府对绿色金融的大力支持有关。与之相比，东部和中部地区受到经济结构、金融发展水平等因素的影响，目前绿色金融对经济增长的作用则相对不显著。因此，在制定和实施绿色金融政策时，需要充分考虑不同地区的实际情况和差异，以实现绿色金融与经济增长的协调发展。

（二）微观层面

（1）从新能源企业融资约束角度来看，绿色金融整体上对新能源企业融资约束存在显著负向影响。我国绿色金融发展有助于减轻新能源企业在获取资金过程中的困难，提高其资金的可得性和成本效益，从而有效缓解新能源企业的融资约束。

异质性分析表明，绿色金融发展在缓解我国国有新能源企业融资约束方面相较于非国有企业更为显著。原因可能在于，与非国有新能源企业相比，国有新能源企业具备良好的信誉，在绿色金融政策支持、绿色信贷、绿色保险与绿色投资等方面更容易被青睐。因此，在制定绿色金融发展政策时，需要充分考虑企业的所有制类型，并针对不同类型的企业设计差异化的绿色金融支持政策，以确保绿色金融资源能够更有效地促进新能源产业的持续发展。

（2）从企业绿色技术创新角度来看，绿色金融发展对企业绿色技术创新具有正向作用。绿色金融通过提供低成本、高效率的融资渠道，降低企业绿色技术研发的资金成本并延长投资周期，使企业能够承担更高风险、更长回报期的绿色创新项目。同时，政策支持和优惠进一步增强了企业绿色创新动力。此外，企业参与绿色金融活动有助于获得市场认可，提升品牌形象和市场地位，进而形成正向循环，有效推动企业绿色技术创新，促进整个社会的可持续发展。

经由异质性分析发现，绿色金融对国有及非国有企业绿色技术创新均产生正向作用，但对国有企业作用更为显著。此现象主要源于国有企业的融资成本优势、政策倾斜与扶持、规模与实力优势，以及其在承担社会责任和塑造品牌形象方面的积极作为，这些因素共同作用，使得国有企业在绿色技术创新领域更具优势。由此可知，未来在优化绿色金融发展政策时，需要充分考虑不同所有制企业的特点和需求，制定差异化的政策策略。对于国有企业，应进一步发挥其示范引领作用，带动整个产业链的绿色转型。同时，对于非国有企业，应加大绿色金融支持力度，降低其融资门槛和成本，激发其绿色技术创新的活力。

第六章

绿色金融发展的环境效应

绿色金融通过引导资金流向环保、节能、清洁能源等领域，致力于减少污染排放、保护生态环境、促进资源高效利用，力求实现经济发展与环境保护的双赢。随着全球环境问题的日益严峻，绿色金融作为应对环境挑战、推动可持续发展的重要手段，其环境效应愈发受到社会各界的广泛关注。为深入了解我国绿色金融的重要性和发展潜力，本章将在理论上分析绿色金融发展的宏微观环境效应的基础上，实证检验其具体影响程度。

第一节 绿色金融对环境效应的理论分析

绿色金融通过资金配置、技术创新、风险控制、政策激励以及市场机制的完善等多重作用机制，有效地减少了污染物的排放，改善了环境质量，并促进了环境与经济的和谐发展。具体作用机制如下：

一是资金导向与资源配置优化。绿色金融通过创新金融产品与服务，如绿色信贷、绿色债券等，明确引导社会资本流向环保、节能、清洁能源等绿色产业和项目。这种资金导向不仅缓解了绿色项目融资难、融资贵的问题，还促进了绿色产业的快速发展。同时，绿色金融通过限制对高污染、高耗能行业的资金支持，间接促使这些行业进行技术改造和转型升级，从而实现了资源配置的优化，并显著减少对环境的负面影响。

二是技术创新与产业升级驱动。绿色金融在技术创新和产业升级方面发挥着关键作用。它为绿色技术的研发和应用提供了必要的资金支持，并降低了相关技术研发和应用过程中的风险。通过支持绿色技术的持续创新与应用，绿色金融推动了生产过程中的技术升级和效率提升，进而提升了资源使用效率和产品附加值。这种技术创新和产业升级的良性循环，推动了经济与环境的和谐发展。

三是风险管理与环境评估保障。绿色金融在投融资活动中特别注重对环境风险的评估和管理，将环境因素纳入信贷审批、投资决策等核心流程。这种严谨的风险管理机制有助于降低绿色项目的融资风险，提高投资者信心。同时，绿色金融还通过引入环境保险等金融工具，为绿色项目提供了额外的风险保障，进一步推动了绿色产业的稳健和可持续发展。

四是政策引导与激励机制构建。为解决环境污染所引发的负外部性问题，政府在绿色金融发展过程中扮演着至关重要的角色。通过制定绿色金融政策、提供财政补贴和税收优惠等措施，政府有效地引导和激励金融机构和企业积极参与到绿色发展的实践中。这些政策措施与绿色金融相互协同，共同形成了推动环境与经济协调发展的强大合力。通过构建政策引导和激励机制，不仅降低了绿色项目的融资成本，还提升了绿色产业的投资回报率，进而吸引了更多的社会资本流向绿色领域。

五是市场机制完善与拓展。绿色金融的发展促进了金融市场中绿色债券、绿色基金等产品的完善，为绿色产业提供了更为多元化的融资渠道。同时，绿色金融也促进了绿色消费和绿色投资的增长，促进了绿色发展模式的良性循环。市场机制的进一步完善与拓展不仅提升了绿色项目的融资效率和可获得性，还进一步推动了环境与经济的协调发展，为可持续发展目标的实现奠定了坚实的基础。

绿色全要素生产率（Green Total Factor Productivity，GTFP）是一个综合性指标，是指在保护环境的前提下，有效利用各种资产要素（如资本、劳动、技术等）推动经济增长的效率。这一指标不仅反映了在考虑环境因素下的综合生产效率，还深刻体现了经济系统的可持续发展能力。基于前述分析，我们可知绿色金融通过引导资金流向环保、节能、清洁能源等领域，不仅在微观层面有助于减少污染排放，改善生态环境，而且在宏观层面可以通过优化资产要素配置，提高资源利用效率和生产效率，实现经济发展与环境保护的双赢。基于以上分析，我们可以明确认知到绿色金融在推动绿色全要素生产率增长、减少污染物排放以及提高环境品质方面所发挥着非常关键的作用。为此，我们提出以下假设：

H5：绿色金融有助于绿色全要素生产率的提升。

H6：绿色金融发展有助于减少污染物排放，提升环境水平。

第二节　绿色全要素生产率的测算与分析

绿色全要素生产率（GTFP）作为衡量经济与环境平衡发展的重要指标，其准确测算对于制定科学合理的绿色发展政策、评估绿色发展成效至关重要。本节通过建立绿色全要素生产率评估体系，针对我国绿色全要素生产率进行测度与分析，为推动经济绿色转型、实现可持续发展目标提供有力支撑。

一、测算方法选择与指标选取

（一）测算方法选择

为了更准确地测算绿色全要素生产率，我们采用 EBM 模型进行绿色全要素生产率测度。与学者们常用的传统 DEA 模型相比，EBM 模型克服了传统 DEA 模型在处理多投入多产出效率评价问题时的局限性。DEA 模型虽然广泛应用于效率评价，但在处理复杂的多投入多产出系统时，往往难以准确反映各投入与产出之间的实际关系。而 EBM 模型通过引入更加精细的数学方法和优化算法，能够更全面地考虑各投入与产出之间的相互影响，从而得出更加准确的效率评价结果。同时，EBM 模型还解决了 SBM 模型在衡量效率时无法处理投入产出目标与实际值的比例问题。SBM 模型虽然在一定程度上考虑了投入产出的比例关系，但在实际应用中，往往难以准确处理目标值与实际值之间的差异。而

EBM 模型通过引入非径向和非角度的度量方法，能够更好地处理投入产出之间的比例关系，使得效率评价更加贴近实际。EBM 模型的表达式为：

$$\gamma^{*}=\min\frac{\theta-\varepsilon_{x}\sum_{i=1}^{m}\frac{\omega_{i}^{-}s_{i}^{-}}{x_{io}}}{\varphi+\varepsilon_{y}\sum_{r=1}^{s}\frac{\omega_{r}^{+}s_{r}^{+}}{y_{ro}}+\varepsilon_{b}\sum_{p=1}^{q}\frac{\omega_{p}^{b-}s_{p}^{b-}}{b_{po}}}$$

$$\text{s. t.}\begin{cases}\sum_{j=1}^{n}x_{ij}\lambda_{j}+s_{i}^{-}-\theta x_{io}=0,i=1,\cdots,m,\\ \sum_{j=1}^{n}y_{rj}\lambda_{j}-s_{r}^{+}-\varphi y_{ro}=0,r=1,\cdots,s,\\ \sum_{j=1}^{n}b_{pj}\lambda_{j}+s_{p}^{b-}-\varphi b_{p0}=0,p=1,\cdots,q,\\ \lambda_{j}\geqslant 0,s_{i}^{-}\geqslant 0,s_{r}^{+}\geqslant 0,s_{p}^{b-}\geqslant 0\end{cases}$$

其中，γ^{*}代表 EBM 模型测度下投入产出的最优效率值；θ 表示径向条件下的效率表现；s_{i}^{-} 表示非径向条件下第 i 种投入要素的松弛量；λ 则代表投入要素的相对权重；（x_{io}，y_{ro}）表示第 o 个单位的投入产出向量；ε_{x}是同时包含径向变动比例和非径向松弛向量的核心参数，ω_{i}^{-}表示第 i 种投入要素的权重，体现了投入要素 i 的重要程度，且所有投入要素的权重之和为1；相似地，ω_{r}^{+}、ω_{p}^{b-}各代表 r 期望产出和 p 非期望产出指标的权重，它们反映了不同产出和投入要素在效率评价中的重要程度，因此在模型构建前需要预先确定。b_{po}代表第 o 个省份的第 p 种非期望产出；（s_{r}^{+}，s_{p}^{b-}）代表第 r 种期望产出和第 p 种非期望产出的松弛向量，当二者为正数时，意味着实际投入产出未能达到最优生产水平，暗示生产技术效率尚存改进的空间。

尽管 EBM 模型测算出的结果更接近生产实际，但是该模型也有其自身的局限性。由于该模型仅从静态角度进行测算，难以从动态视角反映绿色全要素生产率的变动情况。相较而言，GML 指数则提供了一种更为全面的衡量方法。它基于 Malmquist – Luenberger 指数创新而来，专门用于衡量两个时间点之间生产率的变化。GML 指数能够从动态的角度反映绿色全要素生产率的变动，意味着不同时期的数据在 GML 指数下具备可比性，这使得该指数能够更好地反映长期的变化趋势。为此，本研究构建了一个全局参比的 GML 指数，旨在全面、动态地衡量各省市的绿色全要素生产率水平。其表达式如下：

$$GML_{t,t+1} = \left[\frac{1 + D_0^t(x_i^{i,t}, y_i^{i,t}, b_i^{i,t}; y_i^{i,t}, -b_i^{i,t})}{1 + D_0^t(x_i^{i,t+1}, y_i^{i,t+1}, b_i^{i,t+1}; y_i^{i,t+1}, -b_i^{i,t+1})} \times \frac{1 + D_0^{i+1}(x_i^{i,t}, y_i^{i,t}, b_i^{i,t}; y_i^{i,t}, -b_i^{i,t+1})}{1 + D_0^{i+1}(x_i^{i,t+1}, y_i^{i,t+1}, b_i^{i,t+1}; y_i^{i,t+1}, -b_i^{i,t+1})} \right]^{\frac{1}{2}}$$

当 GML 指数大于 1 时，意味着从 t 到 $t+1$ 的时间段内，GTFP 实现了正向增长，即有所提升；反之，若 GML 指数小于或等于 1，则意味着 GTFP 在此期间并未实现提升。这一分析框架有助于我们精准把握绿色全要素生产率的动态变化，更全面地了解其在不同时间段内的表现和发展趋势。由于超效率 EBM 模型测算出的绿色全要素生产率结果是与上一年度的变化幅度相比的增长率，因此，为了得到实际的 GTFP 值，我们需要设定一个基期。在本研究中，我们将 2007 年的绿色全要素生产率设为基期并赋值为 1，然后利用 GML 指数进行累乘，从而得到研究时间区间内的实际 GTFP 值。这一方法能够使我们更全面、更准确地反映绿色全要素生产率在长期内的变化趋势和实际情况，为政策制定和绿色发展实践提供更有力的支持。

（二）投入产出指标选取

考虑到数据可得性，绿色全要素生产率的投入变量包括：固定资产（永续盘存法计算所得）、平均从业人数。产出指标区包括期望产出和非期望产出，其中，期望产出以 2000 年作为基期的各省 GDP 来衡量；非期望产出以固体废弃物、工业废水、工业废气、碳排放以及 PM2.5 等各种工业污染物排放量来衡量。具体如表 6-1 所示。

表 6-1　　绿色全要素生产率指标体系

变量类别	变量名
期望产出	GDP
非期望产出	固体废弃物
	工业废水
	工业废气
	碳排放
	PM2.5
投入要素	固定资产
	平均从业人数

二、测算结果分析

为明确我国绿色全要素生产率发展水平，我们针对 2008—2021 年我国 30 个省市（因统计口径不一致，不包含港澳台三地，西藏地区因部分数据缺失，也不包含在内）进行测度，依据测度结果，具体分析如下。

（一）全国层面

由测度结果得知，我国绿色全要素生产率由 2008 年的 1.0019 上升至 2021 年的 1.0152，年均增长率为 0.41%，总体呈现上升趋势（见图 6-1）。这说明在政府绿色政策的引导与支持下，我国在推动经济发

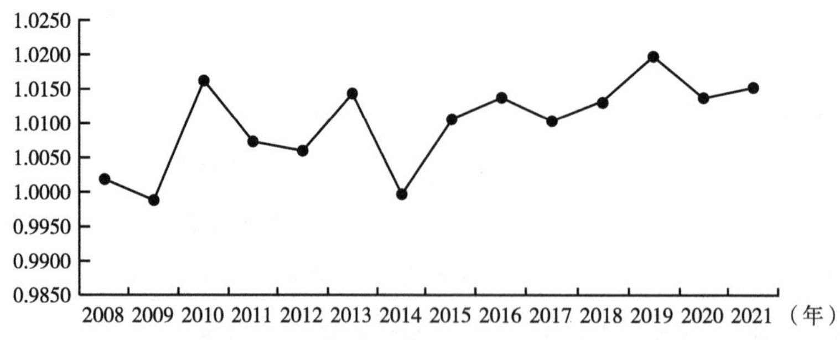

图 6-1　2008—2021 年我国绿色全要素生产率情况

展与环境保护协调共进方面取得了一定的成效。我国绿色全要素生产率上升主要取决于以下几点：

一是环保政策的有力推动。我国将生态文明建设纳入国家发展战略之中，并明确提出了“绿水青山就是金山银山”的发展理念，强调经济发展与环境保护的协调统一。为达成此目标，政府持续强化环境立法工作，制定了包括《环境保护法》《大气污染防治法》在内的一系列法律法规，为环境保护监管提供了坚实的法律支撑。同时，政府实施了环境影响评价制度，规定企业在项目启动前必须进行环境影响评估，确保项目符合环保标准。此外，政府推行了排污许可制度，明确了企业的排污权和排污限额，并通过市场机制调节排污权分配。为进一步提高企业的环保水平，政府鼓励并支持企业进行技术改造，采纳清洁生产技术，以降低资源消耗和减少污染物排放。这些政策措施促使企业增加了环保投资，优化了生产工艺，使用更加环保的原材料和能源，进而有效提升了绿色全要素生产率。

二是技术创新与进步的显著推动。科技水平的不断提升为绿色全要素生产率的增长提供了强大的动力。为了促进经济社会的可持续发展，我国推出了一系列国家科技计划，包括国家重点研发计划等，并颁布了《可再生能源法》等新能源产业政策，以全面支持绿色技术的研发与应用，并已取得了显著成效。在能源开发领域，我国不仅实现了大规模的太阳能电站建设，还在太阳能电池板的制造技术上不断创新，显著提高了光电转换效率，并有效降低了生产成本。在工业生产中，智能制造技术的广泛应用使得生产流程更加智能化和精细化，从而有效减少了原材料的浪费、降低了次品率，并且减少了污染物的排放。在农业领域，利用卫星定位和传感器监测技术，已经实现了对农田的精准施肥与灌溉。这一进步不仅提升了农作物的产量，还显著降低了化肥和农药对土壤及水体的污染。由此可知，目前技术创新已经在我国的能源、工业、农业和交通等各个领域全面开花，有力地促进了绿色全要素生产率的增长。

三是产业结构的优化升级。我国持续坚定不移地推进产业结构调整。在传统产业方面，通过实施严格的环保标准和去产能政策，逐渐降低了高能耗、高污染产业的比重。例如，一些小型的、技术落后且污染严重的钢铁厂被关停，而大型钢铁企业则加大了环保设备投入和技术改造力度，有效降低了能耗和污染物排放。同时，我国大力发展服务业和高新技术产业，服务业在国民经济中的比重逐年上升，特别是金融、电子商务等现代服务业发展迅猛。以互联网、大数据、人工智能等为代表的新兴产业迅速崛起，5G 通信技术、半导体芯片制造、生物医药等高新技术产业也取得了重要突破。这些产业具有低能耗、低污染、高附加值的特点，有效提升了资源配置效率和经济发展质量，为我国绿色全要素生产率的增长奠定了坚实基础。

四是绿色投资的显著增加。随着我国对绿色发展的高度重视，社会资本呈现出越来越明显的绿色投资倾向，越来越多的资金正流向绿色产业和项目。在生态农业方面，为了保障粮食安全和生态环境的可持续性，众多资本投入现代化农业生产中。与此同时，大规模的智慧农业园区建设兴起，通过引入先进的农业物联网技术，推动了农业生产方式的绿色转型。绿色交通领域也成为投资的热点，新能源汽车产业吸引了大量资金，不仅传统汽车厂商加大对新能源车型的研发和生产投入，众多新兴的车企也涌入市场。在工业节能领域，大量资金投入高效节能设备的研发和生产，如新型的节能电机、余热回收系统等，帮助企业降低能源消耗。这些绿色投资不仅促进了相关产业的快速发展和技术创新，还通过产业链的传导效应，带动了上下游企业的绿色升级，为我国绿色全要素生产率的提升注入了强劲动力。

五是公众环保意识的显著提高。随着我国教育水平的显著提升和环保宣传力度的不断加强，公众对环境保护的关注度与日俱增。在教育方面，从基础教育到高等教育，都在逐步强化学生的环保意识，越来越多的学生选择环境科学、资源循环利用等相关专业，为环保事业培养了众多专业人才。在社会宣传方面，电视、报纸、网络等媒体通过专题报道、公益广告等形式，广泛传播环保理念和知识，营造了良好的舆论氛围。在消费领域，越来越多的消费者在购买商品时关注产品的环保属性，如是否采用可降解材料、是否节能等，绿色食品市场需求不断扩大，消费者更愿意选择有机、无农药残留的农产品。在出行方面，选择共享单车、公共交通等绿色出行方式的人数日益增多。公众环保意识的提高，促使企业生产更加环保、可持续的产品，形成了绿色发展的良性循环，有力地促进了我国绿色全要素生产率的增长。

（二）区域层面

由表6-2可知，我国东部、中部与西部地区的绿色全要素生产率（GTFP）均有所发展，但各自呈现出不同的特点和趋势。其中，东部地区的GTFP发展相对平稳但增速度较慢，2008—2021年，其GTFP年均值为1.0072，年均增长率为0.0017，这表明我国东部地区绿色全要素生产率发展呈现稳定态势，但仍有较大的提升空间。相比之下，中部地区的GTFP发展则表现出波动上升的趋势，同期内GTFP年均值为1.0112，年均增长率为0.0048，无论是年均值还是增长速度均高于东部地区，显示出中部地区在绿色发展方面的积极进展和潜力。与此同时，西部地区在2008—2021年，其GTFP年均增长率为0.0085，年均值为1.0121，无论是年均值还是增长速度均优于东部与中部地区，显示出西部地区在绿色发展方面具有较好的发展势头和较大的发展潜力。综合来看，我国各地区的GTFP发展虽存在差异，但均呈现出积极向上的趋势，为未来整体经济的绿色转型和可持续发展奠定了坚实基础。

表6-2　2008—2021年我国东中西部地区绿色全要素生产率水平

年份	东部	中部	西部
2008	1.0034	1.0057	0.9975
2009	0.9933	0.9973	1.0055
2010	1.0076	1.0146	1.0260
2011	1.0127	0.9975	1.0092
2012	0.9910	1.0141	1.0150
2013	1.0146	1.0096	1.0175
2014	0.9967	1.0240	0.9850
2015	1.0112	1.0139	1.0076

续表

年份	东部	中部	西部
2016	1.0067	1.0205	1.0159
2017	1.0125	1.0115	1.0073
2018	1.0050	1.0126	1.0220
2019	1.0206	1.0189	1.0195
2020	1.0089	1.0168	1.0162
2021	1.0167	0.9996	1.0251
年均增长率	0.0017	0.0048	0.0085
年均值	1.0072	1.0112	1.0121

我国西部地区绿色全要素生产率的年均值和增长速度之所以优于中部地区，中部地区又优于东部地区，成因可能主要在于：

首先，产业布局与升级。东部地区工业化程度高，产业结构相对固化，在转型升级时面临诸多挑战，需要从传统的高能耗、高污染行业转向更为环保和高科技含量的产业。而中西部地区在承接东部产业转移的基础上，能够更灵活地规划产业布局，有机会直接引入新兴绿色产业，这不仅有助于促进经济结构的优化升级，还有助于提高绿色全要素生产率。例如，西部地区积极发展光伏、风能等清洁能源产业，实现了产业的绿色升级，从而提高了绿色全要素生产率。

其次，资源优势与开发策略。西部地区自然资源丰富，包括太阳能、风能等可再生能源，以及矿产资源。合理开发利用这些资源，并注重生态保护，可以显著提高资源利用效率，从而促进绿色全要素生产率的提升。中部地区虽然自然资源不如西部地区丰富，但通过科学规划和精细管理，提高资源利用效率和管理水平，同样可以实现绿色全要素生产率的增长。例如，中部部分地区通过对农业资源的综合开发，发展生态农业和循环经济，显著提升了绿色全要素生产率。

再次，政策倾斜与发展规划。国家对中西部地区给予了众多优惠政策和明确的发展规划，助力其发展。如西部大开发战略、中部崛起战略等。这些政策的实施为中西部地区提供了大量的资金和项目支持，有助于提高这些地区的基础设施水平、产业发展和技术水平，进而推动绿色全要素生产率的增长。此外，这些政策还鼓励创新和绿色技术的应用，进一步促进了绿色发展的质量和效益。

最后，环保意识与监管力度。随着生态文明建设的不断推进，各地都加大了环境保护和污染治理的力度。东部地区由于经济发展水平领先，环保标准相对较高，企业因此需要采取更为严格的环保措施来控制污染，从而面临较大的环保成本和压力。相比之下，中西部地区在环保标准提升的过程中，企业反而拥有了更多的改进空间和发展机遇。通过加强环境监管，可以促使企业采用更环保的生产技术和工艺，进而推动绿色全要素生产率的提升。

（三）省市层面

由聚类分析结果可知，整体来看，我国各省市在绿色全要素生产率方面存在显著差异。第一梯队和第二梯队的省市在绿色全要素生产率水平较高，而第三梯队和第四梯队的省市绿色全要素生产率发展水平偏低，需要进一步优化环境保护和绿色发展措施（见表6－3）。为了实现全面绿色发展，需要针对不同省市的实际情况，制定和实施相应的绿色发展战略和政策。

表6－3　　我国绿色全要素生产率聚类分布状况

类别	省市	GTFP 水平
第一梯队（高 GTFP 水平）	天津、黑龙江、山东、广西、海南、贵州、云南、甘肃、青海	GTFP 均值高于1.015
第二梯队（GTFP 水平中等偏高）	山西、内蒙古、辽宁、吉林、安徽、湖南、四川、陕西、宁夏	GTFP 均值为1.010—1.015
第三梯队（GTFP 水平中等偏低）	北京、河北、江苏、福建、河南、湖北、江西、新疆	GTFP 均值为1.005—1.010
第四梯队（低 GTFP 水平）	上海、浙江、广东、重庆	GTFP 均值相对较低，低于1.005

第一梯队主要包括天津、黑龙江、山东、广西、海南、贵州、云

南、甘肃、青海 9 个省市，它们的 GTFP 均值高于 1.015，具有较高的绿色全要素生产率水平。这些省市在经济发展过程中，成功地平衡了环境保护与经济增长的关系，实现了较高的绿色全要素生产率。天津近年来积极推动产业结构转型，从传统重工业向高端装备制造、新能源、新材料、生物医药等绿色产业转变，并加强服务业发展，优化产业结构，减少环境污染。天津自贸区内的绿色金融试点项目，促进了绿色信贷、绿色债券等金融产品的创新与发展，为绿色项目提供了充足的资金支持。黑龙江作为我国的重要粮食生产基地，积极推行绿色农业，采用有机耕作方式，减少化肥和农药的使用，并实施秸秆综合利用等措施，以提升农业的可持续发展。同时，合理开发丰富的森林、湿地等生态资源，发展生态旅游和林下经济，实现生态价值向经济价值的转化。加大对清洁能源的开发和利用，降低能源生产和消费环节的碳排放。山东对传统制造业进行大规模的绿色化改造，在化工、机械、纺织等传统行业推进循环经济模式，实现资源的高效循环利用，并大力发展智能制造，提高资源利用率，提升工业的绿色化水平。作为海洋大省，山东还注重海洋资源的合理开发利用，充分发挥海洋资源优势，发展海洋牧场、海洋生物医药等绿色海洋产业，推动海洋经济的可持续发展。

广西和海南则利用独特的热带气候和丰富的生态资源，发展特色农业和生态旅游，注重生态保护与恢复工作，实现了经济效益与环境效益的双赢。同时，两省还大力发展水电、太阳能、风能等清洁能源，以降低对化石燃料的依赖并减少碳排放。贵州和云南通过实施生态扶贫政策，结合当地自然环境优势，发展林下经济、生态农业、特色手工艺等绿色产业，有效带动了贫困地区的经济发展。同时，两省还加强保护区建设和生态系统服务价值的挖掘工作，促进生态补偿机制的完善。面对干旱和沙漠化的挑战，甘肃和青海加大了荒漠化防治、水土保持和湿地保护的力度，并积极发展光伏、风电等绿色能源产业，以减少对脆弱生态系统的破坏。

第二梯队包括山西、内蒙古、辽宁、吉林、安徽、湖南、四川、陕西、宁夏 9 个省市，GTFP 均值为 1.010—1.015，这些省市的绿色全要素生产率处于中等偏高水平，仍需进一步提升以实现更高水平的绿色发展。

山西、内蒙古、陕西、宁夏这些省份拥有丰富的煤炭资源，长期的大规模开采和粗放式利用，不仅造成了资源的过度消耗，还引发了一系列环境问题，如地面沉陷、水资源污染等。而且，煤炭相关企业在技术创新和资金投入方面相对不足，导致在向低碳经济转型时面临技术瓶颈和资金短缺的双重困境。为了应对这一挑战，这些省份需要进一步推动清洁能源的替代，如积极发展风能、太阳能和生物质能，以减少对煤炭的依赖。同时，它们还需加强煤炭清洁利用技术的研发和应用，以提高煤炭使用的环保效率。

辽宁、吉林两省曾是我国的重要工业基地，但在经济转型过程中面临产能过剩和环境污染等问题。辽宁作为老工业基地，在钢铁、机械、化工等行业具有深厚的产业基础。然而，随着市场需求的变化和技术的更新换代，出现了产能过剩的情况。同时，长期的工业生产给当地带来了严重的环境污染，治理难度较大。吉林在汽车制造、化工等领域也曾占据重要地位。但在经济发展过程中，由于技术创新能力不足，产品更新换代缓慢，无法适应市场需求的变化，导致产能过剩。此外，化工企业的排放对当地的生态环境造成了一定的影响，生态系统的自我修复能力受到挑战，水资源和土地资源受到不同程度的污染。为了应对这些挑战，两省需要加快产业结构调整，同时加强环保技术改造，提升产业的绿色化水平。

安徽、湖南、四川三省的产业结构中，传统的高能耗、高污染产业仍占有较大比重，如化工、钢铁、建材等行业。这些产业的生产方式相对粗放，资源利用率低，污染物排放量大，对环境造成较大压力，制约了绿色全要素生产率的提升。同时，在绿色技术研发和应用方面，投入相对不足，创新成果转化效率不高。缺乏自主创新的核心技术，使得企业在节能减排、资源循环利用等方面难以取得突破性进展。这些省份应充分发挥自身优势，发展生态农业和绿色食品产业，同时充分利用自然景观和文化遗产资源，发展可持续的生态旅游，以增加绿色收入来源。特别是四川和湖南，拥有长江等重要水系，更需加强水资源管理和保护，防止水体污染，积极促进水生态文明建设。

第三梯队包括北京、河北、江苏、福建、河南、湖北、江西、新疆8个省市，GTFP均值为1.005—1.010，这些省市的绿色全要素生产率处于中等偏低水平，还有较大的提升空间，需要采取更加有效的措施来提高绿色全要素生产率。

北京作为政治、文化中心，其产业结构以第三产业为主导，尤其是服务业占据了较大比例。尽管服务业对环境的影响相对较小，然而交通物流、餐饮等服务行业仍可能产生较大的环境污染。另外，北京的人口密度较高，城市化进程迅速，这致使大量能源消耗和废物产生，进而加大了城市的环境压力。特别是大气污染问题，在冬季供暖期间，空气质量问题备受社会关注。因此，北京需要在保持经济活力的同时，凭借其强大的科研能力和人才资源，推动绿色技术的研发和应用。

在河北、河南、湖北这三个省份的产业结构中，传统工业如钢铁、化工、建材等高能耗、高污染产业仍占据较大比重。这些产业在生产过程中往往依赖大量资源投入，同时排放出大量污染物，对环境造成了较大压力。而且，在绿色技术研发和创新方面，这些省份投入的资源相对较少，自主创新能力不足，生产效率不高，资源利用率也较为有限，这在很大程度上制约了绿色全要素生产率的提升。因此，需要进一步优化产业结构，降低高污染、高能耗产业的比例，积极发展高端装备制造业、电子信息、生物医药等绿色产业。

虽然江苏和福建的经济较为发达，但在绿色经济转型方面仍有待加强。江苏作为经济强省，工业基础雄厚，然而在其产业结构中，部分传统制造业仍占据较大比重。这些企业在节能减排等方面的技术改造和升级需要投入大量的资金和时间。同时，江苏的能源消费结构仍以传统能源为主，清洁能源的占比较低，这对减少碳排放和实现可持续发展构成了一定的制约。福建的外向型经济特征明显，但一些出口加工企业在生产过程中存在资源消耗较大、环境污染等问题。此外，福建的一些地区在城市化和工业化进程中，对生态环境的保护重视程度不够，导致生态系统受到了一定程度的破坏。新疆作为资源大省，其石油、天然气、煤炭等能源产业规模庞大。需推动资源型经济的绿色转型，发展清洁能源，如风能、太阳能，同时加强荒漠化治理和生态建设。

第四梯队则包括上海、浙江、广东与重庆共4个省市。上海作为国际化大都市，人口密集，资源需求巨大，这导致土地、水资源等的紧张状况，进而影响了资源配置效率，对绿色全要素生产率产生了制约。同时，大规模城市建设和更新项目在一定程度上破坏了生态环境，增加了环境治理成本。例如，建筑施工过程中的扬尘、噪声以及废弃物处理等问题，都给城市环境带来了额外压力。尽管上海在科研创新方面投入较大，但创新成果向实际生产力的转化效率仍有待提高。部分绿色技术在应用推广方面面临障碍，未能充分发挥其对经济增长和环境改善的双重作用。此外，上海不同区域之间的经济发展和绿色发展水平存在差异，部分郊区的产业结构和环保水平相对滞后，拉低了整体的绿色全要素生产率水平。

浙江省民营经济发达，但纺织、化工等传统制造业占比较高。这些产业在生产过程中往往能耗较高、污染较重，不利于绿色全要素生产率的提升。尽管浙江省在数字技术创新等方面具有较强实力，但在绿色技术研发方面的投入或创新能力有待加强。这导致部分先进绿色技术的应用和推广受到限制，未能充分发挥其对生产效率和环境效益的推动作用。相较于绿色经济发达的地区，浙江省在高新技术产业、清洁能源产业等方面的发展可能还不够充分，这限制了其绿色全要素生产率的增长潜力。

广东作为我国的经济大省，尽管在高新技术产业和现代服务业方面取得了长足进步，但传统制造业仍占有一定比重，部分产业在生产过程中仍存在高能耗、高污染等问题。同时，广东省内不同区域之间绿色发展水平存在差异，部分相对落后地区在产业结构、环保设施、技术创新等方面相对滞后，在一定程度上拉低了绿色全要素生产率。此外，作为人口大省，广东省面临较大的资源消耗和环境压力，随着城市化进程的加速，资源短缺和环境污染问题日益凸显，这也在一定程度上限制了绿色全要素生产率的提升。

重庆市的传统制造业，如钢铁、化工等，在产业结构中仍占有较大比重。这些产业在生产过程中往往能耗较高、污染较重，对绿色全要素生产率的提升构成不利影响。同时，相较于绿色经济发达的地区，重庆在高新技术产业、清洁能源产业等方面的发展尚不充分，这在一定程度上限制了绿色生产率的增长潜力。此外，作为内陆城市，随着经济的快速发展和城市化进程的加快，重庆在发展过程中面临较大的资源消耗压力，这进一步增加了环境负担，不利于绿色全要素生产率的提高。因此，作为长江上游重要的工业基地，重庆市应加快推动工业绿色化改造，积极发展绿色制造和循环经济。

第三节　绿色金融发展宏观环境效应分析

一、模型选择与变量选取

（一）模型选择

依据研究目的与数据特征，建立的基准回归分析模型如下所示：

$$GTFP_{it} = \alpha GreenFin_{it} + \rho control_{it} + C + \mu_i + \gamma_t + \varepsilon_{it}$$

其中，*GTFP* 代表绿色全要素生产率，*GreenFin* 代表第 i 个省份在第 t 年的绿色金融发展水平，*control* 代表一系列控制变量。C 代表截距项，ε_{it} 表示随机误差项。

（二）变量选取（见表6－4）

（1）被解释变量：绿色全要素生产率（GTFP）。

（2）解释变量：绿色金融发展水平（GreenFin）。

（3）控制变量。本书选取如下变量为控制变量添加到模型中。

工业化水平（IND）：随着工业化水平的提高，产业结构逐渐从劳动密集型向资本密集型和技术密集型转变。这种转变有助于降低高耗能、高污染产业的比重，提高清洁能源和低碳产业的比重。因此，优化产业结构不仅可以提高资源利用效率，还能减少环境污染，进而推动GTFP的提升。此外，工业化水平的提升还意味着资源利用效率的提高。通过改进生产工艺、优化生产流程等措施，企业可以在保证生产质量的同时减少资源消耗和浪费。资源利用效率的提高有助于降低生产成本，提高经济效益，同时也为GTFP的提升提供了有力支撑。

政府干预程度（GOV）：政府能够通过实施税收优惠、提供财政补贴以及优化融资渠道等政策措施，助力企业开展绿色技术创新和实现可持续发展。这些举措有助于激励企业降低污染排放，增强资源利用效率，从而促进绿色全要素生产率的提升。同时，政府可以通过产业政策引导资源向高生产率、低污染的绿色产业流动，推动产业结构的优化升级。这种产业结构的变化有助于提升整个地区的绿色全要素生产率。

人均GDP（PGDP）：人均GDP是衡量一个地区经济发展水平的重要指标。在经济发展水平较高的地区，企业能够投入更多资金于研发及技术革新，同时，政府亦倾向于提供更为丰富的政策扶持，因此，企业的技术创新能力往往更为突出。通过技术创新，企业能够研发出更为环保且高效的生产流程与产品，减少生产环节中的资源耗用与环境破坏，进而提高绿色全要素生产率。此外，随着人均国内生产总值（GDP）的增长和居民生活水平的提升，政府及社会各界愈发重视环境保护议题，积极制定并完善环境保护法规与政策。与此同时，企业也开始更加注重自身品牌形象和社会责任，主动实施环保措施以降低污染物排放。这种环保意识的提高有助于推动GTFP的提升。

人力资本（HUM）：人力资本是指个体通过教育、培训、经验和健康等方面的投资所获得的知识和技能。这些知识和技能不仅提高了劳动者的生产效率，还促进了技术创新和绿色技术的应用。高水平的人力资本还能促进产业结构的优化升级，引导产业向低能耗、低排放的方向发展，进而提高绿色全要素生产率。此外，人力资本是技术创新与传播的关键媒介。在人力资本水平较高的地区，技术创新活动更为频繁，新科技和新工艺的研发及应用速度得以加快。这些技术创新不仅提升了生产效率，还推动了环保技术的应用与普及，有助于减少生产过程中的环境污染，进而提高了绿色全要素生产率（GTFP）。随着人力资本水平的提升，劳动者的环保意识也逐渐增强，这有助于形成绿色的生产方式和消费模式，进而促进绿色全要素生产率（GTFP）的提升。

表 6－4　　变量指标选取及说明

类别	指标名称	符号	指标说明
被解释变量	绿色全要素生产率	GTFP	考虑环境因素影响的整体生产率
解释变量	绿色金融	GreenFin	绿色金融发展水平
控制变量	人均 GDP	PGDP	经济发展水平
	工业化水平	IND	工业增加值/地区生产总值
	政府干预程度	GOV	财政支出/地区生产总值
	人力资本水平	HUM	高等学校在校学生占比

（三）变量的描述性统计分析

表 6－5 为各变量的描述性统计分析结果，其中绿色全要素生产率最大值为 1.0562，最小值为 0.9603，这表明不同地区的绿色全要素生产率存在一定差异，即绿色发展水平各有不同，均值达到 1.0117，这说明整体绿色全要素生产率已经达到了一定的水平。绿色金融的最大值为 0.8556，最小值为 0.0700，均值为 0.4283，这表明我国绿色金融发展存在显著的地区差异性，各个地区绿色金融发展水平存在差异。

表 6－5　　描述性统计分析结果

变量	Mean	SD	Max	p50	Min
GTFP	1.0117	0.0266	1.0562	1.0141	0.9603
GreenFin	0.4283	0.2310	0.8556	0.4629	0.0700
PGDP	1.2770	0.8145	4.8075	0.9924	0.5423
IND	0.3163	0.0794	0.5226	0.3192	0.1008
GOV	0.1970	0.0864	0.6121	0.1763	0.0792
HUM	0.0160	0.0065	0.0358	0.0155	0.0046

（四）多重共线性检验

在进行回归估计前，使用方差膨胀因子进行多重共线性检验，避免变量间的多重共线性对估计结果的影响。如表6-6所示，方差膨胀因子均值为1.79，各个变量的方差膨胀因子最大不超过1.99，远小于10，这表明所选变量不存在严重的多重共线性。

表6-6　　多重共线性检验结果

变量	VIF	1/VIF
GOV	1.99	0.503492
GreenFin	1.98	0.505801
PGDP	1.91	0.523838
HUM	1.62	0.618344
IND	1.45	0.690057
Mean VIF	1.79	

二、基准回归分析

表6-7呈现了我们控制个体、时间双向固定的固定效应回归结果。列（1）中绿色金融对绿色全要素生产率的回归系数为0.0910且在5%的水平上显著；列（2）中加入经济发展水平、工业化水平等控制变量后，绿色金融对绿色全要素生产率的回归系数为0.0826且在5%的水平上显著；列（3）中进一步加入政府干预程度、人力资本水平等控制变量后，绿色金融对绿色全要素生产率的回归系数为0.0894且在5%的水平上显著，这表明绿色金融发展会显著提高绿色全要素生产率。

我国绿色金融发展会显著提高绿色全要素生产率水平，原因可能主要在于：

表 6-7　　基准回归分析结果

变量	(1)	(2)	(3)
	GTFP	GTFP	GTFP
GreenFin	0.0910 ** (2.3094)	0.0826 ** (2.1263)	0.0894 ** (2.1996)
PGDP		0.0082 (0.5298)	0.0133 (0.7565)
IND		0.1648 *** (2.6671)	0.1737 *** (2.6576)
GOV			0.0371 (0.5726)
HUM			0.7179 (0.5882)
Constant	0.9727 *** (56.5894)	0.9136 *** (24.7345)	0.8826 *** (16.3361)
个体固定	是	是	是
时间固定	是	是	是
Observations	300	300	300
R - squared	0.144	0.168	0.170

注：*、**、*** 分别表示 10%、5%、1% 的显著性水平。括号内为 t 值，下表同。

(1) 绿色金融的资金支持作用。资金支持是企业开展绿色技术创新和提升绿色全要素生产率的关键基础。绿色金融通过提供特定的融资途径和优惠，为企业和项目的绿色转型提供了必需的资金支持。我国政府陆续颁布了一系列绿色信贷政策、绿色投资指南等政策措施，激励金融机构和投资者向环保项目及绿色企业提供贷款和投资。此外，还成立了国家绿色发展基金等若干绿色发展基金，专门投资绿色产业和技术创新项目。这些资金不仅助力企业引进先进的环保技术和设备，提升资源利用效率，降低污染排放，还能够支持绿色产品的研发和推广，进而促进整个产业链的绿色升级。

(2) 绿色金融的政策导向作用。政府在推动绿色金融发展的过程中，出台了《关于构建绿色金融体系的指导意见》《绿色信贷指引》《绿色债券项目支持目录》等一系列鼓励和支持绿色金融发展的政策措施。这些政策不仅明确了绿色金融发展的方向和重点，还通过税收优惠、财政补贴、绿色金融信贷支持等方式，有效引导社会资本向绿色领域倾斜。在相关政策的引导与支持下，企业在决策过程中更加倾向于选择绿色、低碳、环保的发展路径，进而促进了绿色全要素生产率的提升，推动了经济社会的可持续发展。

（3）绿色金融的风险管理作用。在我国，随着绿色金融的不断发展，相关政策和规范日益完善。例如，中国人民银行等部门出台了一系列绿色金融标准和指引，明确了环境和社会风险评估的方法和流程。通过引入环境和社会风险评估机制，绿色金融能够更准确地识别和管理与绿色项目相关的风险。这种风险管理机制有助于降低绿色项目的投资风险，提升项目的成功率和可持续性。同时，绿色金融还能够通过风险定价和转移机制，为投资者提供更为合理的风险回报，从而吸引更多社会资本投入绿色投资之中。

（4）绿色金融的技术创新推动作用。绿色技术的创新是提高绿色全要素生产率的关键。在我国，政府出台了一系列鼓励绿色金融发展的政策，包括成立绿色发展基金和提供绿色信贷贴息等措施。绿色金融的推进不仅为企业提供了必要的资金支持，还通过政策激励和风险控制机制，推动了绿色技术的创新与应用。企业通过引入先进的环保技术和设备，能够有效降低生产成本，提高产品品质和市场竞争力，同时减少对环境的污染和资源的过度消耗。绿色金融对绿色技术创新的积极推动作用，使得企业在追求经济效益的同时，也能够兼顾社会效益和环境效益，实现多方共赢的局面。

三、稳健性检验

（一）工具变量法

考虑反向因果关系导致的内生性问题，借鉴已有研究的思路构造

Bartik 工具变量，使用滞后一期的绿色金融与绿色金融的一阶差分的乘积作为工具变量（BARTIK，2009；樊文翔，2021）。如表 6－8 所示，Kleibergen－Paap rk LM statistic 在 1% 的水平上显著，Kleibergen－Paap rk Wald F statistic 大于 16.38，这表明工具变量通过不可识别检验和弱工具变量检验。列（1）中工具变量的估计系数显著为正，列（2）中绿色金融对绿色全要素生产率的回归系数为0.1289 且在5% 的水平上显著，这表明绿色金融促进了绿色全要素生产率的提升，证实了前文结论的稳健性。

（二）Heckman 两步法

使用 Heckman 两步法缓解选择性偏误问题，第一步，以绿色金融的中位数赋值 0，1 变量，再构造 Probit 模型估计逆米尔斯比率（IMR）；第二步，将 IMR 加入基准回归中进行估计。如表 6－8 所示，列（3）中 IMR 的系数显著为负，这表明存在选择性偏差；绿色金融对绿色全要素生产率的回归系数为0.0875 且在5% 的水平上显著，这表明绿色金融发展可以提升绿色全要素生产率，加强了前文结论的稳健性。

表 6－8　　稳健性检验结果

变量	(1)	(2)	(3)
	GreenFin	GTFP	GTFP
GreenFin		0.1289** (2.2442)	0.0875** (2.1777)
Ⅳ	0.8568*** (15.2171)		
IMR			-0.0369* (-1.8596)
PGDP	0.0077 (0.3456)	0.0101 (0.5625)	0.0075 (0.4254)
IND	0.0826 (0.9609)	0.1740*** (2.6286)	0.3393*** (3.1596)

续表

变量	(1)	(2)	(3)
	GreenFin	GTFP	GTFP
GOV	-0.3306*** (-4.6159)	0.0478 (0.7032)	0.4654* (1.9643)
HUM	-1.9438 (-1.2536)	1.0500 (0.8133)	1.0243 (0.8579)
Constant	0.4938*** (7.9742)	0.7707*** (7.0014)	0.7855*** (10.8052)
个体固定	是	是	是
时间固定	是	是	是
Observations	270	270	300
R-squared	0.987	0.144	0.179
Kleibergen-Paap rk LM statistic	65.590***		
Kleibergen-Paap rk Wald F statistic	231.559		

四、异质性分析

考虑到不同地区的绿色金融发展水平存在差异，且绿色全要素生产率也有较强的地区异质性。我们将样本依据地理位置划分为东部、中部以及西部地区进行异质性分析。如表6-9所示，列（1）中绿色金融对绿色全要素生产率的回归系数为0.1905且在1%的水平上显著，这表明东部地区绿色金融发展可以显著提高地区绿色全要素生产率；列（2）中绿色金融对绿色全要素生产率的回归系数为0.0657但不显著，这表明中部地区绿色金融发展对地区绿色全要素生产率无显著影响；列（3）中绿色金融对绿色全要素生产率的回归系数为0.0293但不显著，这表明西部地区绿色金融发展提高地区绿色全要素生产率的作用尚未显现。上述结果表明，相较于中部与西部地区，东部地区绿色金融发展对地区绿色全要素生产率的推动作用更加显著。

表 6 – 9　　区域异质性分析结果

变量	(1)	(2)	(3)
	东部	中部	西部
	GTFP	GTFP	GTFP
GreenFin	0.1905 *** (3.1936)	0.0657 (0.8193)	0.0293 (0.3530)
PGDP	0.0154 (0.5081)	–0.0883 ** (–2.2598)	–0.0070 (–0.1095)
IND	0.3696 ** (2.3803)	0.0335 (0.2996)	0.0415 (0.3974)
GOV	0.4444 ** (2.4242)	–0.2661 (–0.9331)	–0.0117 (–0.1148)
HUM	–2.1039 (–1.0012)	6.7397 (1.2000)	2.4193 (0.7363)
Constant	0.7213 *** (5.8949)	0.9885 *** (8.2209)	0.9733 *** (8.2992)
个体固定	是	是	是
时间固定	是	是	是
Observations	110	80	110
R – squared	0.356	0.239	0.263

我国东部地区绿色金融发展正向作用于绿色全要素生产率，然而中部与西部地区绿色金融发展对绿色全要素生产率的作用不存在显著影响，原因可能在于：

（1）经济发展水平与金融资源分布差异。我国东部地区经济发展较为先进，金融资源丰富，绿色金融发展起步较早且发展速度较快。这使得东部地区的企业能够更容易地获得绿色金融的支持，进而推动绿色技术创新和产业升级，提高绿色全要素生产率。相较于我国东部地区，中部与西部地区的经济发展水平相对较低，金融资源较为稀缺，绿色金融的发展亦相对落后。这一现状导致这些地区的企业在寻求绿色金融支持方面面临更多困难与挑战，进而制约了绿色技术创新与产业升级的进程，对绿色全要素生产率的提升作用并不显著。

（2）产业结构与能源消费结构差异。在我国东部地区，产业结构较为先进，高新技术产业与服务业所占比重较大，这些行业对绿色金融的需求更为迫切，并且更易于借助绿色金融的支持实现绿色转型与升级。相比之下，中部与西部地区的能源消费结构较为单一，对煤炭等传统能源的依赖程度较高。由于这种能源消费结构在短期内难以迅速改变，因此在促进能源结构优化和提升绿色全要素生产率方面，绿色金融的作用受到了一定的限制。

（3）政策执行与落实差异。我国东部地区政府政策执行力度相对较大，绿色金融政策能够更有效地落地实施。这使得东部地区的企业能够更充分地享受绿色金融政策带来的红利，推动绿色全要素生产率的提升。中部和西部地区在政策执行和落实方面可能面临更多挑战，如政策宣传不到位、执行力度不够等。这些问题导致绿色金融政策在这些地区的实施效果打折扣，难以对绿色全要素生产率的提升产生显著的正面影响。

（4）技术创新与人才储备差异。我国东部地区在技术创新方面表现活跃，高端人才聚集，这为绿色金融推动绿色技术创新提供了有力支撑。绿色技术的持续创新与应用，不仅有助于提升资源的使用效率，还能减少污染排放，进而增强绿色全要素生产率。相比之下，中部和西部地区在技术创新与人才储备方面稍显不足，这在一定程度上制约了绿色金融在推动绿色技术创新及提升绿色全要素生产率方面的潜力。

第四节　我国污染物排放指数测度与分析

一、我国污染物减排状况分析

（一）全国层面

我国在工业废水和工业二氧化硫等污染物的减排方面取得了显著成

效，但在一般工业固体废弃物处理和碳排放控制方面仍需加强努力。

首先，工业废水、工业二氧化硫及工业烟尘排放显著减少。根据表6-10所示数据，我国工业废水排放量自2008年的85556.35万吨持续减少至2021年的42241.45万吨，显示出明显的下降趋势；同时，工业二氧化硫排放量也大幅减少，从2008年的67.03万吨下降至2021年的7.13万吨。尽管工业烟尘排放量在某些年份出现波动，总体上也呈现下降态势，从2008年的24.78万吨下降至2021年的11.24万吨。这些数据反映出我国在环境保护和污染治理领域取得了显著成就，产业结构调整亦取得了一定的进展。传统高污染、高能耗产业正逐步被淘汰或经历转型升级，而新兴的低污染、高附加值产业则持续发展壮大，从根本上减少了污染物的排放。

其次，一般工业固体废弃物排放量与碳排放量不降反增。由表6-10所示，一般工业固体废弃物的排放量并未显现出显著的减少趋势，反而有所增长。从2008年的5826.96万吨增至2021年的11775.15万吨，排放量呈上升态势。这表明在固体废弃物处理及资源化利用领域我们仍面临诸多挑战，亟须进一步强化相关政策与技术的研发及推广。同时，碳排放量也呈现出增长趋势，从2008年的25088.43万吨增至2021年的37455.08万吨，这表明我国经济发展中的能源结构仍有待优化。目前，煤炭等传统能源在能源消费结构中仍占据较大比重，而清洁能源的开发与应用尚显不足。部分高能耗、高排放企业对节能减排的投入不足，缺乏先进的生产设备与工艺，导致碳排放量难以得到有效的控制。因此，需要加大对清洁能源的研发与投资力度，并加快传统产业的绿色转型，以期达成碳达峰与碳中和的目标。

综上所述，尽管我国近年来在治理工业废水、二氧化硫及烟尘排放方面取得了显著成效，但一般工业固体废弃物及碳排放量却呈现上升趋势，这反映出我们在推进绿色发展和环境保护方面仍面临艰巨任务。因此，必须持续完善相关政策法规，强化科技创新，促进绿色生产与生活方式的形成，以实现经济发展的可持续性与环境保护的良性循环。

表 6-10　　2008—2021 年我国污染物排放情况

年份	工业废水（万吨）	工业二氧化硫（万吨）	一般工业固体废弃物（万吨）	工业烟尘排放量（万吨）	碳排放量（万吨二氧化碳）
2008	85556.35	67.03	5826.96	24.78	25088.43
2009	83268.62	62.97	6325.22	19.99	26521.84
2010	83923.31	62.41	7224.72	20.00	27456.92
2011	81607.04	66.45	9496.50	39.17	28413.41
2012	77555.54	63.11	9659.54	38.05	28622.28
2013	73544.23	60.68	9649.81	39.57	29927.70
2014	71807.69	57.85	9629.00	53.43	30708.54
2015	70426.27	52.53	9894.50	46.88	31670.69
2016	53372.53	25.95	11258.65	30.92	32380.06
2017	48115.21	17.79	11776.46	25.51	33934.12
2018	47138.67	15.15	12392.73	33.34	34072.26
2019	56513.88	13.49	13466.73	47.68	34266.90
2020	48794.71	8.73	11028.27	16.51	36305.54
2021	42241.45	7.13	11775.15	11.24	37455.08
年增长率（%）	-5.87	-17.46	5.73	-6.34	3.67

数据来源：作者根据我国各省市污染物排放数据计算所得。

（二）区域层面

由表 6-11 可知，我国东、中、西部地区在污染物排放方面呈现出不同的特点，这既与各地的经济发展水平、产业结构有关，也与环保政策的执行力度和技术进步程度密切相关。未来，各地区需要结合自身实际情况，制定更为精准的环保政策，以实现经济与环境的协调发展。

首先，2008—2021 年东、中、西部地区的工业废水排放量均呈下降趋势。西部地区下降速度最快（-7.10%），其次是中部地区（-6.78%），最后是东部地区（-2.76%）。这一趋势的形成可能由于：①在西部地区，产业结构调整力度较大。随着国家西部大开发战略的深入实施，该地区在承接产业转移的过程中，更加倾向于引进低污染、高附加值的产业，对传统高污染产业进行了大规模的淘汰和改造。②中部地区在发展过程中，更加注重可持续发展理念的贯彻实施。中部地区积极推动传统工业的转型升级，并加强了对工业废水排放的源头控制和末端治理。③东部地区经济发展起步早，早期的工业基础较为雄厚，产业规模较大，虽然在环保方面做了大量工作，但由于基数较大，导致其下降速度相对较慢。

其次，所有地区的工业二氧化硫排放量均呈现显著下降趋势，中部地区下降速度最快（-18.74%），略高于西部（-17.60%）和东部（-17.78%）。此现象可能归因于以下几点：①中部地区在能源结构调整方面进展迅速。该地区积极降低对煤炭等高硫能源的依赖程度，并加大对天然气、风能、太阳能等清洁能源的投入，有效减少了二氧化硫的生成。②中部地区的工业企业对技术改造和设备更新的投入较大。通过引进先进的脱硫脱硝技术和设备，提升了废气处理的效率，从而减少了二氧化硫的排放量。③中部地区的产业集聚效应逐渐显现。通过建设产业园区，实现了资源的集中配置和共享，有利于统一进行污染治理和排放控制。相比之下，东部地区虽然也在努力推进减排工作，但由于工业规模庞大、经济活动密集，减排难度相对较大。而西部地区可能受限于经济发展水平和技术条件，其减排速度相较于中部地区略显缓慢。

再次，在工业烟尘排放方面，东、中、西部地区的工业烟尘排放量呈现下降趋势，其中，中部地区（-10.70%）下降更快，西部地区工业烟尘排放量下降最慢（-1.74%）。原因可能在于：中部地区在环保监管方面执行更为严格，加强对工业企业的日常监测和执法检查，对超标排放烟尘的企业施以严厉的处罚措施，从而促使企业增加环保投资，改善生产工艺，并安装高效的除尘设施。此外，中部地区积极推动产业升级和优化布局，淘汰了一批落后的、污染严重的工业产能，大力发展高新技术产业和现代服务业，从源头上减少了工业烟尘的产生。西部地区的工业基础相对薄弱，技术水平和资金投入有限，在烟尘治理技术的引进和应用方面相对滞后。另外，西部地区的部分工业企业规模较小，分布较为分散，增加了环保监管和治理的难度。

随后，所有地区的一般工业固体废弃物排放量均有所增加。西部地区增长率最高（7.84%），其次是中部地区（5.74%），最后是东部地区（4.38%）。成因可能在于：①西部地区工业发展速度较快，尤其是资源开发和初级加工产业规模不断扩大。在资源开采和加工过程中，产生了大量的废渣、尾矿等固体废弃物。西部地区的工业技术水平相对较低，对固体废弃物处理和综合利用能力相对薄弱。缺乏完善的废弃物处理设施和有效的回收利用体系，使得大量固体废弃物无法得到妥善处置和资源化利用。②中部地区其经济发展处于快速上升阶段，承接了部分东部地区的产业转移。但在产业承接过程中，可能引入了一些固体废弃物产生量较大的产业，同时在废弃物处理方面的技术和管理水平有待进一步提高。③东部地区增长率相对较低，可能是由于其产业结构逐渐向高端制造业和服务业转型，对资源的依赖程度降低，且在固体废弃物管理和处置方面积累了较为丰富的经验，技术和管理水平相对较高。

最后，所有地区的碳排放量均呈现增长趋势。中部地区增长率最高（3.70%），略高于东部（3.08%）和西部（3.54%）。原因在于：①中部地区正处于工业化和城市化的快速发展阶段，基础设施建设和工业生产规模不断扩大。大量的建筑施工、交通运输以及工业制造等活动，导致能源需求急剧上升，从而使得碳排放量增长较快。同时，中部地区的产业结构相对偏重工业，如钢铁、化工、建材等行业，这些产业在生产过程中对能源的消耗量大，且多依赖煤炭等传统高碳能源，碳排放强度较高。另外，中部地区在能源利用效率方面相对滞后。能源技术和管理水平有待提高，节能技术的应用和推广不够广泛，导致能源浪费现象较为严重，进而增加了碳排放量。②西部地区增长率略低于中部地区，可能是由于其经济发展速度相对较慢，工业规模和能源消耗总量相对较小。同时，西部地区的一些资源型产业在发展过程中受到资源和环境限制，在一定程度上抑制了碳排放量的快速增长。③东部地区虽然也有一定的增长，但增长率相对较低。这可能是因为东部地区的产业结构逐渐向高端制造业、服务业和高新技术产业转型，能源利用效率相对较高，且在节能减排方面的技术研发和政策执行力度较大。

表 6 – 11　　2008—2021 年中东西部污染物排放情况

单位：万吨、万吨二氧化碳

地区	指标	工业废水	工业二氧化硫	一般工业固体废弃物	工业烟尘排放量	碳排放量
东部地区	年均值	92459.79	40.78	10482.65	31.58	40624.91
	年均增长率	–2.76%	–17.78%	4.38%	–7.74%	3.08%
中部地区	年均值	59152.64	42.31	12528.79	41.26	29489.25
	年均增长率	–6.78%	–18.74%	5.74%	–10.70%	3.70%
西部地区	年均值	33100.67	41.35	10438.99	29.59	24239.24
	年均增长率	–7.10%	–17.60%	7.84%	–1.74%	3.54%

二、污染物排放指数测算与分析

为明确我国污染物综合排放水平，接下来，我们采用熵权法针对2008—2021 年我国 30 个省市的工业废水、工业二氧化硫、一般工业固体废弃物、工业烟尘排放量以及碳排放量进行了加权测算，并得到用以反映我国污染物综合排放情况的污染物排放指数。由图 6 – 2 可以看出，我国污染物排放水平由 2008 年的 0.2437 降至 2021 年的 0.1598，这表

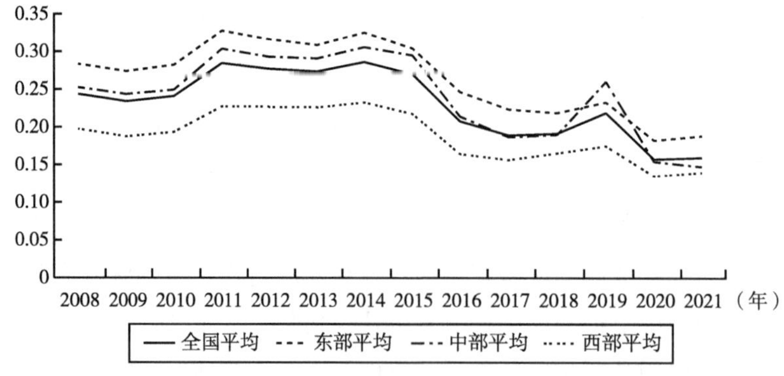

图 6 – 2　2008—2021 年我国与东中西部污染物综合排放水平

明我国政府在环境保护方面的努力取得了实质性进展，环保政策得到了有效执行，并且社会各界对环保意识的提升也为减少污染物排放作出了积极贡献。

分区域来看（见图6－2），东部、中部与西部地区的污染物排放也呈现下降趋势，东部、中部和西部的年均下降率分别为约3.97%、4.37%和2.95%。中部地区的下降率高于东部和西部，而东部的下降率又高于西部，原因主要在于：

（1）东部地区作为我国经济最为发达的区域之一，经济发展较为成熟，产业升级步伐较快，逐渐从传统制造业向高端制造业、服务业和创新型产业转型，降低了对高污染行业的依赖。同时，东部地区拥有较为先进的技术和管理经验，能够更好地实现资源的优化配置和高效利用，从而减少污染物的产生。尽管如此，由于污染物排放基数较大，其下降率略低于中部。

（2）中部地区正在经历一轮产业结构的优化升级，在承接产业转移的过程中，更加注重对引入产业的筛选和优化，提高了产业准入门槛，减少了对重工业和高污染行业的依赖，优先发展低污染、高附加值产业，从而有效减少了污染物的排放。此外，中部地区环保政策执行力度较大，加大了对环保技术研发和应用的投入，积极推广先进的污染治理技术和设备，提高了污染治理的效率和水平。

（3）西部地区可能因为经济发展相对滞后，经济结构中重工业和资源开采业的比重较高，这些产业往往具有较高的污染排放。同时，西部地区的生态环境较为脆弱，自然条件对污染物的吸纳和降解能力相对较弱，增加了减排的难度。加之，与东中部相比，西部地区在技术引进和应用方面相对滞后，导致减排效果不如其他两个区域显著。

分省市来看，聚类分析结果显示，各梯队污染物排放情况呈现出明显的差异。第一梯队与第二梯队省市在污染物减排方面表现得较为优秀，而第三梯队与第四梯队省市则面临较大的减排压力。为了改善全国环境质量，需要针对不同梯队的实际情况，制定差异化的污染物减排政策和措施（见表6－12）。

表6-12　　污染物综合排放水平聚类分析结果

梯队	均值	省市
第一梯队（污染物排放最低）	0.0798	北京、天津、海南、青海、宁夏
第二梯队（污染物排放中等偏低）	0.1731	吉林、黑龙江、上海、安徽、江西、重庆、贵州、云南、甘肃、陕西、新疆
第三梯队（污染物排放中等偏高）	0.2919	山西、内蒙古、辽宁、浙江、福建、河南、湖北、湖南、广东、广西、四川
第四梯队（污染物排放水平较高）	0.4463	河北、江苏、山东

第一梯队污染物排放最低，均值为0.0798，主要包括北京、天津、海南、青海、宁夏5个省市。这些省市的污染物排放均值非常低，表明它们在污染物减排方面取得了显著成效，是排放水平最低的地区。其中，北京和天津作为我国重要的直辖市，经济发展水平较高，产业结构相对优化。在发展过程中，注重发展高新技术产业、现代服务业等低污染、高附加值的产业，对传统的高污染工业进行了大规模的升级改造或外迁，从而有效减少了污染物的产生和排放。海南作为我国著名的旅游胜地，其发展定位侧重于旅游业和现代服务业。在产业选择上，严格限制高污染产业的进入，大力发展生态旅游、绿色农业等环境友好型产业，使得污染物排放保持在较低水平。青海和宁夏在发展中充分利用自身的自然资源优势，积极发展清洁能源产业，如太阳能、风能等。同时，加强生态保护和建设，通过增加森林覆盖率、改善生态环境等方式，增强了对污染物的吸收和净化能力。然而，尽管这些省市目前的污染物排放均值较低，但仍需继续加强环境监管，优化产业结构，推广清洁能源，减少污染物排放，同时，还可以加强区域合作，共同应对环境污染问题，为全国环境质量改善作出更大贡献。

第二梯队污染物排放中等偏低，均值为0.1731。主要包括吉林、黑龙江、上海、安徽、江西、重庆、贵州、云南、甘肃、陕西、新疆11个省市。这些省市的污染物排放均值处于中等偏低水平，表明它们在污染物减排方面有一定的成效，但仍有提升空间。吉林和黑龙江在产业发展方面，逐步调整优化产业结构，减少了对高污染、高能耗的重工业的依赖，同时加大对农业和绿色产业的扶持，降低了污染物的产生量。上海作为国际化大都市，一直致力于推动产业结构转型升级，大力发展金融、科技等高附加值的服务业，并且在工业领域采用了更为严格的环保标准和先进的污染治理技术。安徽和江西积极承接产业转移的同时，注重引进环保型产业和项目，加强对企业的环保监管，提高了资源利用效率，减少了污染物排放。重庆在城市化进程中，加强了对城市基础设施的环保规划和建设，推广绿色交通和能源利用，有效控制了污染物的排放。贵州利用自身丰富的自然资源，积极发展生态旅游和绿色农业等产业，同时加强对传统工业的改造和治理，降低了污染排放水平。云南和甘肃充分发挥自身的生态优势，加强生态保护和修复工作，提升了生态系统对污染物的吸纳和净化能力。新疆在资源开发过程中，不断提高资源利用效率，加强环境保护措施，减少了废弃物和污染物的排放。为了进一步提升环境质量，这些省市仍需进一步加大环境保护力度，持续优化产业结构，加强科技创新在环保领域的应用，以实现污染物排放的进一步降低和生态环境质量的持续改善。

第三梯队污染物排放中等偏高，均值为0.2919。主要包括山西、内蒙古、辽宁、浙江、福建、河南、湖北、湖南、广东、广西、四川11个省市。这些省市的污染物排放均值处于中等偏高水平，表明它们在污染物减排方面面临较大的挑战，需要采取更加有效的措施来降低排放。山西作为煤炭资源大省，长期以来以煤炭开采和煤化工等重工业为主要经济支柱，能源消耗量大，且在煤炭加工和利用过程中产生了大量的污染物。内蒙古的经济发展在一定程度上依赖于资源开发，如煤炭、矿产等，资源型产业的比重较高，导致污染物排放较多。辽宁作为老工业基地，传统工业基础雄厚，但部分产业的技术水平相对落后，设备陈旧，节能减排改造难度较大。浙江和福建的制造业较为发达，尤其是一些中小型制造企业数量众多，部分企业在生产过程中环保投入不足，污染治理水平有待提高。河南和湖北是人口大省，经济发展对工业的依赖程度较高，工业规模较大，能源消耗和污染物排放相应增加。湖南的重工业和化工产业在经济中占有一定比重，这些产业的污染排放相对较高。广东和广西的经济发展迅速，工业和城市化进程加快，建筑、交通等领域的能源需求和污染物排放也随之上升。四川的工业门类较为齐全，包括化工、冶金等重污染行业，且部分地区的产业布局不够合理，增加了污染物的排放和治理难度。为了改善环境质量，这些省市需要加大环保投入，推动产业转型升级，加强污染治理，以降低污染物排放水平，实现可持续发展。

第四梯队污染物排放水平较高，均值为0.4463。主要包括河北、江苏、山东3个省市，这些省市的污染物排放均值较高，表明它们在污染物减排方面存在显著问题，是排放水平较高的地区。河北是我国重要的钢铁生产基地之一，钢铁产业规模庞大，生产过程中能源消耗高，污染物排放量大。同时，一些小型钢铁企业环保设施不完善，治理水平较低，导致整体污染排放水平较高。江苏经济发展迅速，工业门类齐全，化工、纺织、机械等产业发达。但在发展过程中，部分地区产业集聚度较高，污染物集中排放，给环境带来较大压力。此外，一些企业在追求经济效益的同时，对环境保护的重视程度和投入相对不足。山东是制造业大省，化工、建材、电力等高耗能、高污染行业在经济中占比较大。并且，部分企业的生产技术和设备相对落后，能源利用效率低，污染治理能力有待提升。面对较高的污染物排放水平，此3个省市需要积极采取行动，通过加大环保投入，推动技术创新，优化产业结构，加强环境监管等一系列措施，努力降低污染物排放，改善环境质量，实现经济发展与环境保护的协调共进。

第五节　绿色金融微观环境效应影响分析

一、模型设定与变量选取

（一）模型设定

为验证绿色金融对环境效应的影响机制，本书采用面板固定效应模型进行考察，模型如下：

$$Environment_{i,t} = \beta_0 + \beta_1 GreenFin_{i,t} + \beta_2 Control_{i,t} + \mu_i + \gamma_t + \varepsilon_{i,t}$$

其中，i，t 分别表示第 i 个企业和第 t 年；*Environment* 分别代表被解释变量；*GreenFin* 代表核心解释变量；$Control_{i,t}$表示一系列控制变量；μ_i表示个体固定效应；γ_t表示时间固定效应；$\varepsilon_{i,t}$表示残差项。

（二）变量选择（见表 6－13）

（1）被解释变量：污染物排放（Environment）。

（2）解释变量：绿色金融（GreenFin）。

（3）控制变量：结合已有研究，我们选择城镇化水平、外商直接投资、创新水平、工业化水平、对外开放程度、劳动力水平与人口密度 7 个指标作为控制变量。

城镇化水平（Tol）：城镇化水平对污染物排放的影响复杂且多面。随着城镇化进程的推进，人口向城镇聚集，城市中的工业生产、交通运输、建筑活动以及居民生活等活动都会消耗大量能源，进而导致污染物排放增加。然而，较高的城镇化水平往往伴随着更完善的基础设施和公共服务，这有助于提高能源利用效率和增强污染治理能力。此外，城镇化还会促进产业结构朝向的服务业和高新技术产业调整和升级，有利于污染物排放较少。同时，城镇居民通常具有较强的环保意识，对环境质量的要求也更高，这会促使政府和企业更加重视环境保护，并采取更为严格的环保措施。

创新水平（Inn）：技术创新可以带来更清洁的生产工艺和更高效的污染处理方法，推动能源利用效率的提高，减少单位产出的能源消耗，从而间接减少了与能源生产和使用相关的污染物排放。同时，技术创新促进可再生能源技术的发展，使人们可以利用风能、太阳能等清洁能源，降低对传统化石燃料的依赖，减少相关污染物的排放。此外，技术创新可能催生出一些低污染、低能耗的新兴产业，推动产业结构向更环保的方向转变。这些产业可能具有更高的资源利用效率和更低的污染排放强度，有助于整体污染物排放的减少。

工业化水平（Iol）：工业化水平对污染物排放的影响具有一定阶段性特征。在工业化初期和中期阶段，众多工厂纷纷建立，生产活动大幅增加，能源消耗和原材料使用量急剧上升，从而产生大量的废气、废水和废渣等污染物。早期的产业结构以重工业为主，且工业技术往往不够先进，生产过程中的能源利用效率低下，资源浪费严重，导致更多的污染物排放。然而，当工业化进入较高水平时，产业结构逐渐从以重工业为主转向以高新技术产业和服务业为主，这些产业的污染排放相对较少。同时随着工业化的深入，研发投入增加，会催生出更高效、更清洁的生产技术和工艺，进而减少了单位产出的污染物排放量。

劳动力水平（Lab）：劳动力水平对污染物排放的影响也具有两面性。一方面，劳动力水平的提高可能有助于减少污染物排放。随着劳动力素质的提升，他们可能更有能力采用和推广先进的生产技术和管理方法，这些技术和方法可能具有更高的能源利用效率和更低的污染排放水平。例如，高技能的劳动力可能更容易掌握和操作环保设备，促进清洁生产技术的应用，从而减少生产过程中的污染物排放。另一方面，劳动力水平的变化也可能带来一些不利于污染物减排的影响。例如，在传统产业结构下，传统技能型劳动力的增加可能导致生产规模的扩大，从而增加能源消耗和污染物的产生。特别是如果经济发展主要依赖高污染、高能耗的产业，劳动力的投入可能会间接导致更多的污染排放。

人口密度（PD）：人口密度对于污染物排放的影响也具有双重性。一般而言，人口密度高的地区往往会产生更多的污染物排放。原因是人口密集会导致各种人类活动更加频繁，例如能源消耗（用于取暖、制冷、照明等）、交通出行（汽车尾气排放）、生产生活废弃物的产生等，这些都会直接或间接地增加污染物的排放。另外，人口密度高的地区也可能更有条件和动力去采取有效的污染治理措施和推广环保技术。这些地区通常具备更完善的基础设施和公共服务系统，能够更好地集中处理和管理污染物，例如建立污水处理厂、垃圾处理设施等，从而在一定程度上减少污染物的排放。

表6-13　　　　变量指标选取及说明

变量	变量名称	变量含义
被解释变量	污染物排放（Environment）	污染物排放指数
核心解释变量	绿色金融（GreenFin）	绿色金融发展水平
控制变量	城镇化水平（Tol）	地区城镇人口所占比率
	创新水平（Inn）	ln（地区发明专利申请受理量）
	工业化水平（Iol）	地区工业增加值/地区GDP
	劳动力水平（Lab）	ln（地区就业人数）
	人口密度（PD）	ln（人口密度）

（三）数据来源

本书所用数据来源于《中国统计年鉴》《中国工业统计年鉴》《中国科技统计年鉴》《中国人口和就业统计年鉴》《中国互联网络发展状况统计报告》《中国能源统计年鉴》《中国环境统计年鉴》《中国贸易外经统计年鉴》以及各省市的统计年鉴。

二、变量的描述性统计分析与相关性分析

表6-14呈现了各个变量上的描述性统计结果。其中，污染物排放（Environment）的最大值为0.659，最小值为0.055，均值为0.223，标准差为0.123。这些数据表明，污染物排放的分布相对较为集中，大多数观测值都接近均值。然而，最大值与最小值之间存在较大差异，说明在不同地区污染物排放量存在显著差异。绿色金融（GreenFin）的最大值与最小值分别是0.856和0.070，均值为0.428。这些数据说明我国绿色金融的发展分布相对分散，不同地区之间的绿色金融发展水平存在不均衡现象。标准差（0.231）较大也进一步证实了这一点，表明绿色金融的发展在不同地区之间存在较大的差异。

表 6 – 14　　　　　变量的描述性统计分析

变量	样本量	均值	标准差	最小值	最大值
Environment	300	0. 223	0. 123	0. 055	0. 659
GreenFin	300	0. 428	0. 231	0. 070	0. 856
Tol	300	0. 602	0. 118	0. 363	0. 893
Inn	300	9. 705	1. 365	5. 697	12. 399
Iol	300	0. 316	0. 079	0. 101	0. 523
Lab	300	7. 606	0. 766	5. 624	8. 864
PD	300	5. 474	1. 291	2. 068	8. 275

为了深入探究各经济要素之间的相互作用，接下来进行了变量间的相关性检验，结果如表 6 – 15 所示。根据相关性分析结果可知，污染物排放水平（Environment）与绿色金融（GreenFin）之间的相关系数为 –0. 147，且在 5% 的水平上显著，这表明绿色金融与污染物排放存在显著的负相关关系，初步证实了绿色金融发展有助于减少污染物排放。另外，所选控制变量与新能源企业融资约束的相关系数均显著，这表明所选控制变量可以有效控制企业特征；且各个变量间的相关系数均不超过临界值 0. 8，这表明所选变量间不存在严重的多重共线性，所选变量合理。

表 6 – 15　　　　　相关性检验结果

	Environment	GreenFin	Tol	FDI	Inn	Iol	Open	Lab	PD
Environment	1								
GreenFin	–0. 147 **	1							
Tol	–0. 228 ***	0. 548 ***	1						
Inn	0. 213 ***	0. 670 ***	0. 494 ***	0. 370 ***	1				
Iol	0. 510 ***	0. 0145	–0. 197 ***	0. 00540	0. 266 ***	1			
Lab	0. 606 ***	0. 407 ***	–0. 137 **	0. 139 **	0. 700 ***	0. 513 ***	0. 0947	1	
PD	0. 114 **	0. 701 ***	0. 547 ***	0. 600 ***	0. 743 ***	0. 142 **	0. 665 ***	0. 423 ***	1

注：***、**、* 分别表示在 1%、5% 和 10% 下的显著性水平。

三、基准回归分析

表6-16报告了绿色金融对污染物排放影响的基准回归结果。由结果可知，无论是否纳入固定效应，绿色金融（GreenFin）与污染物排放（Environment）间的相关系数均为负值，呈现显著的负相关关系。这表明，绿色金融发展对污染物排放存在负向影响，即绿色金融发展有助于污染物减排，能够显著优化环境。

表6-16　　　　基准回归分析结果

变量	(1)	(2)
	Environment	Environment
GreenFin	-0.287*** (-4.99)	-0.128** (-2.05)
Constant	0.346*** (10.81)	0.204 (0.33)
N	300	300
个体固定效应	NO	YES
时间固定效应	NO	YES
R-squared	0.185	0.629

注：***、**、*分别表示在1%、5%和10%下的显著性水平，括号内为t统计量。

我国绿色金融发展引致污染物排放减少，原因可能在于：

（1）资金导向作用显著。在我国当前的发展背景下，绿色金融发挥着重要的资金导向作用。随着我国对环境保护和可持续发展的重视程度不断提高，绿色金融引导资金流向环保、清洁能源等绿色产业。这不仅促使企业更多地投资于绿色技术研发和绿色生产方式的改进，还推动了整个产业结构的绿色转型，进而减少污染物的排放。此外，绿色金融的资金导向作用还带动了相关产业链的发展，从而提高了整个社会的资源利用效率，进一步实现了污染物的减排。

（2）产业结构优化显著。在我国的经济发展过程中，绿色金融对于产业结构的优化发挥着关键作用。借助绿色金融的有力支持，新兴的绿色产业得以蓬勃快速发展，而传统的高污染产业则逐渐受到严格的限制和被淘汰。这种产业结构的调整，不仅有助于提高我国经济发展的质量和可持续性，还带来了多方面的好处。一方面，新兴绿色产业的发展创造了更多的就业机会和经济增长点；另一方面，它减少了高污染产业对环境的破坏，进而降低了污染物的排放水平。

（3）技术创新效果显著。随着我国经济的快速发展和对环境保护的日益重视，绿色金融为企业提供了强有力的资金支持。得益于绿色金融资金的持续投入，企业能够积极致力于开发出更加高效的污染治理技术和节能减排技术。绿色金融的支持不仅推动了单个企业的技术创新，还促进了整个行业的技术进步和升级。通过资金引导，相关企业和科研机构加强合作，形成了产学研一体化的创新体系，推动环保领域的技术创新与发展，从而使得污染物排放水平显著降低。

（4）环保意识显著增强。随着绿色金融理念逐渐深入人心，越来越多的民众开始意识到环境保护的重要性。当人们对绿色发展的重要意义有了清晰的认识，他们将更加自觉地调整个人消费行为，更倾向于选择对环境影响较小的绿色消费方式，以降低自身行为对环境造成的负面影响。同时，环保意识的提升对于推动整个社会的绿色转型具有深远的重要意义。它促使政府进一步完善环保政策法规，加大对环境保护的投入和监管力度；激励企业积极履行社会责任，将绿色发展理念融入生产经营的各个环节；引导社会组织和公众广泛参与环保活动，形成全社会共同推进生态文明建设的强大合力，进而有效减少污染物排放。

四、稳健性检验

为确保研究结论的精确性和可信度，本研究将进行稳健性检验，以验证绿色金融对污染物排放影响的稳定性。此步骤在研究中极为关键，有助于排除因数据异常、模型设定偏差或其他潜在因素所可能引起的误导性结论，以确保研究结果的稳定性。

（一）考虑极端值

为剔除异常值的影响，进行了解释变量和被解释变量前后1%分位数的缩尾处理。结果如表6-17列（1）所示，除数值大小发生改变，符号均未改变，说明核心结论是稳健的。

（二）被解释变量滞后一期

考虑到内生性问题，故本书对被解释变量进行滞后一期处理，结果如表6-17列（2）所示，GreenFin在10%水平下显著为负，模型保持平稳。

表6-17 稳健性检验结果

变量	(1)	(2)
	Environment_w	L. Environment
GreenFin_w	-0.111* (-1.81)	
GreenFin		-0.115* (-1.73)
Constant	0.260 (0.44)	0.324 (0.46)
N	300	270
控制变量	YES	YES
个体固定效应	YES	YES
时间固定效应	YES	YES
R-squared	0.636	0.604

注：***、**、*分别表示在1%、5%和10%下的显著性水平，括号内为t统计量。

五、异质性分析

污染物排放异质性分析结果如表6-18列（1）—列（3）所示，

结果表明，东部地区绿色金融能够显著降低污染物排放，但中西部地区绿色金融对污染物排放的作用并不显著。这说明东部地区绿色金融能够显著减少污染物排放，但中西部地区绿色金融对污染物减排的作用并不显著。

表 6－18　　异质性分析结果

变量	(1)	(2)	(3)
	东部地区	中部地区	西部地区
GreenFin	－0.181* (－1.69)	－0.059 (－0.53)	0.053 (0.77)
Constant	－5.205** (－2.37)	2.752 (1.54)	
N	110	80	110
控制变量	YES	YES	YES
个体固定效应	YES	YES	YES
时间固定效应	YES	YES	YES
R－squared	0.758	0.802	0.818

注：***、**、*分别表示在1%、5%和10%下的显著性水平，括号内为z统计量。

东部地区绿色金融相较于中西部地区，对于污染物减排的影响更显著，其原因分析如下：

（1）产业结构存在差异。东部地区经济相对更为发达，产业结构更为先进，其对绿色金融的需求更为迫切，接纳和运用绿色金融的能力也更强。然而，中西部地区目前仍处于工业化进程中，对传统的高能耗、高污染产业依赖程度较重。这些产业的转型面临较大压力，成本也较高，使得绿色金融在该地区的推广面临诸多挑战，污染物减排的效果也相对有限。此外，由于区域发展不平衡，人才、技术等资源在东部地区更为集中，这也为东部地区绿色金融的创新和发展提供了有利条件，进一步加速了污染物减排的进程。

（2）金融发展水平不同。东部地区金融市场通常更为成熟和完善，金融机构数量众多，且产品种类丰富多样。这使得东部地区能够为市场提供更加多元化的绿色金融产品和服务。相较而言，中西部地区的金融发展水平相对较低，在创新性金融工具的开发和应用方面存在不足，同时也缺乏专业的绿色金融服务来支持绿色项目。此外，东部地区在金融人才储备、金融监管环境等方面也具有明显优势，这有助于提高绿色金融服务的质量和效率。而中西部地区由于金融人才的匮乏和监管机制的相对不完善，导致绿色金融业务的开展面临诸多困难，制约了其在推动污染物减排方面发挥更大的作用。

（3）政策环境和激励机制。东部地区往往拥有更为积极和完善的政策环境来大力推动绿色金融的发展。相比之下，中西部地区在政策的制定和执行力度上存在一定的不足。一方面，政策的制定可能不够细化和针对性不强，未能充分结合当地的实际情况和产业特点；另一方面，在政策的执行过程中，可能存在落实不到位、监管不严格等问题。此外，东部地区的政府部门在绿色金融的规划和统筹方面更为主动和高效，能够形成多部门协同合作的良好局面。而中西部地区部分地方政府部门之间的协调配合不够紧密，难以形成强大的政策合力，这也在一定程度上影响了绿色金融的实施效果，进而对污染物减排工作产生不利影响。

（4）企业和公众环保意识。在东部地区，企业与公众在长期的市场竞争和国际化交流中，逐渐意识到绿色发展是可持续经营的关键，因此更愿意主动投资和参与绿色项目。与之相比，在中西部地区，企业与公众在绿色发展意识和接受度方面可能相对较低。受到经济发展水平和信息传播的限制，中西部地区部分企业对绿色发展的重要性认识不足，可能更关注短期的经济效益，而忽视了环境保护和可持续发展。此外，中西部地区的公众对绿色金融的了解相对有限，参与绿色金融活动的积极性不高，这在一定程度上也制约着绿色金融在当地的推广和污染物减排工作的实施效果。与此同时，与中西部相比，东部地区教育资源较为充足，能够为企业和公众提供更多的环境保护及绿色金融方面的培训和教育机会，从而进一步增强了他们的绿色发展理念。

第六节 本章小结

本章研究表明，无论是在宏观层面，还是在微观层面，我国绿色金融发展正向作用于环境优化，但同时也存在一定的区域差异。

一、宏观影响

从全国来看，我国绿色金融发展显著提高绿色全要素生产率水平，主要原因在于其四个方面的作用：一是资金支持作用，通过提供专门融资渠道和优惠金融政策，为企业绿色转型提供必要资金，推动绿色技术创新和产业链绿色升级；二是政策导向作用，政府出台一系列鼓励绿色发展的政策措施，引导社会资本向绿色领域倾斜，促进企业选择绿色、低碳、环保的发展路径；三是风险管理作用，通过引入环境和社会风险评估机制，降低绿色项目投资风险，提高项目成功率和可持续性，吸引更多社会资本参与；四是技术创新推动作用，绿色金融不仅提供资金支持，还通过政策引导和风险管理机制促进绿色技术创新和应用，降低生产成本，提高产品质量和竞争力，实现经济效益、社会效益和环境效益的双赢。

分区域来看，东部地区绿色金融对绿色全要素生产率有显著正向作用，而中部与西部地区该作用不显著，原因可能在于：一是经济发展水平与金融资源分布差异，东部地区经济发达、金融资源丰富，绿色金融起步早、发展快，企业易获支持，推动绿色技术创新和产业升级，提升绿色全要素生产率；而中西部则相对滞后。二是产业结构与能源消费结构差异，东部地区产业结构优化，高新技术和服务业占比高，对绿色金融需求迫切，易实现转型；中西部则能源消费结构单一，依赖传统能源，短期内难以转变。三是政策执行与落实差异，东部地区政策执行力度大，企业能充分享受政策红利；而中西部则可能面临政策宣传不到位、执行力度不够等挑战。四是技术创新与人才储备差异，东部地区技术创新活跃，高端人才聚集，为绿色金融推动技术创新提供支撑；而中西部则相对较弱，限制了绿色金融在推动技术创新和提升绿色全要素生产率方面的潜力。

二、微观影响

全国层面，我国绿色金融发展导致污染物排放减少，原因可能在于：一是资金导向作用显著。绿色金融引导资金流向环保、清洁能源等绿色产业。不仅有助于推动了整个产业结构的绿色转型，还有助于带动相关产业链的发展，进而减少污染物的排放。二是产业结构优化显著。借助绿色金融的有力支持，新兴绿色产业得以蓬勃快速发展，而传统高污染产业则逐渐受到严格的限制和淘汰。这种产业结构的调整，降低了污染物的排放水平。三是技术创新效果显著。绿色金融的资金支持促进了新兴绿色行业的技术进步和升级，并推动环保领域的技术创新与发展，从而减少污染物排放。四是环保意识显著增强。随着绿色金融理念的深入人心，人们更加自觉地调整自身消费行为，以减少个人行为对环境的负面影响。同时，环保意识的提升有助于形成全社会共同推进生态文明建设的强大合力，进而有效减少污染物排放。

区域层面，东部地区绿色金融能显著降低污染物排放，改善环境，但中西部地区绿色金融对污染物减排作用不显著。这一现象的原因可能在于：一是产业结构存在差异。东部地区经济发达、产业结构先进，对绿色金融需求和接纳能力强；而中西部仍处于工业化过程，传统产业依赖重，转型压力大，导致绿色金融推广和减排效果有限。二是金融发展水平不同。东部地区金融市场相对成熟，能为市场提供多样化的绿色金融产品和服务；中西部金融发展水平低，缺乏创新金融工具和专业服务支持绿色项目，制约了其减排作用发挥。三是政策环境和激励机制，东部地区政策环境相对积极与完善，有助于绿色金融的统筹与实施；中西部政策制定和执行力度不足，影响了绿色金融实施效果，不利于污染物减排。四是企业和公众意识，东部地区企业和公众环保意识强，更愿意投资和参与绿色项目；中西部绿色发展意识和接受度相对较低，影响绿色金融推广和污染物减排积极性。

第七章

绿色金融发展趋势与国际经验启示

在全球应对气候变化、追求可持续发展的浪潮中，绿色金融已发展成为推动我国经济转型、实现环境与社会和谐共生的关键力量。本章将深入剖析绿色金融发展的国际经验，并提出对我国绿色金融发展具有启示意义的策略与路径。

第一节　绿色金融国际发展趋势

随着全球对环境保护和可持续发展的日益重视，以及应对气候变化挑战的紧迫性不断上升，绿色金融作为实现绿色经济转型的重要工具，在全球范围内展现出巨大的发展潜力和广阔的应用前景。目前，绿色金融在国际范围内主要呈现以下发展趋势：

一是绿色金融政策框架的建立与全球标准化趋势。绿色金融已成为全球多个国家和地区推动可持续发展的重要工具。为实现绿色发展目标，各国纷纷构建绿色金融政策框架，确保资金流向对生态环境有益的项目。这些政策框架不仅包括顶层设计、行动计划、指导原则，还涵盖了详尽的监管规则，以确保绿色金融市场的健康、有序发展。以欧盟为例，其通过发布《欧洲绿色协议》《可持续金融行动计划》及《可持续金融分类目录》等政策文件，不仅明确了绿色金融发展方向，还为市场参与者提供了清晰的指引。出台这些政策的目的在于建立一个统一、透明且高效的绿色金融市场，确保资金能够精准地投入到符合可持续发展理念的项目中。同样，我国在绿色金融领域也取得了显著进展。我国政府发布的《关于构建绿色金融体系的指导意见》为构建国内绿色金融市场奠定了坚实基础，《绿色债券原则》和《银行业保险业绿色金融指引》等文件的出台，则进一步推动了绿色金融产品的创新和市场拓展。这些政策不仅提升了绿色金融市场的规模和活跃度，还为国内外投资者提供了多样化的绿色投资选择。

然而，随着绿色金融市场的不断发展，各国政策和标准的差异逐渐成为制约国际合作和市场互通的障碍。为应对这一挑战，加强绿色金融政策和标准的统一与协调已成为全球共识。在这一背景下，各国政府和国际组织开始积极探索建立国际统一的绿色金融分类目录、信息披露标准和监管指引，以实现绿色金融市场的互认和互利。我国和欧盟等绿色金融领先国家和地区已经在这一领域取得了显著成果。通过加强双边和多边合作，我国与欧盟等国家和地区不仅推动了绿色金融标准的对接和互认，还为全球绿色金融市场的整合和发展提供了有力支持。展望未来，绿色金融的国际合作与标准统一将进一步深化，这将有助于打破市场壁垒，促进全球绿色金融资源的优化配置，共同应对气候变化挑战，推动全球经济的绿色转型和可持续发展。

二是绿色金融产品和市场的持续创新与拓展。随着全球对气候变化挑战的日益重视，以及绿色转型步伐的加快，绿色金融产品和市场正经历着前所未有的创新与拓展。这一进程不仅有助于满足不断增长的绿色投资需求，同时也有助于推动金融体系与可持续发展目标的深度融合。

在绿色金融产品创新方面，绿色债券、绿色基金、绿色保险、绿色信托和绿色租赁等多样化金融工具相继涌现，极大地丰富了金融市场的产品线，为市场提供了更多选择。2022 年，全球能源转型技术投资达到 1. 3 万亿美元，同比增长 19%，是 2019 年的近 1. 7 倍，创下历史新高[①]。这一数据充分体现了绿色金融市场在全球范围内的快速增长势头。这些创新性金融产品不仅为投资者提供了多样化的渠道以参与绿色发展，拓宽了其投资选择，同时也为企业和项目提供了低成本的资金支持，有力地促进了绿色经济的蓬勃发展。

在绿色金融市场的拓展方面，碳市场、生物多样性市场和绿色数字货币市场等新兴领域正在逐步兴起，为绿色金融的发展注入了新的活力。特别是碳市场，作为实现碳中和目标的重要机制，其重要性和发展

① 数据来源：国际可再生能源署（IRENA）和气候政策倡议（CPI）组织联合发布 2023 年版《全球可再生能源融资概览》（Global Landscape of Renewable Energy Finance 2023）。

潜力日益凸显。据金融信息公司路孚特（Reinitiv）统计，2022 年全球碳市场再创新高，全球碳市场的交易量实现了显著增长，达到了 125 亿吨，碳排放权交易额达到创纪录的 9289 亿美元，市场总交易额同比增长了 14%。这些新兴领域的崛起为全球绿色金融市场的拓展注入了强大活力，也为实现全球经济的可持续发展提供了有力的金融支持。

与此同时，数字化与科技创新为绿色金融的发展注入了新的活力。区块链、大数据、人工智能等先进技术的广泛应用，正在深刻改变着绿色金融的运作模式和发展路径。这些技术以其独特的优势不仅提升了环境信息披露的透明度和准确性，使投资者能够更为清晰地了解项目的环境影响与效益，而且还优化了能源和资源管理，有效降低了绿色项目的运营成本和风险。此外，在绿色金融产品的设计与销售过程中，这些技术也发挥着至关重要的作用，显著增强了产品的创新性和市场竞争力。

三是绿色金融国际合作的深化与拓展。在全球气候治理和绿色发展的宏大背景下，绿色金融国际合作尤为关键，它不仅是实现全球绿色金融发展的重要桥梁，也是推动各国共同应对环境挑战的有力手段。当前，这种合作的深化与拓展正在多个层面得以体现。

首先，全球性和区域性的绿色金融合作平台及机制正在持续加强。联合国环境规划署金融倡议（UNEP FI）成立的绿色金融中心便是代表之一，该中心致力于为全球金融机构提供绿色金融相关的培训、研究以及对话服务，进而推动绿色金融理念在全球范围内的普及与实践。与此同时，国际货币基金组织（IMF）也通过发布《气候变化与金融政策框架》等文件，为各国制定与实施绿色金融政策给予了指导和建议。这些平台和机制的存在，不但促进了绿色金融知识的共享与传播，还为各国在绿色金融领域的合作奠定了坚实基础。

其次，双边和多边的绿色金融合作项目及倡议正如火如荼地开展。例如，“一带一路”绿色投融资倡议积极致力于支持共建国家的绿色基础设施建设，大力推动绿色能源和绿色技术的发展。中欧绿色合作在可再生能源、低碳交通等领域达成了一系列重要合作协议，促进了双方在相关技术和产业方面的交流与协同发展。中法绿色金融合作双方在绿色债券发行、绿色金融标准制定等方面开展了深入合作，为两国的绿色金融市场带来了新的机遇。这些合作项目和倡议不仅有助于提升各国在绿色金融领域的实践能力，而且为全球绿色金融市场的蓬勃发展注入了源源不断的新活力。

最后，南南合作和三方合作在绿色金融领域的表现日益频繁。我国与非洲、拉美、东南亚等发展中国家和地区的绿色金融合作不断深化，为这些地区提供了资金支持，并分享了丰富的实践经验。同时，与发达国家和国际组织的三方合作在多个层面也取得了显著进展。通过三方合作，各方能够充分发挥各自优势，共同推进绿色金融项目的落地和实施。这种创新的合作模式不但有助于发展中国家提升绿色金融的能力和水平，还有助于促进全球绿色金融市场的多元化和包容性发展，为构建更加公平、可持续的全球经济体系奠定基础。

四是绿色金融的风险管理与信息披露。随着绿色金融在全球范围内蓬勃发展，金融机构在大力推动绿色发展的进程中，也面临着众多环境和社会风险。这些风险的有效管理，对于确保绿色金融市场的稳健和可持续发展，意义举足轻重。如何有效地进行风险管理和信息披露，已逐步成为该领域的关键核心议题。

在风险管理方面，金融机构需要针对绿色项目展开深入的环境和社会影响评估。涵盖对项目潜在的环境影响、所能产生的社会效益，以及可能引发的社会和环境风险展开全方位的分析。通过详尽的评估，金融机构才能够保证所投资的绿色项目切实符合可持续发展的标准，进而降低由于环境和社会问题所引发的投资风险。同时，为增进市场的透明度和公信力，金融机构及时进行信息披露方面也极为重要。他们需要定期向投资者和公众汇报其在绿色金融领域的投资活动、所采取的风险管理措施，以及所取得的实际成效。这不但有助于增强投资者对金融机构的信任，还有助于推动绿色金融市场的健康、有序发展。

在全球范围内，越来越多的金融机构开始采纳国际通用标准和指标来开展风险管理与信息披露工作。例如，赤道原则现已成为众多金融机构在评估绿色金融项目时的关键参考依据。这一原则着重强调，金融机构在做出投资决策时应充分考虑环境和社会因素，以确保投资项目对环境和社会产生积极影响。此外，气候相关财务信息披露工作组（TCFD）的相关建议，也为金融机构在气候变化相关的信息披露方面提供了极具价值的指导。这些标准和指标的广泛应用，不仅显著提升了金融机构自身的风险管理能力，也有效增强了其在国际市场上的竞争力。

随着绿色金融市场的不断成熟和监管体系的日益完善，风险管理和信息披露或将成为金融机构在绿色金融领域取得成功的关键因素。只有那些能够有效管理风险并充分披露信息的金融机构，才能够在激烈的市场竞争中脱颖而出，赢得投资者的信任和市场份额。

第二节　绿色金融发展国际经验

在当今全球气候变化与环境挑战日益严峻的背景下，绿色金融作为推动可持续发展的重要力量，正受到国际社会的广泛关注与高度重视。各国在探索绿色金融发展路径的过程中，积累了丰富的经验与创新实践。本节将深度探讨绿色金融发展的国际经验，剖析不同国家在政策设计、市场机制构建以及国际合作等方面的经验与教训，旨在为进一步完善我国绿色金融体系提供有益的借鉴及启示。

一、建立健全制度保障体系

（一）绿色金融发展法律法规体系相对完善

发达国家绿色金融起步相对较早，相关法律体系也较为完备。它们通过一系列综合性、系统性的立法举措，涵盖了绿色金融的各个关键领域和环节。这些国家依靠完善的法律法规体系，为绿色金融的稳健、健康发展提供了坚实的保障。

以美国为例，联邦层面制定了一系列相关法律，各州更是依据实际状况制定了契合本地的法规，以此规范金融机构、行业部门、市场中介机构以及个人的行为。早在 1980 年，美国先后颁布了《全面环境响应补偿及负债法案》和《清洁空气法》，同时设立了“超级基金”，以有效应对严峻的环境问题。并且，各州也基于自身的特定需求，制定了相关的规划、标准和导则。

韩国通过颁布《低碳绿色增长基本法》等法令，将低碳增长战略正式纳入法律框架，并清晰明确了环保产业作为绿色金融的核心发展方向。为进一步有力推动绿色金融发展，韩国政府自 2008 年起规划每年将 GDP 的 2% 投入绿色项目的投资。此外，为切实保障绿色金融的良性发展，韩国在 2010 年进一步将低碳增长战略写进法律，并出台了相应的法令条例。例如，明确了绿色金融项目的审批流程和监管要求，为相关企业和金融机构提供了清晰的操作指南。

英国将 2050 年实现净零碳排放的目标写入法律，并推出了《绿色金融战略》。英国在绿色债券、绿色信贷、绿色保险、绿色基金和碳市场等具体的金融领域，均制定了详细的规制和指导意见。例如，在绿色信贷领域，英国政府出台的《担保贷款计划》为环境友好型企业提供贷款担保，有力促进了绿色信贷的发展。在碳市场方面，英国在脱欧后建立了自身独立的碳市场体系，通过《温室气体排放交易计划令》重塑碳交易体系，明确了碳排放配额的分配、交易规则以及监管机制，有效推动了企业降低碳排放。

（二）建立健全绿色金融发展配套服务体系

发达国家在推动绿色金融发展的进程中，逐渐形成了配套的服务体系。这些服务体系主要涵盖信用评级、共享环境信息披露与设立专业投资机构等多个层面。

一是在信用评级中引入环境因素。发达国家高度重视绿色金融的信贷风险评估，并将评估结果视作开展绿色信贷业务的关键依据，确保信贷资金能够有效地支持环保项目和可持续发展，进而推进经济结构的绿色转型升级。金融机构在对企业进行授信时，不仅关注企业的财务状况和经营业绩，还会将环境因素纳入考量范围。企业在申请贷款或其他金融产品时，金融机构会着重评估其对环境的影响，包括但不限于企业的碳排放量、资源消耗情况以及是否符合环保法规等。通过将环境因素纳入授信考量，金融机构不仅能够帮助企业在环保方面取得进步，还能促进整个社会的可持续发展。例如，巴克莱银行设立了专门的环境及社会风险评估部门，会针对存在潜在环境风险的借款企业给出具有针对性的指导意见。花旗银行开发了一套环境风险评估模型，对企业的环境表现进行量化分析，并将结果应用于信贷决策。德意志银行则建立了绿色信贷审批的专门流程，对于环境友好型项目给予优先审批和优惠利率。通过这些举措，发达国家的银行和信用评级公司能够更准确地识别和管理绿色信贷风险，引导资金流向环境友好型的企业和项目，推动整个经济社会向绿色可持续方向发展。

二是共享披露环境信息推动企业绿色社会责任规范。在许多发达国家，上市公司以及发行债券的企业都被强制要求公开披露其环境责任信息，具体包括其在环境保护方面的政策、措施和成效等。这不仅有助于增强企业的环境责任感，还为公众和利益相关者提供了评估企业环境绩效的依据。例如，早在 1992 年，英国便开始推行注册会计师协会（ACCA）所设立的环境成本信息披露表彰制度，以鼓励企业积极主动公开披露相关信息。此外，早在 2000 年之前，丹麦、荷兰、瑞典以及挪威等国家也已实施了强制性措施，要求企业披露环境成本信息。此外，国际四大会计师事务所，即普华永道、德勤、安永、毕马威，也都纷纷推出了环境、社会与治理（ESG）的信息披露与咨询业务。通过这些举措，环境信息的披露和共享机制得以不断完善，企业的绿色社会责任意识得到显著增强，从而推动了整个经济社会向更加绿色和可持续的方向迈进。

三是建立绿色投资引导体系优化资金配置。建立与完善投资引导体系有助于绿色金融优化资源配置，将资金精准地引导到具有环境效益和可持续发展潜力的项目中，避免资金的浪费和错配。2005 年，美国签订的《区域性温室气体倡议》采用限额与交易机制，成功地将 10 个州的减排项目连接成统一的区域性碳排放履约市场。这一举措为相关企业提供了明确的减排目标和市场激励，使得资金能够更有效地流向低碳减排项目。2012 年，英国出资 30 亿英镑设立英国绿色投资银行（GIB）。通过运用创新的金融工具和投资策略，该银行为可再生能源、废物处理以及能效提升等关键领域的项目提供了关键的资金支持，有力地推动了英国绿色基础设施的建设和发展。同时，贝克麦坚时、伟凯等国际知名律师事务所相继推出了与环境项目投资相关的法律服务，有效降低了环境项目投资过程中的法律风险，为项目的成功实施提供了坚实的法律保障。此外，随着全球对可持续发展和环境保护的重视程度不断提高，标准普尔、纳斯达克等多个市场推出绿色金融指数，如标准普尔全球清洁能源指数、纳斯达克美国清洁指数、DAX 全球气候指数、东证环境指数等。通过这些指数，投资者可以更直观地了解和评估绿色领域的投资机会和风险，并根据自身的投资策略和风险偏好进行选择，进而推动绿色经济的繁荣发展。

二、强化财政税收支持力度

（一）税收抵免及退税

税收抵免及退税政策是财政对绿色金融予以支持的关键税收优惠手段。美国是较早实施绿色税收优惠的国家之一，其相关的税收优惠政策已清晰明确地列入《国内税收法典》。依照该法典，美国不仅明确了绿色税收优惠与抵免的具体条款，还持续进行政策创新与优化，以进一步激励企业和个人积极参与环境保护与可持续发展的实践。2009 年，美国颁布的《美国清洁能源安全法案》进一步加大了对低碳行业的减税幅度。此法案旨在激励环保和能源领域的投资，进而显著提升了资本市场对于绿色金融市场的投资热忱。此外，美国国税局还特别允许可再生能源开发商在 2010 年 9 月 9 日至 2011 年 12 月 31 日期间，从其委托项目的税单中全额扣除设备成本。这一举措极大地减轻了企业的税收负担，使得可再生能源企业能够将更多的资金投入技术研发和项目拓展中。

通常情况下，有价证券的收益需依照法律规定缴纳所得税。然而，为激励投资者踊跃参与绿色债券投资，部分发达国家推行了免缴收入所得税的优惠政策。以美国为例，2004 年国会通过了一项规模达 20 亿美元的免税债券计划，为清洁能源、节能建筑和其他可持续发展项目提供资金。通过发行绿色债券，投资者所获收益可以完全免税，从而吸引了大量资金流入绿色经济领域。在欧洲，一些国家也采取了类似措施。例如，2017 年法国推出了名为“绿色债券”的金融工具，购买债券的投资者同样享有税收优惠，有效促进了环保项目的发展。此外，英国也通过绿色债券税收减免计划，鼓励更多的资金投向绿色产业，为低碳基础设施等项目提供资金支持。韩国在绿色金融税收减免方面也取得了一定成效。其绿色金融税收减免和产业分红奖励制度不仅吸引了众多金融机构的积极参与，还成功引导了大量社会资本涌入绿色产业，为韩国的绿色经济发展注入了强劲动力。

（二）财政补贴和贴息

财政补贴是财政支出的一种重要形式，它通过转移支付方式对特定行业或领域进行资金支持，为清洁能源企业投资者提供一种长期且固定回报的经济激励手段。通过市场机制的调节，有效地促进了绿色环保产业的成长。

在美国，各州政府积极运用财政补贴政策，引导金融机构增加对绿色产业相关领域的金融投入。其中，纽约州的绿色银行以政府资金作为杠杆，引入社会资本，共同支持可再生能源、能效提升和绿色基础设施项目。加利福尼亚州政府通过提供税收优惠和财政补贴，鼓励银行和投资公司向清洁能源、节能技术和环保项目提供资金支持。伊利诺伊州政府则通过直接补贴和贷款担保的形式，支持绿色农业和生物燃料产业的发展。此外，一些州还通过设立专项基金支持绿色产业的科技创新。例如，马萨诸塞州政府与私营部门合作，创建了绿色创新基金，专门用于资助那些能够显著减少温室气体排放和提高能源效率的创新项目。该基金特别关注初创企业，为它们提供必要的资金支持，帮助它们从概念阶段成长为成熟的市场参与者。这些基金不仅为创新项目提供了必要的资金支持，还通过政府的背书增强了项目的市场信誉，吸引了更多的风险投资和产业资本。德国要求金融机构通过提供利率优惠的低息贷款来支持实体经济，其中的利率差额由政府进行财政贴息补贴。为此，德国复兴信贷银行特别设立了“KFW 环保贷款项目”“KFW 能源效率项目”以及“KFW 能源资金中转计划”等。这些贷款项目大多由联邦政府进行贴息，为绿色环境领域的中小企业、公共机构等提供优惠贷款和资金支持，以鼓励企业绿色环保转型，从而推动经济社会的可持续发展。英国政府亦通过实施“贷款担保计划”扶持环保类中小企业。在“贷款担保计划”的框架下，政府强化与金融机构的合作，为那些参与环保技术开发和应用的中小企业提供资金支持，以缓解它们在初创阶段面临的融资难题。

（三）政府采购助力

政府采购是推动绿色发展和环保产业的重要手段。通过政府公共采购绿色产品，能够为环保产业提供稳定的市场需求，推动绿色技术创新和应用，同时还能引导市场和社会各界更加关注环保问题，促进绿色消费理念的普及。

欧盟成员国积极鼓励倡导由政府公共部门采购绿色产品，从而促进绿色技术的发展和创新。许多国家已经制定了严格的环保标准，要求公共部门在采购过程中优先考虑那些具有节能、低碳、可回收等环保特性的产品和服务。每年，欧洲各成员国政府都会采购约 1 万亿欧元以上的可再生能源和节能绿色产品。例如，法国政府要求所有公共采购合同必须包含环保条款，以确保采购的产品符合国家的环保目标。德国则通过立法，强制公共部门采购那些在生产过程中使用可再生能源和环保材料的产品。日本也采取了类似措施，规定了政府应重点采购的环境商品种类及标准。这一政策导向为环保产业的发展给予了有力支持，同时也引导市场和社会各界更加关注环保问题，推动了绿色消费理念的普及。美国政府设立了联邦采购服务处（FAS）、总务管理局（GSA）、国防部（DOD）和能源部（DOE）四个专门机构负责采购绿色产品，以确保政府的采购行为符合环保标准。2005 年颁布的《联邦采购规则》进一步强化了美国政府在绿色采购方面的责任和行动。依据《联邦采购规则》，政府机构被要求优先购买那些具有环保认证标志的产品，此外，还鼓励供应商提供更加环保的包装材料，采用低碳排放的物流方案。

三、完善政府引导与投资

（一）政府投资成立从绿色金融机构

政府投资成立金融机构以推动绿色金融事业的发展已成为一种国际趋势。例如，德国联邦政府和各州政府共同出资设立了德国复兴信贷银行（KFW），该银行作为全球最早参与绿色金融业务的政策性银行之一，在德国乃至整个欧盟的绿色金融体系中都扮演着至关重要的角色。同样地，英国政府也在积极践行绿色金融理念。2012 年，英国政府创建了世界上首家专注于绿色金融的英国绿色投资银行。据英国绿色投资银行年报数据，该行在成立后的首个年度内便直接投资了 6.35 亿英镑，成功参与了英国超过半数的绿色金融项目。此举有效地撬动了民间资本，以 1∶3 的比例带动了 16.3 亿英镑的民间投资。此外，美国政府在绿色金融领域也采取了积极行动。为了支持环保低碳产业发展，确保绿色金融行业的稳定资金来源，美国政府统筹财政资本，特别批准成立了三家独立的绿色产业银行。这些银行的成立为美国绿色金融市场发展提供了有力保障。

（二）政府投资设立绿色产业投资基金

目前，众多国家已通过政府出资的方式设立了绿色产业投资基金，以市场化运作促进绿色产业的成长和环境的改善。2001 年，英国政府率先投资设立了碳基金，资金主要来源于政府拨款和碳排放交易所得。碳基金成立后，迅速成为英国低碳领域的核心力量。它不仅为低碳项目提供资金支持，还通过技术示范和推广，强化企业和公众的低碳发展意识，并提供减碳发展解决方案。德国政府与德国复兴信贷银行合作，共同出资设立了碳基金。这种政府和银行合作的形式，为基金的资金筹措和风险控制提供了坚实的支持，同时也为节能减排和绿色项目提供了稳定的投资来源。在"美国爱河事件"后，美国政府成立了"超级基金"，以支持环境污染预防和环境保护工作。"超级基金"项目覆盖了从工业废料倾倒场到废弃的矿场，再到化学泄漏事故现场等各种类型的污染场地。"超级基金"的设立，不仅为环境治理提供了资金支持，更在全社会范围内传递了环保的重要性和紧迫性。

（三）加强宣传引导培养绿色发展理念

通过加强宣传与引导，培养绿色发展理念，有助于增强公众对绿色金融理念的认知和理解，从而为绿色金融产品和服务创造更广泛的市场需求。自 20 世纪 70 年代起，部分发达国家就将绿色项目融资纳入商业银行业务范畴。经过数十年的发展，在发展战略、基础设施建设、管理方法以及业务创新等多个领域已经构建起一套相对完善的体系。此外，所出台的《赤道原则》、全球报告倡议组织（GRI）体系、气候相关财务披露工作组（TCFD）建议和报告等标准，已经成为需要遵循的重要规范，为绿色金融的可持续发展奠定了坚实基础。欧盟通过积极倡导社会责任并为投资者提供优质服务，成功地引导投资者更加重视绿色投资，从而使绿色发展理念深入人心。通过制定严格的环境、社会和治理（ESG）标准，欧盟确保了金融机构在投资决策中充分考虑环境和社会因素。通过举办各种绿色金融论坛和研讨会，欧盟不仅提高了投资者的环保意识，还促进了各界对绿色投资的深入探讨，共同为绿色投资的发展献计献策。此外，为提升企业的社会责任感，欧盟还鼓励企业披露其在环境和社会方面的表现。这些举措共同推动了低碳消费方式在全社会范围内的普及和实践。

四、增强国际交流与合作

（一）积极参与绿色金融相关标准

为加强国际绿色金融监管的协调与合作，防范系统性金融风险，制定统一的绿色金融相关国际标准势在必行。积极参与绿色金融相关国际标准的制定，意义重大。既有助于推动国内金融机构与国际接轨，提高其在国际市场上的竞争力和适应性，又有助于增强本国在国际绿色金融领域的话语权和影响力。为应对绿色金融标准不一致的问题，国际上目前主要有两种处理方式：

一种方式是通过国际合作，推动各国绿色金融标准的协调与统一。G20 绿色金融工作组是全球绿色金融合作的关键平台之一。该工作组通过制定绿色金融的全球议程，不仅促进了政策的协调一致，还推动了绿色金融工具和原则的创新。联合国环境规划署（UNEP）通过其可持续金融倡议等项目，为绿色金融发展提供了极具价值的政策咨询和技术支持。此外，UNEP 还参与了全球绿色金融体系的构建，如通过推动绿色债券原则（GBP）的制定和实施，促进绿色债券市场的规范和发展。国际金融公司（IFC）作为绿色金融的先行者，通过其绿色信贷项目和绿色债券的发行，为私营部门的绿色投资注入了强大动力。而且，IFC 还通过专业的技术援助和咨询服务，助力发展中国家建立健全绿色金融政策框架，促进了当地绿色金融的发展。

另一种方式是通过双边或多边协议，推动绿色金融标准的协调与统一。国际社会多边合作在协调全球绿色金融发展标准方面，发挥着至关重要的作用。通过各国之间的双边与多边合作与协商，可以逐步形成一套统一的绿色金融标准，从而为绿色金融发展提供一个共同的框架和指导。这种合作不仅有助于提高各国在绿色金融领域的透明度和互信，还能促进资源的有效配置和绿色项目的顺利实施。例如，欧洲投资银行（EIB）作为全球最大的多边借贷机构之一，在绿色金融领域扮演着重要角色。EIB 的气候战略和运营计划明确了对绿色投资的承诺，并在欧洲和全球范围内推动绿色项目融资。欧盟和瑞士碳市场之间的连接已于 2020 年 9 月开始运行，允许在特定日期进行配额转移。为支持两个碳市场的连接，瑞士根据欧盟碳市场对本国体系进行了相应调整，包括将线性折减因子从 1.74% 修订为 2.2%，最晚于 2022 年实施更新后的基准值，以及无限期延长该国的碳交易体系。

（二）积极参加双边多边合作机制

积极参加绿色金融发展双边与多边合作机制既有助于促进国际绿色金融经验与技术的交流与合作，又有助于提升本国绿色金融的国际影响力和竞争力。

各国政府之间通过签署双边合作协议、开展联合研究项目等方式加强在绿色金融领域的合作与交流。这种合作不仅有助于分享成功经验、共同应对挑战，还有助于推动绿色金融技术的转移和应用。例如，德国通过其政府下属的德国国际合作机构（GIZ），与印度在绿色金融和可持续发展项目上展开了广泛合作。双方合作的重点领域包括能源效率、可再生能源、城市交通和水资源管理，通过提供技术援助和财政支持，帮助印度实现绿色增长。法国和摩洛哥在可再生能源和绿色金融方面有着紧密的合作。法国通过提供资金和技术支持，协助摩洛哥发展其太阳能和风能产业，如建设了世界上最大的太阳能发电站之一——努尔太阳能发电站。此外，法国还支持摩洛哥开发绿色债券市场，帮助该国吸引国际绿色资本。在北美自由贸易协定（NAFTA）框架下，美国和墨西哥在环境和绿色金融方面有合作项目，包括清洁能源项目和跨境环境治理。通过共享最佳实践和技术转让，两国共同推进了区域内的绿色经济发展和环境保护。

第三节　绿色金融发展相关启示

根据国际绿色金融发展经验可知，推动绿色金融发展，需要做好完善法律法规体系、推动金融机构积极参与、创新绿色金融产品、强化国际交流合作、社会宣传与教育等工作。

一、完善相关法律法规体系，健全相关配套服务保障

发达国家的绿色金融发展经验表明，制定和完善绿色金融相关的法律法规是助推绿色金融发展的重要制度保障。首先，要建立健全绿色金融法律框架，明确金融机构在绿色投资中的法律责任和义务，以确保绿色金融活动的合法性和规范性。其次，应制定专门的绿色金融法律法规，明晰绿色金融的定义、目标、原则以及操作规范。包括对绿色项目的标准进行界定，确保资金能够投向真正符合环保和可持续发展要求的项目。再次，建立绿色金融监管框架，明确监管机构的职责，强化对绿色金融活动的监督与管理，保证金融机构在绿色投资决策中遵循环境、社会和治理（ESG）原则。最后，通过立法设立激励机制，如税收优惠、补贴、低息贷款等，激励金融机构和投资者参与绿色金融活动，同时对不符合绿色标准的投资行为予以约束和惩罚。

发达国家通过信用评级、环境信息披露、建立绿色投资引导体系等方式，为推动绿色金融发展提供服务保障。建立健全相关配套服务体系，首先，要将环境风险评估纳入信用评级体系，对企业的绿色表现进行评级，引导资金流向环境友好型企业，同时为投资者提供决策依据。其次，建立并完善环境信息披露制度，要求上市公司和债券发行人定期披露其环境影响报告，提高透明度，增强了投资者的信心，促进市场对

绿色投资的理解和参与。最后，设立绿色投资引导体系，政府可以通过建设绿色发展基金、绿色银行等形式，吸引社会资本参与绿色项目投资。鼓励银行为绿色项目提供优惠利率贷款，推动绿色技术的创新和应用。同时，加强对金融机构和投资者的绿色金融专业培训，提高其对绿色金融产品和市场的理解，培养绿色金融专业人才，提升相关人员的专业素养。

二、推动金融机构积极参与，强化财政税收激励政策

发达国家经验表明，金融机构在绿色金融标准制定中扮演着非常重要的角色，政府应出台相关政策，鼓励金融机构将绿色金融纳入其业务发展战略。首先，政府可以通过提供税收优惠、降低准备金率、提供流动性支持等措施，激励金融机构加大对绿色项目的信贷投放，参与或主导制定绿色金融相关标准，如绿色信贷指南、绿色债券评级标准等，确保金融机构在实际操作中有清晰明确的操作指南。其次，政府应加强对金融机构的环境风险管理培训，帮助其建立并完善环境风险评估体系，确保绿色金融项目的风险可控。最后，政府可鼓励金融机构开发多样化的绿色金融产品，如绿色债券、绿色基金、绿色保险等，满足不同投资者和项目的需求。

参考发达国家经验，政府的税收抵免、退税、财政补贴和贴息等政策，有助于激励绿色产业发展。首先，在强化财政税收激励政策方面，可以为绿色项目提供税收减免，例如，对绿色债券的利息收入免征所得税，给予绿色企业增值税优惠等。其次，针对绿色技术研发、绿色项目建设等给予财政补贴，降低企业的初始投资成本。为绿色项目提供低息或无息贷款，减轻企业的财务负担，增强绿色投资的吸引力。最后，政府在采购过程中优先选择绿色产品和服务，通过示范效应引导市场和消费者行为。

三、积极参与国际绿色金融标准制定，强化国际交流合作

国际经验表明，积极参与国际绿色金融标准的制定和修订，既有助

于推动形成国际认可的绿色金融标准，又有助于提升一国或地区在国际绿色金融市场的话语权。积极参与国际绿色金融标准制定，首先，要建立健全国内绿色金融标准体系，为参与国际标准制定奠定坚实基础。加大对绿色金融标准制定的政策支持和资源投入，鼓励金融机构和企业积极参与国际标准的讨论和制定。其次，培养和储备具备国际视野和专业知识的绿色金融人才，为参与标准制定提供智力支撑。最后，加强与国际组织和其他国家的交流与合作，及时掌握国际绿色金融标准的最新动态和发展趋势。结合本国或本地区的实际状况，提出具有创新性和可行性的绿色金融标准方案，为国际标准的完善贡献才智。

绿色金融发展的国际经验表明，积极参与双边与多边合作，不但有利于加强各国在绿色金融领域的交流与合作，而且有利于促进政策的协调统一和绿色金融工具的创新。积极参与双边与多边合作，需要增强自身在绿色金融领域的实力和竞争力，包括提升绿色金融产品的研发能力、优化绿色金融服务体系等。例如，不断探索新的绿色金融产品，如基于可再生能源项目的结构化金融产品。建立有效的沟通协调机制，加强与合作方在政策制定、监管标准等方面的信息共享和协同工作。比如定期举办双边或多边的绿色金融政策研讨会。积极推动绿色金融项目的跨境合作，共同开展大型绿色基础设施建设、清洁能源开发等项目。以跨国的风力发电场建设项目为例，通过多边合作实现资源整合和风险共担。加强绿色金融人才的国际交流与培训，培养一批熟悉国际规则和各国国情的专业人才队伍。例如，设立国际绿色金融人才交流项目，促进人才的跨国流动和学习。尊重各国的国情和发展阶段差异，制定灵活且具有包容性的合作方案，实现共同发展。

四、做好宣传与教育，增强绿色金融发展意识

发达国家借助社会宣传和教育手段，显著提高了公众对绿色金融的认识及参与度。加强绿色金融的宣传教育，提升公众的环保意识，培育绿色消费习惯，有利于营造全社会支持绿色金融发展的良好氛围。

加强绿色金融的社会宣传与教育，可以充分发挥媒体、教育机构和非政府组织的作用，广泛开展绿色金融和环保知识的普及教育，增进公众对绿色金融重要性的认知，使其深刻理解绿色金融对环境保护和可持续发展的重大贡献。在高等教育和职业教育体系中开设绿色金融相关课程，培养具备绿色金融知识和专业技能的人才，为绿色金融的发展提供有力的人才支撑。许多高校已经开始尝试在经济、金融等专业中设置绿色金融方向的课程。举办绿色金融论坛、研讨会、展览等丰富多样的活动，积极邀请公众参与，通过互动交流增强公众对绿色金融的理解和兴趣。通过设立绿色金融奖项、认证等激励机制，隆重表彰在绿色金融领域作出突出贡献的个人和机构，显著提升绿色金融的社会影响力，充分激发公众和企业参与绿色金融的积极性。设立绿色金融宣传周或月，通过集中且高强度的宣传，大幅提高绿色金融在社会中的知名度，有力鼓励公众和企业采取绿色金融行动，如在宣传期间举办绿色金融产品的优惠活动等。

第八章

研究结论与对策建议

第一节　研究结论

综上可知，我国绿色金融发展整体呈现稳步增长态势，但是存在显著的区域差异，东部地区发展水平最高，中部次之，西部最低。同时，经由绿色金融发展效应的理论与实证分析可知，绿色金融经济与环境效应均显著为正，但存在一定的异质性。

一、绿色金融发展状况

我国绿色金融发展整体呈现出稳步增长趋势，然而不同区域和省市间绿色金融发展水平存在一定差异。在区域层面，东部地区经济基础雄厚，金融市场高度发达，具备完善的绿色金融产品和服务体系。这为绿色金融发展提供了坚实的物质基础和市场环境，使得东部地区在绿色金融领域能够迅速响应市场变化，从而引领绿色金融发展；中部地区虽然经济基础与金融市场成熟度不及东部地区，但近年来中部地区也在积极追赶，加大对绿色金融的支持力度，绿色金融发展呈现出稳中向好的态势，但与东部地区相比仍有一定差距；西部地区由于经济基础相对薄弱，金融市场发展滞后，绿色金融在西部地区的推广和应用面临诸多挑战。尽管西部地区拥有丰富的自然资源和生态优势，但这些优势尚未充分转化为绿色金融发展的动力。在省市层面，受到经济基础、政策环境、金融市场成熟度、环保意识以及地理环境等多个方面因素的影响，各省市间绿色金融发展水平也存在较大差异。第一梯队包括上海、江苏等 5 个省市，第二梯队涵盖广西、重庆等 10 个省市，第三梯队包括河南、江西等 7 个省市，第四梯队则包括宁夏、陕西等 8 个省市。

尽管不同地区间绿色金融发展水平存在一定差异，但是经由时空演进态势分析发现，这种差异正在不断缩减，绿色金融发展在逐步趋向均衡。这意味着随着政策的持续落地和细化，越来越多的地区开始重视绿色金融，并将其作为推动经济可持续发展的重要手段，不断加大对绿色金融的投入力度。同时，绿色金融市场机制也在逐步完善，包括绿色金融产品的创新、市场需求的扩大以及金融机构在绿色金融领域的专业能力提升等，这些都为绿色金融的均衡发展提供了有力支持。这一趋势预示着绿色金融将在全国范围内实现更加均衡的发展，为经济社会的可持续发展注入新的活力。

二、绿色金融发展经济效应

从全国层面，无论是在宏观层面还是微观层面，我国绿色金融发展目前已经形成显著的正向作用。在宏观层面，绿色金融对经济增长具有显著且稳定的直接与间接推动作用；在微观层面，绿色金融在缓解企业融资约束、促进企业绿色技术创新方面也发挥了积极作用。

在异质性方面，西部地区绿色金融对经济增长的作用显著，东中部地区绿色金融对经济增长的作用不显著。西部地区绿色金融对经济增长作用显著的原因主要在于其经济基础薄弱、产业结构有待优化升级以及政策倾斜与支持等因素的共同作用；而东中部地区由于经济基础雄厚、产业结构相对合理且市场饱和竞争激烈等原因，绿色金融对经济增长的作用相对不显著。然而，这并不意味着东中部地区不需要发展绿色金融或绿色金融对其经济增长没有贡献，而是说在现有条件下其作用可能相对有限或需要更长时间来显现。

此外，绿色金融发展在缓解我国国有新能源企业融资约束方面存在显著作用，对非国有新能源企业融资约束影响尚不显著。原因可能在于与非国有企业相比，国有企业由于其规模和信誉优势，可能更容易获得金融机构的青睐和资金支持。而非国有企业，尤其是中小微企业，可能面临更高的融资门槛和更严格的审核条件。国有企业通常具有较为完善的治理结构和信息披露机制，这有助于提升其在金融市场上的透明度和信誉度。而非国有企业，尤其是中小微企业，可能由于治理结构不完善、信息披露不充分等原因，难以获得金融机构的信任和支持。另外，新能源行业本身具有高风险、高投入的特点。国有企业由于其规模和资源优势，可能具有更强的风险承受能力。而非国有企业则可能因风险承受能力较弱而难以获得绿色金融的支持。

三、绿色金融发展环境效应

从全国来看，我国绿色金融发展显著提高了绿色全要素生产率水平，减少了污染物排放，并对环境优化与改善产生了正向作用。这表明我国绿色金融发展取得了显著成效，通过引导资金流向绿色产业，不仅促进了经济增长，还积极改善了环境质量，实现了环境效益与经济效益的双赢。

分区域来看，东部地区绿色金融对绿色全要素生产率有显著正向作用，而中部与西部地区该作用不显著；同时，东部地区绿色金融能显著降低污染物排放、改善环境，但中西部地区绿色金融对污染物减排作用不显著。究其原因主要在于：东部地区作为我国经济最为发达的区域，拥有更为成熟的金融市场和较高的经济发展水平。这使得东部地区在绿色金融政策的实施、金融产品的创新和金融资源的配置上更具优势。加之，东部地区的产业结构相对优化，高新技术产业和服务业占比较高，而高污染、高能耗的传统工业比重相对较低。这种产业结构有利于绿色金融政策的实施效果，因为绿色金融更容易引导资金流向环保、节能、低碳的高新技术产业和服务业。相比之下，中部和西部地区仍然以传统工业为主，能源消费结构以煤炭为主，短期内难以改变，这限制了绿色金融在这些地区的作用效果。

第二节　对策建议

依据国际绿色金融发展经验，构建相对完善的绿色金融体系，需要具备完善法律法规体系，建设配套服务体系；推动金融机构积极参与，强化财政税收激励政策；积极参与国际绿色金融标准制定，强化国际交流合作；做好社会宣传与教育，增强绿色金融发展意识。进一步提升我国绿色金融发展水平，增强绿色金融发展的经济与环境效应，需要做好以下几方面工作。

一、完善相关法律法规体系，增强金融监督与管理

一是制定统一的绿色金融标准和分类体系。由相关部门牵头，充分借鉴国际经验并结合本国实际国情，制定一套全面、全国通用的绿色金融标准。这套标准应广泛涵盖各类绿色金融产品，包括但不限于绿色信贷、绿色债券、绿色基金、绿色保险等。同时，明确绿色项目的分类目录，具体领域应包括但不限于清洁能源、节能减排、污染治理、生态修复等，确保绿色项目的界定具有明确性和可操作性。为了确保所有相关参与方对绿色金融标准和分类体系有清晰、一致的理解，应定期组织培训和研讨会，对金融机构、企业、投资者和监管机构进行绿色金融知识的普及和教育。此外，发布详细的指导手册和案例研究，以实际案例解释各项标准的具体应用，增强实践操作的可行性和指导性。

二是完善绿色金融相关法律法规。完善绿色金融相关法律法规体系，是推动绿色金融发展的重要保障。制定并完善特定的绿色金融法律法规，明确金融机构、企业和个人在参与绿色金融活动时的权利与义务，以及相应的法律责任，为绿色金融活动提供明确的法律指引。明确金融机构

在绿色项目融资前后的尽职调查、风险评估和管理程序，以降低绿色金融业务风险，保障投资者权益。为了增强绿色金融活动的透明度，建议强制要求金融机构定期公开其绿色金融活动的进展与成效，包括融资项目的环境效益、社会效益以及经济效益等，从而确保公众及监管机构对绿色金融活动实施有效监督。此外，确立绿色项目的法律地位，以增强投资者对绿色项目的信心，拓宽绿色项目的融资渠道。同时，建立健全绿色金融消费者和投资者权益保护机制，确保其合法权益不受侵害。

三是强化绿色金融监管与执行。强化金融监管与执行对于促进绿色金融的稳健发展至关重要。应当构建一个包含中央银行、银保监会、证监会等多个机构在内的多层次、全方位的绿色金融监管框架，以实现各部门之间的协同监管，确保绿色金融活动的合规性。同时，建立跨部门的协调机制，确保各部门在绿色金融监管政策上保持一致性和互补性，避免监管真空或重复监管。制定严格的绿色金融信息披露规则也是至关重要的。金融机构和企业应被要求定期公布绿色金融活动的相关数据，包括资金流向、项目环境效益、风险评估结果等，以提高市场透明度。利用现代信息技术，如大数据、云计算等，建立绿色金融信息共享平台，实时更新绿色金融活动的动态，将有助于监管机构及时获取和分析绿色金融数据，为制定更加精准的监管政策提供有力支持。此外，通过举办绿色金融论坛和研讨会等活动，促进市场参与者之间的交流与合作，共同推进绿色金融实践，也是推动绿色金融发展的重要途径。鼓励媒体与公众共同参与绿色金融监管，同样是提升社会对绿色金融关注与参与度的关键途径。最后，还应明确违反信息披露规定的法律后果，包括罚款、警告、暂停业务等处罚。对于严重违规者，还应考虑采取市场禁入或追究刑事责任等更为严厉的惩罚措施。这些措施将有助于维护绿色金融市场秩序和公平竞争环境，保障绿色金融持续健康发展。

二、强化财政税收激励政策，构建配套服务体系

其一，强化财政税收激励政策是推动绿色金融发展的重要手段。对

于符合绿色标准的项目，如清洁能源开发、节能改造、污染治理和生态修复等，政府应提供直接的财政补助，以覆盖部分初期投资成本，降低项目启动门槛。特别是对于发展相对滞后的地区，如西部地区，应给予额外的财政支持，以弥补资金缺口，促进绿色项目在当地落地生根，加速绿色转型进程。同时，对从事绿色信贷、绿色债券、绿色基金等绿色金融产品的金融机构，政府应提供所得税减免，以减轻其税负，增强其参与绿色金融活动的积极性。此外，对绿色金融产品交易产生的增值税也应给予减免，以降低交易成本，增强绿色金融市场的活跃度。为了鼓励更多资本流向绿色经济领域，政府还应对企业和个人在绿色项目上的投资提供一定比例的税收抵免，直接降低其投资成本。

其二，在强化财政税收激励政策的同时，构建配套服务体系也是必不可少的。监管机构或行业协会应牵头制定一套全面、科学的绿色评级标准，涵盖环境、社会和治理（ESG）等多维度指标，以确保绿色评级的公正性和权威性，避免“漂绿”现象，提升市场信任度。此外，应鼓励和支持绿色评级机构的发展，提供专业、客观的绿色项目和企业评级服务，以增强绿色项目和企业的透明度，降低信息不对称，提升投资者信心。

其三，为了进一步提高绿色金融的服务效率，应建立绿色项目数据库，收集整理绿色项目信息，并运用大数据技术进行深度分析，挖掘绿色项目间的关联性和趋势，为决策提供数据支持。同时，采用人工智能算法精准匹配绿色项目与潜在投资者，提高融资成功率，降低交易成本。最后，构建集项目评估、融资咨询、后期管理于一体的绿色金融综合服务平台，将大大简化流程，提高服务效率。同时，搭建国际绿色技术转移和资金流通的桥梁，促进国内外绿色金融项目的交流与合作。

三、创新绿色金融产品与服务，增进风险监管与成效评估

第一，开发更多类型的绿色金融产品，如绿色保险、绿色租赁、绿色信托等，以满足不同规模、不同行业、不同发展阶段的绿色企业和项

目的需求。这些创新产品将为绿色经济提供更多元化的融资选择，进一步推动绿色产业的蓬勃发展，助力实现经济社会的可持续发展目标。例如，创新绿色供应链融资，为供应链中的绿色企业提供融资，支持绿色采购、生产、物流等环节，促进整个产业链的绿色化；创新绿色风险投资基金，专注于绿色科技和清洁技术领域的早期投资，支持创新和高成长潜力的绿色企业；创新绿色公益信托，集合社会资金，专用于绿色公益项目，如生态保护、环境教育等，实现长期的环境和社会效益。

第二，利用大数据、区块链等先进技术，可以提升绿色金融的运作效率和透明度，进而降低风险。大数据技术通过搜集与分析环境、社会及治理（ESG）数据，能够协助金融机构更准确地评估绿色项目的环境效益与社会影响，并有效识别潜在风险。例如，卫星数据可用于监测森林覆盖率或追踪污染排放情况。此外，基于历史交易数据、支付行为及其他相关指标，大数据既能预测绿色投资的需求与收益，还能优化信用评分模型，为绿色贷款提供更为精确的风险评估，从而引导资金流向最具潜力的绿色项目。区块链技术所具备的分布式账本特性，确保了交易记录的不可篡改性和可追溯性，显著提高了绿色金融活动的透明度，并有助于降低欺诈和洗钱的风险。其智能合约功能能够在预设条件得到满足时自动执行交易条款，这不仅简化了绿色债券、绿色基金等金融产品的管理流程，还降低了运营成本并减少了人为错误。同时，在绿色供应链管理中，区块链技术能够追溯原材料的来源及其生产流程，确保它们符合环保规范，进而促进可持续供应链的融资活动。最终，得益于区块链技术强大的加密特性，区块链在确保数据安全的同时，还能够促进金融机构、监管机构与绿色项目方之间的信息交流。

第三，定期评估绿色金融政策执行成效，包括经济效应和环境效应，对于确保政策的有效性和适应性至关重要。此类评估应该涵盖经济效应和环境效应两个关键维度，并且基于评估结果，政策制定者可以及时调整和完善相关政策。具体而言，内容涵盖评估绿色项目及绿色金融工具（例如绿色债券、绿色基金）的投资回报率，并对比其与传统金融工具的差异；深入探讨市场对绿色金融产品的接纳程度，包括发行量、认购情况及二级市场的流动性；定期对绿色金融政策对经济结构的影响进行评估，尤其是对高碳行业与低碳行业的影响；计算并对比绿色项目实施前后的温室气体排放量，以评估其减排效果；量化绿色项目对生态系统服务的贡献，如水源保护、生物多样性维护等；评估绿色金融政策在降低环境污染和生态破坏风险方面的成效；分析绿色项目对空气质量、水质等公共健康指标的正面影响；设定关键绩效指标，持续监测绿色金融政策的执行情况和效果。此外，建立政策反馈机制，基于评估结果，及时调整和完善相关政策，例如，修改补贴机制、调整税率或更新监管框架。同时，加强与不同政府部门、国际组织和非政府组织的合作，以获取多角度的评估视角和解决方案。最后，定期发布绿色金融政策的执行情况和效果报告，以提高政策透明度，促进公众和利益相关者的参与和监督。

四、实施区域差异化政策，提升政策针对性

针对中国东、中、西部地区不同的资源禀赋和发展阶段，设计差异化的绿色金融政策，旨在推动区域间绿色金融的均衡发展，这是中国绿色金融体系构建中的一个重要策略。

首先，东部地区经济基础雄厚，金融体系成熟，但面临资源和环境压力，政策应着重于促进高端绿色制造业、绿色科技创新和绿色服务业的发展，推动产业结构的高级化和绿色化。在鼓励发展多元化的绿色金融产品（如绿色债券、绿色基金、绿色信贷等）的同时，充分利用金融科技，如大数据、区块链和人工智能，提升绿色金融产品和服务的效率与透明度并降低相关风险。此外，利用东部沿海地区的开放优势，积极开展绿色金融领域的国际交流与合作，吸引国际资本和技术，提升绿色金融的国际影响力。

其次，中部地区正经历快速的工业化和城镇化，政策应侧重于支持农业绿色发展、生态修复、清洁能源开发，如有机农业、节水灌溉和退耕还林，构建绿色产业链，平衡经济发展与环境保护。同时，鼓励清洁

能源项目，如风电、太阳能和生物质能，利用绿色基金和财政补贴降低项目成本。推广绿色信贷、绿色租赁、绿色保险等产品，降低绿色项目的融资成本，激发民间资本的参与热情。此外，加强绿色金融知识培训，提升地方政府、金融机构和企业对绿色金融的认知和操作能力，营造良好的绿色金融生态环境。

再次，西部地区生态环境敏感，资源丰富，但经济发展相对滞后，政策应集中于生态保护、水资源管理和可再生能源项目，推动生态补偿和碳汇交易。一方面，建立和完善碳汇交易市场，设立专项绿色基金，结合财政贴息、税收优惠等政策，引导社会资本投资西部绿色项目，缓解融资难题；另一方面，加强绿色金融基础设施建设，如绿色评级体系、绿色交易平台，扩大绿色金融服务的覆盖范围，为绿色项目提供评估、融资和交易的一站式服务，提升服务质量。

最后，在全国层面，根据不同地区的发展水平和绿色金融需求，制定差异化的财政和货币政策，如绿色贷款利率优惠和绿色项目税收减免。在具备条件的地区设立绿色金融创新试验区，试验新型绿色金融产品和服务，为全国推广提供案例和经验。建立东、中、西部地区之间的绿色金融合作机制，共享信息、技术和资金，形成区域间绿色金融发展的协同效应。

五、积极参与国际标准制定，强化国际交流合作

积极参与国际绿色金融标准的制定，提升我国在国际绿色金融市场的话语权。与国际伙伴合作开发绿色项目，引进先进技术和管理经验，同时输出我国绿色金融的成功案例。

首先，参与国际标准制定。积极参与国际组织活动，在世界银行、亚洲开发银行、绿色气候基金（GCF）等国际组织中，积极参与或发起绿色金融相关的工作组，贡献我国的专业意见和实践经验。通过主办或参与国际绿色金融峰会、研讨会等活动，搭建交流平台，展示我国在绿色金融领域的进展和成果，增强与其他国家和地区的对话与合作。与国

际通行的绿色金融标准，如 ISO 14030 系列、TCFD（Task Force on Climate-related Financial Disclosures）推荐的披露框架等进行对接，确保我国绿色金融标准与国际标准的兼容性和一致性。在国际标准的基础上，结合我国国情，提出并推广具有中国特色的绿色金融标准，如绿色债券原则、绿色信贷标准，增强中国标准的国际影响力。在国际金融论坛、联合国气候变化大会等场合，主动提出我国对于绿色金融的见解和建议，分享我国在绿色金融领域的成功案例和最佳实践。发起或支持国际绿色金融倡议，如绿色“一带一路”、绿色金融联盟等，促进全球绿色金融市场的协同发展。与国际伙伴共同开展绿色金融项目，如绿色基础设施建设、跨境绿色债券发行等，通过实际合作加深国际社会对中国绿色金融的理解和支持。举办绿色金融专题培训班、研讨会，邀请国际专家和学者参与，提升我国绿色金融人才的国际视野和能力。

其次，合作开发绿色项目。与发达国家的技术研发机构、高校和企业建立合作伙伴关系，引进可再生能源、清洁生产、资源回收利用等领域的先进技术和管理经验。在中国和海外设立联合研发中心，专注于绿色技术的研发和创新，促进技术成果的快速转化和应用。与国际伙伴合作，共同投资于风能、太阳能、生物质能等可再生能源项目，以及智能电网、绿色交通网络等基础设施建设。参与电动车辆、公共交通系统、自行车共享等清洁交通解决方案的开发，减少城市交通对环境的影响。推广绿色建筑标准和实践，建设低碳、节能的住宅区和商业综合体，提升建筑能效和居住品质。为发展中国家提供绿色金融领域的技术援助和人员培训，帮助他们建立绿色金融体系，提升绿色项目规划和管理能力。设立专门的绿色基金，为发展中国家的绿色项目提供融资支持，同时探索债务换自然（Debt-for-Nature Swap）、绿色债券等创新融资方式。鼓励中国企业参与海外绿色项目，不仅提供资金支持，还输出中国在绿色技术、工程和管理方面的经验，实现互利共赢。加强与发展中国家在绿色金融领域的南南合作，共享绿色金融的成功案例和教训，促进绿色技术的普及和应用。积极参与世界银行、亚洲开发银行、绿色气候基金（GCF）等多边金融机构的绿色项目，利用其平台和资源，拓宽国际合作的广度和深度。

最后，输出中国经验。积极参与世界经济论坛、国际货币基金组织（IMF）、世界银行年会等国际会议，分享我国绿色金融的最新进展和成功故事，如绿色债券市场的发展、绿色基金的创新运作、绿色信贷政策的实施效果等。发布年度绿色金融报告、白皮书和案例研究，详细介绍我国绿色金融体系的构建过程、关键政策、市场表现和环境影响，为国际同行提供翔实的数据和分析。与国际知名大学和研究机构建立合作伙伴关系，开展绿色金融领域的联合研究项目，共同探讨绿色金融理论的前沿课题，如绿色金融与碳定价机制的互动、绿色金融产品创新等。与国际开发机构合作，启动针对发展中国家的绿色金融能力建设项目，提供定制化的培训计划，涵盖绿色金融政策制定、绿色项目融资、绿色金融产品开发等方面。建立绿色金融技术转移平台，促进我国绿色金融技术、工具和标准的国际化应用，如绿色信贷风险管理模型、绿色项目评估软件等。发起或加入全球绿色金融智库联盟，汇集各国绿色金融专家和机构，定期举办圆桌会议、研讨会，分享绿色金融领域的最新动态、研究成果和最佳实践。参与或主导国际绿色金融标准的制定工作，通过工作组的形式，推动中国绿色金融标准与国际标准的接轨，增强中国在国际绿色金融市场的话语权。

六、强化社会宣传教育，增强绿色发展意识

通过媒体、教育机构和公共活动，提高公众对绿色金融的认知，营造良好的社会氛围。在高等教育和职业培训中增加绿色金融课程，培养专业人才，支撑行业发展。

第一，强化社会宣传。与主流电视台、广播电台、报纸和杂志合作，策划和发布有关绿色金融的深度报道和专题文章，讲述绿色金融的案例、影响和趋势，提升公众的关注度。设计并投放公益广告，强调绿色金融在推动可持续发展方面的作用，唤起公众的情感共鸣，激发社会责任感。在微博、微信、抖音等平台上，创建官方账号，发布绿色金融

的最新资讯、政策解读和互动内容，利用短视频、直播等形式吸引年轻群体。举办线上绿色金融知识问答和竞赛活动，通过奖励机制鼓励用户参与，提高绿色金融的趣味性和参与度。在大型展会和商业中心设置绿色金融主题展区，展示绿色金融产品、服务和成功案例，提供现场咨询和体验活动。收集和分享绿色金融领域的感人故事，如个人如何通过绿色金融产品实现环保梦想，企业如何借助绿色金融转型成功，增强宣传的感染力。与非政府组织、教育机构和企业建立合作伙伴关系，共同开展绿色金融宣传活动，扩大影响力。

第二，强化教育培训。在大学和商学院中增设绿色金融、可持续投资、环境经济学等课程，教授学生绿色金融的理论框架、分析工具和实践案例。鼓励跨学科学习，让学生了解绿色金融与环境科学、政策、法律等领域的交叉点，培养复合型人才。与金融机构、行业协会合作，开发绿色金融专业资格认证考试，如绿色金融分析师、绿色信贷专家等，提升从业人员的专业性。定期举办绿色金融研讨会、工作坊和在线课程，提供最新的行业动态、政策解读和实务技巧，满足不同层次的学习需求。成立绿色金融研究基金，资助学者和研究生开展绿色金融领域的前沿研究，如绿色信贷风险评估、绿色金融产品创新、绿色投资策略等。提供奖学金支持学生攻读绿色金融方向的硕士和博士学位，同时鼓励学生参与实际的绿色金融项目，获得实践经验。与金融机构建立实习基地，为学生提供实践机会，让学生在真实的金融环境中学习绿色金融的实际操作。定期举办或参与国际绿色金融学术会议，促进国际的研究合作和知识交流。为学生提供海外交流学习的机会，让他们接触不同国家的绿色金融实践，拓宽国际视野。

第三，强化公众参与。通过各种渠道（如社交媒体、银行网站、金融 APP）发布绿色金融产品和服务的详细信息，包括绿色存款、绿色信用卡、绿色保险等，解释其与传统金融产品的区别和优势。定期发布绿色金融产品的成功案例，通过宣传个人和企业通过绿色金融产品实现环保目标的故事，激发公众兴趣。制作绿色金融消费者指南，提供实用的绿色金融产品选择和使用建议，帮助消费者做出明智的决策。在社区中心、学校和图书馆举办绿色金融工作坊，邀请行业专家和金融顾问进行现场讲解和互动，解答公众疑问。定期举行绿色金融主题的讲座和研讨会，讨论绿色金融的重要性、发展趋势和未来机遇，提高公众的知识水平。开设绿色金融导向的家庭财务管理课程，教授如何将绿色金融理念融入日常理财规划，如绿色投资、节能减排的生活方式等。为低收入家庭提供专门的绿色金融教育项目，包括免费的绿色金融咨询服务和小额绿色贷款计划，帮助他们理解和利用绿色金融产品改善生活。

第四，强化行业合作。通过与行业协会、监管机构和主要金融机构携手合作，共同确立绿色金融领域的行业标准，包括绿色项目的界定、绿色金融产品的分类、环境和社会风险管理框架等方面。同时，制定绿色金融实践操作指南，详尽阐述包括绿色信贷、绿色债券、绿色保险在内的各类绿色金融工具的操作流程及评估准则，为金融机构提供明确的参考依据。此外，举办绿色金融标准培训课程及认证考试，确保金融从业者能够精通并掌握行业的最新标准与操作规范。另外，还应激励金融机构与高等院校等教育机构合作，建立实习基地，为学生提供绿色金融领域的实习实训机会，使他们在实践中深入了解和掌握绿色金融的业务流程及市场趋势。与此同时，还应与教育机构携手，共同设计并开发绿色金融相关课程，将行业尖端知识与实践经验有效融入教学之中，以增强教育的针对性与实用性。支持金融机构与教育机构合作开展绿色金融研究项目，如绿色金融产品创新、绿色信贷风险评估等，为行业提供理论支撑与实践案例。最后，行业协会作为绿色金融领域非常重要的交流平台，可以定期举办行业会议、研讨会和培训活动，有效促进金融机构之间的信息共享和经验交流。行业协会还可以代表整个行业向监管机构提出政策建议，积极反映行业需求，并收集行业对现有政策的反馈，从而推动政策的不断完善与优化。

参考文献

[1] 安同信，侯效敏，杨杨．中国绿色金融发展的理论内涵与实现路径研究 [J]．东岳论丛，2017，38 (06)：92 – 100.

[2] 安伟．绿色金融的内涵、机理和实践初探 [J]．经济经纬，2008 (05)：156 – 158.

[3] 常雨茂，范致镇，王佳，等．绿色金融的中国实践现状及国际经验借鉴 [J]．区域金融研究，2021 (07)：72 – 76.

[4] 陈碧琼，张梁梁．动态空间视角下金融发展对碳排放的影响力分析 [J]．软科学，2014，28 (07)：140 – 144.

[5] 陈静怡，陶士贵．绿色信贷：研究现状及分析 [J]．特区经济，2018 (04)：147 – 151.

[6] 陈琪，张广宇．商业银行绿色金融业务发展分析与启示——以兴业银行为例 [J]．经济研究参考，2017 (53)：107 – 111.

[7] 陈星星．中国碳排放权交易市场：成效、现实与策略 [J]．东南学术，2022 (04)：167 – 177.

[8] 杜莉，郑立纯．我国绿色金融政策体系的效应评价——基于试点运行数据的分析 [J]．清华大学学报（哲学社会科学版），2019，34 (01)：173 – 182 + 199.

[9] 杜焱，冉圆圆．绿色金融对碳排放的影响——基于空间动态面板模型的检验 [J]．当代经济，2023，40 (12)：55 – 65.

[10] 方春．绿色金融发展对我国环境全要素生产率的影响研究 [D]．江西财经大学，2019.

[11] 高建良．“绿色金融”与金融可持续发展 [J]．金融理论与

教学，1998（04）：20－22.

［12］高晓燕，王治国．绿色金融与新能源产业的耦合机制分析［J］．江汉论坛，2017（11）：42－47.

［13］郭沛源，吴艳静．绿色金融“五大支柱”持续巩固［J］．中国金融，2024（04）：27－28.

［14］郭希宇．绿色金融助推低碳经济转型的影响机制与实证检验［J］．南方金融，2022（01）：52－67.

［15］何德旭，程贵．绿色金融［J］．经济研究，2022，57（10）：10－17.

［16］何吾洁，陈含桦，王卓．绿色金融发展与碳排放动态关系的实证研究——基于VAR模型的检验［J］．贵州师范大学学报（社会科学版），2019（01）：99－108.

［17］贺丰果，雷鑫．“双碳”目标下绿色金融发展的国外经验及国内建议［J］．国际金融，2022（04）：15－22.

［18］胡宗义，刘佳琦，何冰洋，等．基于跨国数据的金融发展对绿色能源消费的影响研究［J］．湖南大学学报（社会科学版），2020，34（03）：68－77.

［19］胡金焱，王梦晴．我国金融发展与二氧化碳排放——基于1998—2015年省级面板数据的研究［J］．山东社会科学，2018（04）：118－124.

［20］胡宗义，李毅．金融发展对环境污染的双重效应与门槛特征［J］．中国软科学，2019（07）：68－80.

［21］黄平．绿色金融是否提高了地方政府对数字经济的注意力？——基于政策文本分析［J/OL］．生态经济：1－14. 2024－08－26.

［22］黄卫华，刘景翔．绿色金融与粤港澳大湾区产业结构升级灰色关联分析［J］．北方金融，2022（06）：14－21.

［23］江红莉，王为东，王露，等．中国绿色金融发展的碳减排效果研究——以绿色信贷与绿色风投为例［J］．金融论坛，2020，25（11）：39－48＋80.

［24］李从欣，胡诚诚．绿色金融对企业数字化转型影响研究［J］．统计与管理，2024，39（03）：69－78.

［25］李凯风，陈奇．绿色信贷如何影响工业绿色全要素生产率［J］．武汉金融，2020（10）：45－50＋88.

［26］杨华．绿色金融助推林区清洁能源产业［J］．中国金融，2008（12）：83－84.

［27］李晓西，夏光，蔡宁．绿色金融与可持续发展［J］．金融论坛，2015，20（10）：30－40.

［28］李小燕，王林萍，郑海荣．绿色金融及其相关概念的比较［J］．科技和产业，2007（07）：82－85.

［29］连莉莉．绿色信贷影响企业债务融资成本吗？——基于绿色企业与“两高”企业的对比研究［J］．金融经济学研究，2015，30（05）：83－93.

［30］刘传哲，任懿．绿色信贷对能源消费结构低碳化的影响研究［J］．武汉金融，2019（11）：66－70.

［31］刘锋，黄苹，唐丹．绿色金融的碳减排效应及影响渠道研究［J］．金融经济学研究，2022，37（06）：144－158.

［32］刘婧宇，夏炎，林师模，等．基于金融 CGE 模型的中国绿色信贷政策短中长期影响分析［J］．中国管理科学，2015，23（04）：46－52.

［33］刘强，王伟楠，陈恒宇．《绿色信贷指引》实施对重污染企业创新绩效的影响研究［J］．科研管理，2020，41（11）：100－112.

［34］刘锡良，文书洋．中国的金融机构应当承担环境责任吗？——基本事实、理论模型与实证检验［J］．经济研究，2019，54（03）：38－54.

［35］刘伟，苏剑．现代化与金融高质量发展［J］．国际金融研究，2023（06）：3－12.

［36］刘钊．转型期经济增长中绿色信贷对我国能源消费的影响［J］．产业与科技论坛，2020，19（05）：74－77.

［37］吕佳迦，王景利．基于国外经验的中国绿色金融发展探讨

[J]. 对外经贸，2020 (03)：61 –63.

[38] 马丽梅，黄崇乐. 金融驱动与可再生能源发展——基于跨国数据的动态演化分析 [J]. 中国工业经济，2022 (04)：118 –136.

[39] 马留赟，白钦先，李文. 中国金融发展如何影响绿色产业：促进还是抑制？——基于空间面板 Durbin 模型的分析 [J]. 金融理论与实践，2017 (05)：1 –10.

[40] 毛彦军，曲迎波，郑天恩. 绿色信贷的碳排放效应及其能源效率机制研究——基于空间计量模型的分析 [J]. 金融理论与实践，2022 (09)：57 –68.

[41] 穆献中，孔丽，余漱石. 城市清洁能源消费、能源强度与金融信贷关系研究——基于北京市的经验数据 [J]. 生态经济，2019，35 (08)：146 –152.

[42] 戚逸康. 绿色金融、技术进步与经济增长——基于一般均衡模型的理论分析与实证检验 [J]. 兰州学刊，2023 (03)：16 –30.

[43] 秦佳良，徐嘉茹. 绿色金融发展水平对企业绿色创新的影响研究——基于五省试验区的准自然实验 [J]. 科学与管理，2024，44 (02)：19 –29.

[44] 潘岳. 谈谈环境经济政策 [J]. 求是，2007 (20)：58 –60.

[45] 乔国伟，钱水土. 绿色金融、环境技术进步偏向与产业结构清洁化 [J]. 科研管理，2022，43 (04)：129 –138.

[46] 邱晓春，张京华. 财政支持绿色金融发展的国际经验借鉴 [J]. 黑龙江金融，2021 (07)：10 –11.

[47] 屈小娥，赵昱钧，王晓芳. 我国对"一带一路"沿线国家 OFDI 是否促进了绿色发展——基于制度环境和吸收能力视角的实证检验 [J]. 国际经贸探索，2022，38 (06)：89 –102.

[48] 邵诗园. 绿色金融的内涵、现实问题及国际经验 [J]. 区域金融研究，2021 (04)：44 –48.

[49] 邵学峰，方天舒. 区域绿色金融与产业结构的耦合协调度分析——基于新制度经济学的视角 [J]. 工业技术经济，2021，40

(01): 120 - 127.

[50] 申韬, 曹梦真. 绿色金融试点降低了能源消耗强度吗? [J]. 金融发展研究, 2020 (02): 3 - 10.

[51] 盛云, 朱国伟, 高瑞. 环境金融创新产品"污染违约担保"设计 [J]. 安徽农业科学, 2016, 44 (05): 288 - 291.

[52] 史代敏, 施晓燕. 绿色金融与经济高质量发展: 机理、特征与实证研究 [J]. 统计研究, 2022, 39 (01): 31 - 48.

[53] 苏冬蔚, 连莉莉. 绿色信贷是否影响重污染企业的投融资行为? [J]. 金融研究, 2018 (12): 123 - 137.

[54] 王宏涛, 曹文成, 王一鸣. 绿色金融政策与商业银行风险承担: 机理、特征与实证研究 [J]. 金融经济学研究, 2022, 37 (04): 143 - 160.

[55] 王洪洲. 基于中国企业社会责任现状分析及建议 [J]. 现代营销 (学苑版), 2012 (10): 266 - 267.

[56] 王骏飞. 经济政策稳定性、证券分析师盈余预测与股价同步性 [J]. 财会通讯, 2020 (20): 69 - 72.

[57] 王璐璐. 绿色发展与产业转型升级——关于绿色金融与绿色全要素生产率的分析 [J]. 科技创新导报, 2018, 15 (11): 243 - 245.

[58] 王文启, 郭文伟, 曹思佳. 城市房价、金融集聚对产业结构升级的空间溢出效应 [J]. 金融发展研究, 2018 (12): 28 - 36.

[59] 王馨, 王营. 绿色信贷政策增进绿色创新研究 [J]. 管理世界, 2021, 37 (06): 173 - 188 + 11.

[60] 王遥, 潘冬阳, 张笑. 绿色金融对中国经济发展的贡献研究 [J]. 经济社会体制比较, 2016 (06): 33 - 42.

[61] 王遥, 潘冬阳, 彭俞超, 等. 基于 DSGE 模型的绿色信贷激励政策研究 [J]. 金融研究, 2019 (11): 1 - 18.

[62] 王迎晖. 发展绿色金融对新能源企业融资约束的影响分析 [J]. 商展经济, 2023 (23): 101 - 104.

[63] 王玉林, 周亚虹. 绿色金融发展与企业创新 [J]. 财经研

究，2023，49（01）：49－62.

［64］王贞洁，吕志军. 绿色金融、分析师关注与新能源企业融资纾困［J］. 当代财经，2022（09）：52－63.

［65］魏婷，杨文静，翟向利. 绿色信贷政策对企业融资的影响效果研究［J］. 区域金融研究，2022（07）：67－76.

［66］位华，李依禾. 绿色金融视角下经济增长与环境质量关系研究［J］. 山东社会科学，2023（03）：131－140.

［67］谢婷婷，高丽丽，张晓丽. 绿色金融改革创新试验区绿色金融发展效率及影响因素研究——基于 DEA－Tobit 模型的分析［J］. 新疆农垦经济，2019（12）：64－72.

［68］吴若溪. “新能源＋绿色金融”破局能源融资难题［J］. 能源，2022（04）：75－80.

［69］肖钢. 发展绿色金融 助力“双碳”目标实现［J］. 清华金融评论，2021（10）：53－55.

［70］谢东江，胡士华. 绿色金融、产业结构与城市工业绿色全要素生产率［J］. 国际金融研究，2023（05）：46－56.

［71］谢乔昕. 环境规制、绿色金融发展与企业技术创新［J］. 科研管理，2021，42（06）：65－72.

［72］徐璋勇，朱睿. 金融发展对绿色全要素生产率的影响分析——来自中国西部地区的实证研究［J］. 山西大学学报（哲学社会科学版），2020，43（01）：117－129.

［73］杨金朋，朱聪浩. 绿色金融发展的碳减排效应及机制路径研究［J］. 当代金融研究，2023，6（06）：14－28.

［74］杨林京，廖志高. 绿色金融、结构调整和碳排放——基于有调节的中介效应检验［J］. 金融与经济，2021（12）：31－39.

［75］殷久勇. 绿色金融发展的认识与实践［J］. 中国金融，2021（02）：38－39.

［76］尹子擘，孙习卿，邢茂源. 绿色金融发展对绿色全要素生产率的影响研究［J］. 统计与决策，2021，37（03）：139－144.

［77］尤志婷，彭志浩，黎鹏．绿色金融发展对区域碳排放影响研究——以绿色信贷、绿色产业投资、绿色债券为例［J］．金融理论与实践，2022（02）：69－77.

［78］苑佼佼，朱凯．“双碳”目标下商业银行支持绿色低碳发展的思考——以华夏银行为例［J］．福建金融，2022（01）：44－49.

［79］张帆．金融发展影响绿色全要素生产率的理论和实证研究［J］．中国软科学，2017（09）：154－167.

［80］张国云．绿色金融，拿什么拯救地球气候？［J］．中国发展观察，2021（06）：32－35.

［81］张洁．“双碳”目标下我国绿色金融发展困境及对策研究［J］．西南金融，2022（09）：81－93.

［82］张建鹏，陈诗一．金融发展、环境规制与经济绿色转型［J］．财经研究，2021，47（11）：78－93.

［83］张思遥，姜克隽．我国能源行业绿色金融发展和政策需求［J］．环境保护，2018，46（22）：23－27.

［84］张晓蕾．外资金融机构助推绿色金融国际合作［J］．清华金融评论，2021（12）：41－43.

［85］张宇，钱水土．绿色金融、环境技术进步偏向与产业结构清洁化［J］．科研管理，2022，43（04）：129－138.

［86］郑丽，朱小能．绿色金融赋能循环经济发展的作用机制、实证检验与对策建议［J］．西南金融，2024（06）：16－30.

［87］曾万强．金融发展影响绿色全要素生产率的实证研究［D］．华南理工大学，2018.

［88］朱亚男．金融发展对绿色全要素生产率增长的影响研究［D］．江南大学，2019.

［89］Al－Sheryani K，Nobanee H. Green finance：A mini－review［J］．Available at SSRN 3538696，2020.

［90］Anderson J. Environmental finance［M］//Handbook of environmental and sustainable finance. Academic Press，2016：307－333.

[91] Assi A F, Isiksal A Z, Tursoy T. Renewable energy consumption, financial development, environmental pollution, and Inns in the ASEAN + 3 group: Evidence from (P – ARDL) model [J]. Renewable Energy, 2021, 165: 689 – 700.

[92] Chava S. Environmental externalities and cost of capital [J]. Management Science, 2014, 60 (9): 2223 – 2247.

[93] Cowan E. Topical issues in environmental finance [J]. Research paper was commissioned by the Asia Branch of the Canadian International Development Agency (CIDA), 1999, 1: 1 – 20.

[94] Dikau S, Volz U. Central banking, climate change and green finance [R]. Working Paper, 2018.

[95] Feng Y., et al. Environmental pollution liability insurance in China: compulsory or voluntary? [J]. Journal of Cleaner Production, 2014, 70: 211 – 219.

[96] Flavin C. Low – carbon energy: A roadmap [M]. Worldwatch Institute, 2008.

[97] Gilbert S, Zhou L. Theknowns and unknowns of China's green finance [J]. The New Climate Economy, 2017, 5 (860): 7780.

[98] Gray R. Of messiness, systems and sustainability: towards a more social and environmental finance and accounting [J]. The British Accounting Review, 2002, 34 (4): 357 – 386.

[99] Gregoriou G N, Ramiah V. Efficiency of US state EPA emission rate goals for 2030: A data envelopment analysis approach [M]. Academic Press, 2016.

[100] Jalil A, Feridun M. The impact of growth, energy and financial development on the environment in China: A cointegration analysis [J]. Energy Economics, 2011, 33 (2): 284 – 291.

[101] Jeucken M. Sustainable finance and banking: The financial sector and the future of the planet [M]. Routledge, 2010.

[102] Khan M A, Riaz H, Ahmed M, et al. Does green finance really deliver what is expected? An empirical perspective [J]. Borsa Istanbul Review, 2022, 22 (3): 586 – 593.

[103] Lahouel B B. Eco – efficiency analysis of French firms: A data envelopment analysis approach [J]. Environmental Economics and Policy Studies, 2016, 18: 395 – 416.

[104] Labatt S, White R R. Environmental finance: A guide to environmental risk assessment and financial products [M]. John Wiley & Sons, 2002.

[105] Markandya A, Antimiani A, Costantini V, et al. Analyzing trade – offs in international climate policy options: The case of the green climate fund [J]. World Development, 2015, 74: 93 – 107.

[106] Meo M S, Abd Karim M Z. The role of green finance in reducing CO_2 emissions: An empirical analysis [J]. Borsa Istanbul Review, 2022, 22 (1): 169 – 178.

[107] Pavičić – Kaselj, Ana. Environmental financing in the Republic of Croatia – What are the options? [J]. Croatian International Relations Review, 2007, 13 (46/47): 19 – 28.

[108] Prasad S S, Ansari S. Green financing: role of Public Sector Banks [J]. Available at SSRN 2680518, 2015.

[109] Purdon M. Opening the black box of carbon finance "additionality": The political economy of carbon finance effectiveness across Tanzania, Uganda, and Moldova [J]. World Development, 2015, 74: 462 – 478.

[110] Reghezza A, Altunbas Y, Marques – Ibanez D, et al. Do banks fuel climate change? [J]. Journal of Financial Stability, 2022, 62: 101049.

[111] Salazar J. Environmental finance: linking two worlds [C]. A Workshop on financial Inns for biodiversity Bratislava. 1998, 1: 2 – 18.

[112] Scholtens B, Dam L. Banking on the equator. Are banks that adopt-

ed the equator principles different from non - adopters? [J]. World Development, 2007, 35 (8): 1307 - 1328.

[113] Shahbaz M, Solarin S A, Mahmood H, et al. Does financial development reduce CO_2 emissions in Malaysian economy? A time series analysis [J]. Economic Modelling, 2013, 35: 145 - 152.

[114] Shahbaz M, Tiwari A K, Nasir M. The effects of financial development, economic growth, coal consumption and trade openness on CO_2 emissions in South Africa [J]. Energy Policy, 2013, 61: 1452 - 1459.

[115] Soundarrajan P, Vivek N. Green finance for sustainable green economic Growth in India [J]. Agricultural Economics, 2016, 62 (1): 35 - 44.

[116] Steckel J C, Jakob M. The role of financing cost and de - risking strategies for clean energy investment [J]. International Economics, 2018, 155: 19 - 28.

[117] Tamazian A, Chousa J P, Vadlamannati K C. Does higher economic and financial development lead to environmental degradation: Evidence from BRIC countries [J]. Energy policy, 2009, 37 (1): 246 - 253.

[118] Tamazian A, Rao B B. Do economic, financial and Institutional developments matter for environmental degradation? Evidence from transitional economies [J]. Energy economics, 2010, 32 (1): 137 - 145.

[119] Volz U. Fostering green finance for sustainable development in Asia [M]. Routledge, 2018.

[120] Woo - Seok Jang, Woojin Chang. The impact of financial support system on technology innovation: A case of technology guarantee system in Korea [J]. Journal of technology management & innovation, 2008, 3 (1): 10 - 16.